多维视角下
马克思主义中国化探究

孙一峰　著

新华出版社

图书在版编目（CIP）数据

多维视角下马克思主义中国化探究 / 孙一峰著 . —
北京 : 新华出版社 , 2019.8
ISBN 978-7-5166-4861-2

Ⅰ . ①多… Ⅱ . ①孙… Ⅲ . ①马克思主义—发展—研
究—中国 Ⅳ . ① D61

中国版本图书馆 CIP 数据核字 (2019) 第 200772 号

多维视角下马克思主义中国化探究

责任编辑： 唐波勇　　**封面设计：** 优盛文化

出版发行： 新华出版社
地　　址： 北京石景山区京原路 8 号　　**邮　　编：** 100040
网　　址： http://www.xinhuapub.com
经　　销： 新华书店、新华出版社天猫旗舰店、京东旗舰店及各大网店
购书热线： 010-63077122　　**中国新闻书店购书热线：** 010-63072012

照　　排： 优盛文化
印　　刷： 定州启航印刷有限公司
成品尺寸： 170mm × 240mm
印　　张： 13.75　　**字　　数：** 253 千字
版　　次： 2019 年 8 月第一版　　**印　　次：** 2019 年 8 月第一次印刷
书　　号： ISBN 978-7-5166-4861-2
定　　价： 59.00 元

前　言

自中国共产党成立以来，几代共产党人始终肩负着实现中华民族伟大复兴的历史使命，坚持把马克思主义同中国的具体实际相结合，领导全国各族人民克服各种艰难险阻，取得了一系列伟大的胜利。从一定意义上说，中国共产党的发展史就是马克思主义中国化的发展历程。伴随着马克思主义中国化进程的不断向前推进和取得的巨大成就，马克思主义中国化研究必然是一项常提常新的课题，对多维视角下马克思主义中国化的研究也必然是一项复杂而具有重大意义的历史性课题。本书正是在对大量第一手资料和相关学者研究成果进行了全面而深刻分析的基础上撰写的，并深入探究了马克思主义中国化在自然维度、他然维度和实然维度方面的系统内容，以期为马克思主义中国化的进一步发展提供理论借鉴和实践指导。

通览全书，主要有以下几个方面的特点：一是本书全面地研究了马克思主义中国化的科学内涵、历史进程和理论成果，因此本书具有系统性和科学性。二是本书从哲学、政治学、生态学、经济学、法学、历史学、文艺学等视角出发，思考了马克思主义中国化思想在中国的实际运用、发展和创新。一方面研究了马克思主义的各学科思想，另一方面对马克思主义各学科思想的中国化进行了详尽阐述。因此，本书具有层次性和实用性。三是本书先介绍了马克思主义中国化的基本理论，然后在此基础上探讨了马克思主义各学科思想的中国化情况，进而总结了马克思主义中国化的基本经验、理论创新和现代化道路，这样在结构逻辑上遵循了总—分—总的思路，在内容逻辑上遵循了理论—实践的思路。因此，本书具有综合性和逻辑性。

本书共分为九章内容：第一章对马克思主义中国化的历史进程进行了概述；第二章论述了对马克思主义中国化的基本认识与实践；第三章到第七章分别从哲学、政治学、生态学、经济学等视角分析了马克思主义中国化的具体进程；第八章和第九章总结概括了马克思主义中国化的理论创新和实践路径。

在本书的写作过程中，笔者引用了大量第一手资料，这些成果对马克思主义中国化发挥了重要的作用，也做出了巨大的贡献，在此表示崇高的敬意。另外，笔者借鉴了国内外很多相关的研究成果及著作、论文等，在此也对相关学者、作者表示诚挚的感谢。当然，由于受到各种主客观条件的限制，书中可能还存在一些不足之处，在此笔者恳切地希望广大读者给予批评、指正。

目 录

第一章　马克思主义中国化的历史进程

第一节　马克思主义的传入

一、近代中国的各种社会政治思潮

从 1840 年鸦片战争到 1921 年中国共产党成立，伴随着中国社会的跌宕变迁，为了寻求“救亡图存，国富民强”的道路，各种社会政治思潮纷纷涌现，它们之间既互相冲突、互相斗争，又相互影响、相互渗透，层层激荡，其中三大社会思潮是洋务思潮、维新思潮、民主共和思潮。

（一）洋务思潮

在西方国家咄咄逼人的掠夺下，软弱无能的清政府节节败退，一些满怀爱国热忱和经世之志的先进中国人开始冲破传统思想的藩篱，以新的目光审视世界。洋务思潮承前于经世思潮，形成于 19 世纪六七十年代。太平天国运动和第二次鸦片战争及战后出现的严峻形势直接促成和推动了洋务思潮的形成与发展。

洋务思潮企图用西方科技来挽救国家危亡、用资本主义经济成果来巩固封建政治体制，只能是一种幻想。洋务思潮的代表者是封建统治阶级的卫道士，洋务思潮学习西方、吸纳先进技术的出发点和归宿点都是为了维护岌岌可危的封建王朝统治。曾国藩、李鸿章、左宗棠、张之洞等开明官僚阶层高举的是忠君、卫道的大旗，冯桂芬、郑观应等一批进步知识分子都是孔孟儒道正统思想的倡导者，对他们来说，清朝政治制度不可改变，封建统治的根基不可动摇，学习西方、引进西方先进科学技术都要以维护清王朝的统治为基本前提。由于阶级立场、思想观念的局限性，他们根本认识不到解决中国问题更深层次的内容，没有意识到中国需要从根本上采取西方大事更张之处，学习西方的纲纪法度（民主观念和政治制度）来改变中国落后挨打的局面。“中体西用”这一思想总纲的禁锢决定了“洋务思潮”这一地主阶级改革的不彻底性和局限性。洋务思潮最终只能是探索“中国向何处”的一个思想驿站，不能最终解决“国家求富求强”的历史命题，仍需要改革者不断探索前行。

（二）维新思潮

随着民族危机的日益加深，一股新的社会思潮从洋务思潮中逐步分离出来，在中日甲午战争后迅速发展起来，形成了维新思潮。维新人士批驳了洋务派的“中体西用”学说，用西方社会进化论代替了传统的变易观。他们指出，“中体西用”这种避重就轻的做法不但不能挽救中国，反而会使其陷入进退两难的境地。他们开始站在世界历史的高度，理性反思自身文化，寻求变革之路。他们认为，西方各国强大的根本原因在于其民主政治体制，只有走西方资本主义民主、科学的道路，才能挽救民族危机，实现民族的独立、国家的富强。

这是一场资产阶级思想和封建主义的正面交锋。维新思潮具有时代先进性，在中国思想史上第一次打破了封建主义思想体系的一统天下，直接推动了政府自上而下的变法运动，推动了一场政治的变革。他们深信，只有维新、变革，才能使中国摆脱民族危亡的历史境遇。他们接受了西方进化论思想，一方面汲取传统文化思想，另一方面积极学习先进的变法理念，从而推动了由封建制度向资产阶级民主议政的政治变革运动。同时，维新思潮宣扬西方资产阶级自由、民主、平等思想，宣传“物竞天择”“适者生存”的进化论思想，启迪了民智，解放了中国人的思想，推动了中国社会的进步。

然而，维新变法仅 103 天就夭折了，这充分说明了维新思潮的不成熟性、不彻底性和时代局限性。维新人士追慕西学而西学知识有限，对学习西方知识的方法并没有全面、真切的认识，但由于形势所逼匆匆踏入政坛，没有精力对外来思想进行仔细甄别、摒弃，只顾接受，一知半解地认识、传播。梁启超后来曾自责“随有所见，随即发表”“读到‘性本善’，则教人以‘人之初’而已，殊不思‘性相近’以下尚未读通，恐并‘人之初’一句亦不能解，以此教人，安见其不为误人”。当时翻译西方思想的人大多不通西方思想。维新派反封建的不彻底性使他们虽然严厉地抨击了封建主义，指出了封建君主专制制度是中国贫穷、落后的根本原因之一，倡导资产阶级民主，但没有从根本上突破封建文化的束缚，而是奉孔子为教主。他们倡导改革变法，但主张“渐变”，反对“突变”，倡导对现有制度的改良，而不是推翻清朝政府进行彻底的革命，因此他们被称为资产阶级改良派。维新派提倡民权，特别是在维新变法失败后，康有为、梁启超通过总结失败教训，认为“民智、民德、民力”是改革的社会基础，要改良政治，必须从改造“民”开始。然而，他们又惧怕人民，只希望让资产阶级的部分士绅参与政权。这些比较矛盾的表现、时代的局限性和不彻底性决定了维新思潮只能是中国思想变革中的一段历程，不可能一直引导中国人民实现救亡图存、求富求强的目标要求。

（三）民主共和思潮

维新运动失败之后，思想界又发生了重大的激荡，各种社会思潮（如君主立宪思潮、爱国教育思潮、国粹主义思潮、无政府主义思潮等）竞相涌现。其中，民主共和思潮以空前猛烈的声势冲击着旧的社会和思想秩序，在中国掀起了一场以实行民主共和政治为目标的现代化运动。

伴随着人们对探索救国之路的新思考，一些有关西方民主共和的思想和制度的代表性著作开始被翻译到中国来。关于民主政治的学说主要有《民约论》《万法精神》《自由原理》《国家论》《代议政治论》等，系统介绍了卢梭的社会契约论、孟德斯鸠的三权分立原理、密尔的自由理论等当时西方先进的政治理论，开阔了国人的视野。

在宣传民主、革命思想的同时，资产阶级、小资产阶级知识分子遂建立起一些革命组织。随着革命形势的迅速发展，一个具有全国规模的革命政党来统一领导全国民主革命运动的需求越来越强烈。1905 年 8 月，孙中山和黄兴等联合兴中会、华兴会、光复会等革命团体的部分成员在日本东京成立了同盟会。同盟会在孙中山领导下，积极开展了各项革命活动，组织了大规模的武装斗争，推动了民主革命运动迅速高涨，为宣传民主共和思潮起到了巨大的作用。

1911 年 10 月 10 日，革命党人成功发动武昌起义，并在随后的两个多月里带动了中国各地的革命。1912 年 1 月 1 日，孙中山宣誓就职，中华民国正式成立，宣告了中国两千多年的封建专制统治的终结，以孙中山为代表的中国资产阶级民主革命取得了伟大胜利。这是中国人民在政治上、思想上获得的一次大解放，民主共和由思潮最终转化为一种制度在中国大地上短暂生长。虽然其在袁世凯复辟之后夭折，但民主共和的观念开始深入人心。

民主共和思潮在推动社会发展、促进人们思想解放方面发挥了重大作用。以孙中山为领导的革命派为挽救民族危亡，探索出一条争取民族独立、国家富强的光明大道。虽然民主共和的治国救国方案在实践中没有取得真正的成功，但使先进的中国人掌握了一种反封建、反帝制的先进思想武器。比如，1913 年袁世凯实行专制，制造“宋教仁案”后，1914 年袁世凯解散国会、废除临时约法，以及

1915年袁世凯恢复帝制，国人都拿起了民主共和的思想武器群起而攻之。

民主共和政府仅存在125天就被迫把政权让给了袁世凯，中国的民主共和救国方案以失败告终。这样一个结局不得不让我们深思。正如马克思、恩格斯所说："一切划时代的体系的真正内容都是由于产生这些体系的那个时期的需要而形成起来的。所有这些体系都是以本国过去的整个发展为基础的，是以阶级关系的历史形式及其政治的、道德的、哲学的以及其他的后果为基础的。"

从以上近代中国社会思潮演化的发展路向可以深刻地体会到：社会思潮的历史演进深受西方先进思想文化的影响，同时深深地打上了中国两千多年传统思想文化的烙印，是近代中国社会特定历史背景的产物。在这一演进历程中，无论官僚改革派、维新派、资产阶级改良派还是资产阶级革命派，都是为了寻求"救亡图存，国富民强"的思想武器来解决"中国向何处去"的重大历史课题。由于阶级和历史的局限性，他们的救国治国理想和方案在帝国主义和封建主义的夹攻之下没有获得成功，也不可能成功。但这使先进的中国人深刻地认识到，必须有一种全新的思想武器作为"救亡图存"的利器，才能使中国摆脱亡国灭种的绝境。这种思想认识为十月革命以后先进的中国人选择马克思主义作为指导中国革命的思想武器奠定了基础。

二、马克思主义在中国的传播

（一）马克思主义的早期碎片传入

19世纪末，中国人已经开始接触到各种各样的社会主义思潮。目前的研究成果表明，外国传教士是最早介绍马克思及其学说的，而后，一些马克思主义著作和学说经过留日学生和资产阶级改良派、革命派的介绍与传播大量进入中国。

马克思的名字第一次在中国出现是1899年上海广学会主办的《万国公报》第121期到124期英国在华传教士李提摩太节译、蔡尔康笔述的《大同学》，其是译自英国社会学家基德《社会进化》一书的章节。其中，三次提到马克思，一次提到恩格斯。在第121期所刊载的《大同学》第一章"今世景象"中首次提到了马克思及其思想："合众小工而成一大力，往往停工多日，挟制富室，富室竟一筹莫展。似此举动，较之用兵鸣炮，尤为猛励。其以百工领袖著名者，英人马克思也。"在第123期刊载的《大同学》第三章"相争相进之理"，不仅再次提到马克思，还提到马克思关于资本的理论。在之后出版的《大同学》单行本第八章"今世养民策"中说："德国讲求养民学者，有名人焉。一曰马克思，一曰恩格斯。"

传教士李提摩太等虽然连马克思是英国人还是德国人都没有弄清，虽然其本意是向中国民众传教，宣传用宗教的力量消除社会弊端，但无意识地让中国人知道了马克思这个人，粗浅地向中国人介绍了马克思主义，开启了马克思主义传入中国的历史。

20 世纪初，著名思想家梁启超成为最早在自己著作中提及马克思和社会主义的中国人，资产阶级改良派成为宣传、介绍马克思主义的一支重要力量。一直秉持改良观点的梁启超虽然欣赏马克思的观点、思想，但认为在当时的中国是行不通的。他说："社会主义学说，其属于改良主义者，吾固绝对表同情；其关于革命主义者，则吾亦未始不赞美之，而谓其必不可行，即行亦在数百年之后。"

1903 年到 1921 年中国共产党成立前后可视为马克思主义早期传播期。在这一时期，传播主体主要是资产阶级革命派，即参加孙中山组织领导的同盟会革命志士及无政府共产主义者，代表人物有朱执信、廖仲恺等。这些革命者较早地介绍一些马克思主义的思想观点或理论片段，并试图将马克思主义及其哲学借用来解释和分析中国社会，曾想借用马克思主义的阶级斗争理论号召人们推翻清王朝的统治，后来则是用来抨击北洋军阀的专制政治。

孙中山是较早学习和传播马克思主义学说的中国人之一。作为中国民主革命的先行者，孙中山对社会主义十分向往，曾经真诚地确认自己是一个社会主义者。虽然孙中山对马克思主义的阶级斗争、剩余价值学说等都持有不同的看法，对马克思主义基本原理没有真正理解，但他对资本主义的批判和中国社会主义前途的预言是很有意义的。孙中山对马克思主义的传播做出了重要贡献。

此外，中国早期无政府主义是一支传播马克思主义学说的重要力量。1907 年，无政府主义者刘师培、何震等人主编的《天义报》于日本东京创刊。该刊第 13 卷至第 19 卷陆续译载了《共产党宣言》及《家庭、私有财产和国家的起源》部分章节，同时介绍了马克思主义的某些重要观点，如阶级斗争理论、剩余价值学说以及妇女理论等。同一时期，无政府主义者李石曾、吴稚晖等人在法国巴黎创办了《新世纪》周刊，也详细地介绍和评论了巴黎公社革命以及第二国际的相关内容。

由此可见，在中国最早接触和传播马克思主义的不是无产阶级思想家，而是一批激进的资产阶级和小资产阶级的思想家、革命家，其中有外国传教士、资产阶级改良派及革命派，也有无政府主义者。他们从各自的立场和政治需要出发，把马克思主义作为西方社会主义流派中的一种，有选择地将其零星、片段地介绍到中国来。从此，中国人开始接触和认识马克思主义，这些资产阶级、小资产阶级思想家对马克思主义在中国的传播起到了启蒙、开拓性作用。

（二）十月革命送来了马克思主义

十月革命一声炮响使马克思主义在中国的传播发生了从量到质的飞跃。俄国十月革命的胜利可以说是马克思主义在中国传播历程的分水岭，之前近 20 年的时间里，可以说马克思主义在中国开始了零散、片面、点滴的传播，而到十月革命及五四运动后，大量的马克思主义著作被整篇、整部地译介，进入了马克思主义的真正传播阶段。

正当中国人民在苦闷中摸索、在黑暗里奋斗的时候，俄国十月革命胜利。世界上第一个无产阶级领导的社会主义国家成立，实现了科学社会主义由理想到现实的历史性飞跃。俄国十月革命改变了世界历史的发展方向，也帮助了中国先进知识分子，使他们开始用无产阶级的宇宙观观察国家命运，重新考虑中国的现实和未来。十月革命的胜利给中国人民指明了方向，使中国先进分子在寻求“何处去”的迷茫中“柳暗花明”，选择了走俄国人的道路，选择了共产主义理想，马克思主义被广泛地介绍到中国来。

十月革命的巨大胜利给中国人民带来了福音，极大地鼓舞了深受帝国主义、封建主义压迫的中国人民，使中国人民看到了新的希望，同时给中国先进分子以新的革命启示，推动了他们认真研究十月革命和指导十月革命的马克思列宁主义学说。十月革命为马克思主义在中国的传播创造了历史机遇，使中国先进分子在思想上有了一个根本的转变。

（三）五四运动促进了马克思主义的传入

五四运动在马克思主义早期中国化进程中一方面促进了社会主义在中国的传播，使先进分子在众多社会思潮中选择了马克思主义，奠定了马克思主义中国化的基础；另一方面推动了马克思主义与中国工人运动的结合，并在此基础上成立了中国共产党，使马克思主义中国化有了一个坚强的主体。

五四运动前后，与马克思主义一起传入中国的，有实用主义、无政府主义、国家社会主义、工团主义等来自各种国家的“主义”。在众多“主义”中，最主要的是马克思主义和资产阶级民主主义。那么，中国先进分子为什么选择了马克思主义而放弃资产阶级民主主义呢？是马克思主义的真理力量。

马克思主义揭示了人类社会的发展规律，为中国发展指明了方向。马克思主义的唯物史观和剩余价值学说使社会主义由空想变为科学。它不仅揭示了资本主义社会转变为社会主义和共产主义社会的客观规律，还指明了无产阶级获得彻底解放的历史条件和历史使命，这使马克思主义成了指导世界无产阶级和广大人民群众谋求自身解放的世界观和方法论。五四时期，李大钊、陈独秀、李达等人都对马克思主义的唯物史观、剩余价值学说、阶级斗争和无产阶级专政理论等进行了介绍，其中唯物史观最受重视。唯物史观使中国先进分子找到了解决中国现实问题的主体力量。“做工的”工农大众是社会的“台柱子”，要通过“阶级竞争”使“劳动阶级自己造成新的强力，自己站在国家地位，利用政治、法律等机关，把那压迫的资产阶级完全征服”。马克思主义的传播使中国先进分子找到了改变国家命运的科学理论。

马克思主义满足了中国人民反帝反封建的双重诉求。反帝反封建是近代中国的双重诉求，也是中国人民检验一切“主义”的试金石。具有反封建功能的西方资产阶级民主主义本来可以成为反封建的有力武器，但为了在中国进行殖民统治，它与封建主义沆瀣一气，既不可能反封建，更不可能反帝。马克思主义与各种“主义”不同，它不仅反对封建主义，还告诉人们资本主义社会存在的种种弊端，号召人们去推翻它、代替它，建立优于资本主义社会的社会制度，满足了中国人民反帝反封建的双重诉求。这对长期被资本主义国家侵略的中国人民来说，无疑具有巨大的吸引力。

第二节　毛泽东思想与马克思主义中国化

一、新民主主义革命理论

1921 年中国共产党成立到 1949 年中华人民共和国成立，即新民主主义革命的 28 年，是马克思主义中国化的第一次历史性飞跃时期，主题是战争和革命。

（一）新民主主义革命的动力和对象

中国共产党成立后，马克思主义中国化有了根本推动力。在理论上，马克思主义者对马克思主义理论进行更加深入的介绍与研究，并同各种反马克思主义的社会思潮进行论战。在政治纲领上，从中共一大到中共四大一步步地提出了行动纲领。在实践上，积极开展工人运动和农民运动，并与国民党合作进行北伐战争，使国民革命进入了高潮。然而，由于中国共产党尚处于幼年时期，理论准备不足，党中央对革命领导权的极端重要性缺乏了解，对中国革命的基本规律和特点缺乏认识，对苏联和共产国际的指示缺乏独立自主权，因而没有形成马克思主义与中国革命实际情况相结合的路线、方针、政策和策略来指引中国革命道路。

“谁是我们的敌人？谁是我们的朋友？”毛泽东在《中国社会各阶级的分析》一开始就提出了这个问题。他逐一分析了中国社会各阶级的地位和相互关系，认为一切勾结帝国主义的军阀、官僚、买办阶级、大地主阶级是我们的敌人，工业无产阶级是我们革命的领导力量，半无产阶级的农民、小资产阶级是我们最接近的朋友。

他专门对中国的资产阶级进行了分析，将其分为两个部分，即依附于帝国主义的大资产阶级和民族资产阶级。其中，民族资产阶级因具有两面性而既有革命要求又有动摇性。他认为前者是革命的对象，后者是革命的动力。民族资产阶级在受外国资本主义打击和封建军阀压迫时，赞成反帝反封建军阀的革命运动，但当革命威胁到他们自身利益时，又怀疑革命，甚至反对革命。

因此，“无产阶级领导的统一战线要争取民族资产阶级参加，并且在特殊条件下把一部分大资产阶级也包括在内，以求最大限度地孤立最主要的敌人”。同时，在同资产阶级结成统一战线时，无产阶级必须保持独立性，实行又团结又斗争、以斗争求团结的政策；在被迫同资产阶级（主要是同大资产阶级）分裂时，要敢于并善于同大资产阶级进行坚决的武装斗争，同时继续争取民族资产阶级的同情或中立。

（二）农民是中国革命的重要力量

在革命主要依靠力量上，中国共产党刚开始没有经验，都是依照国际共产主义运动和俄国革命，把眼光和重心都放在了城市工人阶级身上，因而共产党最初主要在城市里搞工人运动。虽然那时党内也有人认识到农民问题的重要性，但并没有把农民当作主要依靠力量。

在半殖民地半封建的旧中国有 85% 以上的农民生活在封建剥削和压迫之下，积压着农民千百年来受尽地主豪绅欺凌压迫而无处诉说的全部仇恨和愤怒。它像一个天然的火药库，一旦引爆，将产生难以想象的巨大力量。毛泽东看到了这种蓄势待发的力量，他指出农民不起来参加并拥护革命，革命就不会成功。那时的湖南在中国共产党的领导和国民革命的推动下，将沉默了几千年的农民组织起来，成立农民协会，向土豪劣绅、不法地主等发起了猛烈冲击。然而，有些人对农民革命力量感到害怕，甚至诬蔑和打压。

如何对待农民运动？1926 年底，毛泽东再次回到湖南农村，历时 32 天，行程 700 千米，对湖南的农民运动做了一次详细调查。1927 年 2 月 12 日结束考察，16 日写信给中共中央，表示中央对农民运动政策有很大的缺点，并很快写成了 2 万多字的《湖南农民运动考察报告》。此文于 1927 年 3 月 5 日在中共湖南省委机关报

《战士》周报上连载。接着，在中共中央机关刊物《向导》上刊载，随后汉口《民国日报》《湖南民报》相继转载，社会反响十分强烈。

在毛泽东的笔下，农民不仅是无产阶级的同盟军，还成了中国革命的主力军。他大声疾呼：一切革命派、革命同志都应该站在农民的前头领导和支持他们，而不应该指手画脚地批评他们；所有各种反对农民运动的议论，都必须迅速矫正；对农民运动的各种错误处置，必须迅速变更。

毛泽东在《中国社会各阶级的分析》和《湖南农民运动考察报告》中表现出来的对农民运动的认识已超出中央的认识。他从农村、农民在中国社会结构中的特殊地位来说明农民革命的重要性，从分析农民中各阶层的经济、政治地位来说明农民革命的动力和目标。他比较具体地阐明了中国革命的主要依靠力量问题，大大深化了人们的认识。

毛泽东将农民视为革命的主要依靠力量，解决了中国革命道路上至关重要的理论问题。这与旧民主主义革命有着本质区别，对马克思列宁主义的革命理论也是一个新发展。无论马克思、恩格斯还是列宁，都没有把农民作为革命主要依靠力量的思想。这一点为毛泽东后来开辟农村包围城市的革命道路，提出新民主主义革命理论奠定了基础。

（三）中国革命的主要形式

毛泽东认为，无产阶级及其政党领导的武装斗争是中国民主革命的主要形式，土地革命是中国民主革命的主要内容，农村根据地是中国民主革命的战略基地，以农村包围城市、武装夺取政权是中国民主革命胜利的唯一正确道路。

抗日战争时期，毛泽东在《战争和战略问题》《〈共产党人〉发刊词》等著作中指出，在中国，主要的斗争形式是战争，这是由中国国情和中国革命的特点决定的。因为中国不是一个独立的民主的国家，而是一个半殖民地半封建的国家，内无民主制度，而受封建制度的压迫；外无民族独立，而受帝国主义的压迫。因此，共产党的任务不是像在资本主义国家那样经过长期合法斗争以进入起义和战争，而是要联合尽可能多的同盟军，组织武装斗争，依照情况，反对内部的或外部的武装反革命，为争取民族的和社会的解放而斗争。在这样的社会历史条件下，中国革命只能以长期的武装斗争为主要形式。毛泽东认为，在中国离开了武装斗争，就没有无产阶级的地位，就没有人民的地位，就没有共产党的地位，就没有革命的胜利。近代以来的中国历史已经一再证明了，在中国离开了武装斗争，就不能完成任何的革命任务。

中国的武装斗争是无产阶级领导的以农民为主体的革命战争，农民是无产阶级最可靠的同盟军。因为农民是中国革命的主要力量，是中国革命最广大的动力，是中国革命队伍的主力军。广大农民所在的农村是中国民主革命走向胜利的主要战略基地。当然，除了武装斗争这个形式外，还有工人斗争、农民斗争、政权斗争、经济战线上的斗争等各种形式的斗争。只有把武装斗争这个主要斗争形式同其他各种必要的斗争形式在全国范围内直接或间接地配合起来，才能取得革命的胜利。

武装斗争的历史渊源。恩格斯在 1870 年《如何击败普军》一文中，就提到过解决政府之间的争端的武装斗争。1871 年，马克思、恩格斯在总结巴黎公社的经验教训时指出，公社的主要经验就是用武装的人民彻底打碎资产阶级的国家机器。列宁在领导俄国无产阶级革命中也对武装斗争有进一步论述。他指出，武装斗争是革命的最高形式，阶级斗争在一定的条件下就要采取武装斗争和国内战争的形式，夺取革命的胜利。沙皇统治的被推翻实践了这一理论。毛泽东丰富和发展了这一理论，强调在中国主要的斗争形式是战争，而主要的组织形式是军队。离开了武装斗争，就没有无产阶级和人民的地位，就不能完成任何革命任务。

正是基于对中国武装斗争实质的深刻认识，毛泽东开辟了一条紧紧依靠农民，组织和武装农民，建立农村革命根据地，以农村包围城市，最后夺取城市的独特的革命道路。也是基于对中国武装斗争形式的深刻认识，毛泽东制定了一条正确的军事路线和一整套克敌制胜的战略战术。

（四）中国共产党的三个“法宝”

1939 年到 1940 年初，毛泽东在延安的窑洞里集中思考着中国革命的一系列理论问题，写出了《〈共产党人〉发刊词》《中国革命和中国共产党》《新民主主义论》等重要著作，第一次旗帜鲜明地提出了新民主主义的完整理论。其中，第一次把资产阶级民主革命区分为旧民主主义革命和新民主主义革命，两者之间的一个根本区别就是无产阶级是否掌握了领导权的问题。新民主主义革命是无产阶级领导的，那么无产阶级怎样去实现领导权呢？毛泽东经过长期的思考和探索，于 1939 年 10 月在《〈共产党人〉发刊词》一文中进行了全面的阐述，他指出：“十八年的经验，已使我们懂得：统一战线，武装斗争，党的建设，是中国共产党在中国革命中战胜敌人的三个法宝，三个主要的法宝。”

关于统一战线和武装斗争在前文已有论述，这里谈一下党的建设。毛泽东认为，党的建设必须密切联系党的政治路线。党的纲领和政治路线决定着党的行动的总方向，决定着党的建设。要把党建设成为工人阶级的先锋队，实现党的领导作用，就必须有一条马克思主义的革命路线。毛泽东特别重视从思想上建设党，提出党员不但要在组织上入党，而且要在思想上入党，经常注意以无产阶级思想改造和克服各种非无产阶级思想。他指出，理论和实践相结合的作风、和人民群众紧密地联系在一起的作风以及自我批评的作风是中国共产党区别于其他任何政党的显著标志。他针对历史上党内斗争中存在过的“残酷斗争、无情打击”的“左”倾错误，提出了“惩前毖后、治病救人”的正确方针，强调在党内斗争中要达到既弄清思想又团结同志的目的。毛泽东创造了在全党通过批评与自我批评进行马克思主义思想教育的整风形式。中华人民共和国成立前后，鉴于我党成为领导全国政权的党，毛泽东多次提出要继续保持谦虚谨慎、戒骄戒躁、艰苦奋斗的作风，警惕资产阶级思想的侵蚀，反对脱离群众的官僚主义。

关于三者的关系，毛泽东指出：“统一战线和武装斗争，是战胜敌人的两个基本武器。统一战线，是实行武装斗争的统一战线。而党的组织，则是掌握统一战线和武装斗争这两个武器以实行对敌冲锋陷阵的英勇战士。这就是三者的相互关系。”由此可见，这三个法宝是中国共产党成为全民族的领导核心并且创造出一条以农村包围城市、战后夺取全国胜利的道路的基本依据。正确地理解了这三个问题及其相互关系，就等于正确地领导了中国革命。新民主主义革命理论是毛泽东思想达到成熟的主要标志。

1949 年 6 月，毛泽东在《论人民民主专政》中对三大法宝的内容和意义做了更加完整的概括，指出：一个有纪律的，有马克思列宁主义的理论武装的，采取自我批评方法的，联系人民群众的党；一个由这样的党领导的军队；一个由这样的党领导的各革命阶级各革命派别的统一战线。这三件是我们战胜敌人的主要武器。依靠这三件，使我们取得了基本的胜利。

毛泽东关于三大法宝的理论极大地丰富和发展了马克思列宁主义关于无产阶级领导人民革命的理论和策略，是毛泽东对马克思列宁主义理论宝库的一个杰出贡献。

二、社会主义革命和社会主义建设

（一）创立人民民主专政理论

为了阐明中华人民共和国的性质、各阶级在国家中的地位及国家的内外政策和前途，同时回击国内外敌人的造谣中伤，澄清人民中对这些问题的模糊认识，1949 年 6 月 30 日毛泽东发表了《论人民民主专政》。

毛泽东描绘了即将成立的中华人民共和国的蓝图，系统地阐明了中华人民共和国的基本纲领，统一了全党和全国人民的思想。毛泽东的这篇文章同他在中共七届二中全会上所做的报告构成了《共同纲领》的政策基础，为中华人民共和国的成立做了思想上和理论上的准备。同时，丰富和发展了马克思列宁主义关于无产阶级专政的国家学说。

（二）创立了适合中国国情的社会主义改造道路

毛泽东和中国共产党依据新民主主义革命胜利所创造的向社会主义过渡的经济政治条件，采取社会主义工业化和社会主义改造同时并举的方针，实行逐步改造生产资料私有制的具体政策，从理论和实践上解决了在中国这样一个占世界人口近四分之一的、经济文化落后的大国中建立社会主义制度的艰难任务。《关于建国以来党的若干历史问题的决议》对社会主义改造道路的特点主要归纳为两点：一是社会主义工业化和社会主义改造同时并举；二是对生产资料私有制实行逐步改造的具体政策。

（三）创立了社会主义矛盾学说

这一学说包括社会主义社会的基本矛盾、社会主义两类不同性质的矛盾、社会主义社会的主要矛盾。

毛泽东第一次提出了社会基本矛盾这一概念，在马克思主义发展史上第一次确认了生产关系和生产力、上层建筑和经济基础之间的矛盾仍然是社会主义社会的基本矛盾。这一思想不仅是对马克思主义理论的重要贡献，对社会主义建设具有重要的实践价值，还为社会主义的改革提供了理论根据。

关于社会主义两类不同性质的矛盾。毛泽东从人与人之间关系的角度将社会主义社会的矛盾分为两类：一类是敌我之间的矛盾；另一类是人民内部的矛盾。这是两类不同性质的矛盾。敌我之间的矛盾是对抗性的矛盾，人民内部的矛盾在劳动人民之间来说，是非对抗性的；在被剥削阶级和剥削阶级之间来说，除了对抗性的一面外，还有非对抗性的一面。

关于社会主义社会的主要矛盾。生产资料所有制方面的社会主义改造基本完成后，中国社会的主要矛盾是什么，中共八大做出了明确的回答。中共八大关于政治报告的决议指出：“我们国内的主要矛盾，已经是人民对于建立先进的工业国的要求同落后的农业国的现实之间的矛盾，已经是人民对于经济文化迅速发展的需要同当前经济文化不能满足人民需要的状况之间的矛盾。这一矛盾的实质，在我国社会主义制度已经建立的情况下，也就是先进的社会主义制度同落后的社会生产力之间的矛盾。党和全国人民的当前的主要任务，就是要集中力量来解决这个矛盾，把我国尽快地从落后的农业国变为先进的工业国。”

（四）提出走自己社会主义建设道路的思想

毛泽东在探索中国社会主义建设道路的实践中主张走自己的路，在处理中国和外国关系问题上主张“向外国学习”，不管是社会主义国家还是资本主义国家，“我们的方针是一切民族、一切国家的长处都要学。政治、经济、科学、技术、文学、艺术的一切真正好的东西都要学”。总之，“我们接受外国的长处，会使我们自己的东西有个跃进”。学习时“必须有分析有批判地学，不能盲目地学，不能一切照抄，机械搬运”“中国的和外国的要有机地结合，而不是套用外国的东西。学外国织帽子的方法，要织中国的帽子。外国有用的东西，都要学到，用来改进和发扬中国的东西，创造中国独特的新东西”。对“外国资产阶级的一切腐败制度和思想作风，我们要坚决抵制和批判”。同时，确立了社会主义现代化的宏伟目标和逐步实现“四个现代化”的历史任务，提出了走中国工业化道路的思想以及一整套经济建设方针。此外，毛泽东还提出社会主义社会可能分为不发达的和比较发达的两个阶段的设想，等等。

三、革命军队建设和军事战略理论

毛泽东在民主革命时期创建革命军队、领导革命战争的长期实践中积累了十分丰富的经验，并把它们上升为具有中国特色的军事理论。

（一）关于人民军队的建设

1927 年八七会议，“枪杆子里面出政权”的思想为中国革命所采取的基本方式指明了正确的方向。在当时的中国，共产党要想领导人民夺取政权，唯一可走的路就是武装斗争。抗日战争和解放战争的胜利完全证明了这一点。

1927 年 9 月，秋收起义后部队在三湾改编确立了党对军队绝对领导的原则，部队建立起各级党组织，共产党有了自己的军队，为建设新型人民军队奠定了重要基础。同时，三湾改编的三项重要内容之一——实行民主主义，强调实行政治、经济、军事三大民主，实行官兵一致、军民一致，对团结广大士兵群众、瓦解敌军起到了巨大作用。

1929 年，中国共产党红军第四军第九次代表大会在福建上杭县古田村召开。毛泽东总结了中国共产党领导红军革命的斗争经验，在《关于纠正党内的错误思想》中指出红军一部分同志中存在着单纯军事观点、极端民主化、非组织工作观点、绝对平均主义、主观主义、个人主义、流寇思想及盲动主义残余，对这些错误思想都一一做了列举，并有针对性地逐条列举出纠正这些错误思想的方法，使这支革命军队肃清了旧军队的影响。古田会议解决了在长期分散的农村游击战争环境中如何保持党的无产阶级先锋队性质和建设新型人民军队的根本问题，确立了人民军队建设的根本方向和根本原则，标志着毛泽东新型人民军队建设思想的形成。

（二）关于人民战争和军事战略战术

八七会议之后，共产党有了自己的军队，斗争形式也转入了武装斗争。红军在毛泽东领导下，放手发动群众，开展游击战争，进行了轰轰烈烈的打土豪、分田地，废除封建土地制度的革命战争，不断扩大革命根据地，建立中共地方组织、工农民主政权（苏维埃政府）以及地方武装，实行工农武装割据。

1930 年 1 月 5 日，毛泽东写了《星星之火，可以燎原》，结合红军和中国革命发展的实际，从中国社会的基本特点出发，阐明了中国革命必须坚持创建农村革命根据地，必须用红军和农村革命根据地的发展促进全国革命高潮。这些光辉的思想指明了中国革命的发展前途。1931 年春，毛泽东总结土地革命的经验，制定出一条完整的土地革命路线：依靠贫农、雇农，联合中农，限制富农，保护中小工商业者，消灭地主阶级，变封建半封建的土地所有制为农民的土地所有制。中国共产党领导下的土地革命斗争充分调动了广大农民发展生产和参加中国共产党领导下的革命战争的积极性。

1937 年卢沟桥事变后，为了夺取抗战胜利，毛泽东发表了《论持久战》，分析了敌我双方形势，指出要粉碎日军速战速决的阴谋，把抗日战争变成一场持久战争，关键是要广泛动员人民群众参加抗战，人民群众是真正的铜墙铁壁。为了抗日民族统一战线的坚持、巩固和扩大，还制订了“发展进步势力，争取中间势力，反对顽固势力”的策略，巩固和发展了抗日民族统一战线。

1946 年 6 月底，国民党军队在完成军队调动部署后，立即撕毁停战协定，进攻中原解放区，挑起了全国性的内战。为了打退蒋介石集团对解放区的军事进攻，中国共产党指出，在政治上，必须和人民群众紧密合作，必须争取一切可以争取的力量，在党的领导下建立最广泛的人民民主统一战线。一年多后，人民解放战争形势发生急转。在全国人民的支持下，中国人民解放军先后发动了辽沈、淮海、平津三大战役。三大战役得到全国人民大力支持。仅在淮海战役中，推着独轮车往前线运送粮食给养的山东老解放区民工就达到 300 多万人。对此，陈毅动情地说：“中国革命的胜利是老区人民用小车推出来的。”

（三）加强国防力量，建设现代化革命武装和发展现代化国防科学技术

中华人民共和国成立以后，毛泽东的关注重点转到了保卫国家和建设国家，为保卫国家和建设国防倾注了大量的心血。1949 年 9 月召开的中国人民政治协商会议制定的起临时宪法作用的《中国人民政治协商会议共同纲领》规定："中华人民共和国应加强现代化的陆军，并建设空军和海军，以巩固国防。"

1959 年底、1960 年初，毛泽东进一步明确提出：建设社会主义，原来要求是工业现代化、农业现代化、科学文化现代化，现在要加上国防现代化。1964 年 12 月召开的第三届全国人民代表大会将"四个现代化"科学地界定为"全面实现农业、工业、国防和科学技术的现代化"，并将其规定为中国人民在 20 世纪的奋斗目标。

基于毛泽东强烈的国防意识，中国各项建设一起步，党中央、毛泽东就提出了要"一手抓经济，一手抓国防"的方针。1964 年 8 月，毛泽东又提出了"两个拳头、一个屁股"的建设方针，就是要一手抓农业，一手抓国防，特别是要加强基础工业。基础工业是"屁股"，农业与国防是"拳头"，"屁股"坐稳了，打出去的拳头就有力量。"两个拳头、一个屁股"的方针反映了毛泽东强烈的国防意识，既指明了国防建设在国家总体建设中的重要战略地位，又摆正了国防建设与经济建设的关系，是 20 世纪 50 年代初期提出的"一手抓经济，一手抓国防"方针的发展。

毛泽东强调科学技术是国防工业建设的关键。20 世纪，科学技术在军事领域得到了空前的应用，引起了武器的一次又一次的不断改进。科学技术一经应用于经济建设，便产生了巨大的经济效益。1958 年 6 月，毛泽东在军委会议上提出搞一点原子弹、氢弹、洲际导弹，1970 年又提出要搞人造卫星。他认为，核战争是打不起来的，之所以还要研究制造原子弹，是为了防御。在毛泽东的战略思想指导下，我国在 20 世纪 50 年代就不失时机地注意发展新兴科学技术，包括用于自卫的核武器，加快国防现代化建设步伐。20 世纪 70 年代初，我国又成功地发射了人造地球卫星，并造出了核潜艇，标志着我国已掌握了运用导弹核武器向全球任何地方实施反击的能力，使我国一跃进入世界军事强国行列，引起世人瞩目。历史证明，毛泽东的战略决策是正确的、成功的。

四、政策和策略理论

在长期的反帝反封建革命中，中国共产党领导中国人民经过艰苦卓绝的斗争，

形成了一系列完整的马克思主义的政策和策略。

（一）政策和策略的重要性

毛泽东精辟地论证了革命斗争中政策和策略问题的重要性，指出："政策和策略是党的生命，是革命政党一切实际行动的出发点和归宿，必须根据政治形势、阶级关系和实际情况及其变化制定党的政策，把原则性和灵活性结合起来。"

早在土地革命初期，毛泽东在《中国的红色政权为什么能够存在？》一文中论述红色政权能够存在和发展的条件时，把共产党组织的有力量和它的政策的不错误作为一个要紧的条件。他在《反对本本主义》中明确指出："无产阶级要取得胜利，就完全要靠他的政党——共产党的斗争策略的正确和坚决。"

抗战时期，毛泽东提出党的政策和策略直接关系到社会生产力的发展和社会能否继续前进的思想。"中国一切政党的政策及其实践在中国人民中所表现的作用的好坏、大小，归根到底，看它对中国人民的生产力的发展是否有帮助及其帮助之大小，看它是束缚生产力的，还是解放生产力的。"从解放生产力的角度来认识政策和策略的重要性，对其本质认识进一步深入，也为党的政策和策略的制定提出了根本依据。毛泽东的政策和策略思想进一步成熟。到解放战争时期，中国共产党面临命运决战，政策和策略的重要性更加凸显。毛泽东在总结中国革命经验的基础上，进一步对实行正确政策和策略的重要性进行了深刻论述，做出了"政策和策略是党的生命"的著名论断。

（二）关于对敌斗争和统一战争的重要政策和策略思想

毛泽东在对敌斗争和统一战线等方面提出了许多重要的政策和策略思想。他指出：弱小的革命力量在变化着的主客观条件下能够最终战胜强大的反动力量；战略上要藐视敌人，战术上要重视敌人；要掌握主要方向，不要四面出击；对敌人要区别对待、分化瓦解，实行利用矛盾、争取多数、反对少数、各个击破的策略；在反动统治地区，把合法斗争和非法斗争结合起来，在组织上采取隐蔽精干的方针；对被打倒的反动阶级成员中的反动分子，只要他们不造反、不捣乱，都给以生活出路，让他们在劳动中改造成为自食其力的劳动者；无产阶级及其政党要有效实现自己对同盟者的领导，必须具备两个条件：一是率领被领导者向着共同的敌人做坚决斗争并取得胜利；二是对被领导者给以物质利益，至少不损害其利益。

五、党的建设学说

毛泽东党的建设思想是马克思列宁主义党的建设学说在中国革命和建设中的实践运用和创新发展，成功地解决了在中国这样一个无产阶级人数很少而战斗力很强、农民和其他小资产阶级占人口大多数的国家，建设一个具有广泛群众性的马克思主义政党的难题，是我们党集体智慧的结晶。

（一）党的三大作风建设

毛泽东一贯高度重视党的作风建设。1945 年，毛泽东在党的七大的政治报告中明确指出："以马克思列宁主义的理论思想武装起来的中国共产党，在中国人民中产生了新的作风，这主要的就是理论和实践相结合的作风、和人民群众紧密地联系在一起的作风以及自我批评的作风。"这是中国共产党在长期的革命斗争中形成的区别于其他任何政党的显著标志，还创造出整风这种实行马克思主义自我教育的方式。

（1）理论和实践相结合的作风。建党后，马克思主义理论与中国革命实际相结合一直在与党内教条主义错误作风做斗争中不断取得胜利。党的二大制定了民主革命阶段反帝反封建纲领；土地革命前期开创了农村包围城市的革命道路。毛泽东深刻强调，"没有调查，没有发言权"，他深刻认识到马克思主义理论必须同中国革命实际相结合的重要性。1939 年 10 月，毛泽东在《〈共产党人〉发刊词》中第一次明确提出"马克思列宁主义的理论和中国革命的实践相结合"这个根本原则。1942 年 2 月，在《整顿党的作风》中阐述了理论联系实际的光辉思想。四年的整风运动终于彻底清除了以王明为代表的"左"倾教条主义在党内的影响，确立了以毛泽东为代表的一切从实际出发、实事求是、理论联系实际的辩证唯物主义思想路线。

（2）密切联系群众的作风。自党建立以来，毛泽东就非常重视人民群众在革命中的作用。1925 年到 1927 年就曾两次到农村调查，领导农会运动，在土地革命中打土豪、分田地，发动广大人民群众参加到革命中。1934 年 1 月，在《关心群众生活，注意工作方法》中指出："革命战争是群众的战争，只有动员群众才能进行战争，只有依靠群众才能进行战争。"而要得到群众拥护，"就得和群众在一起，就得去发动群众的积极性，就得关心群众的痛痒，就得真心实意地为群众谋利益"。密切联系群众的作风的理论基石是群众路线。群众路线理论思想在抗战时期系统形成，进一步概括为"从群众中来，到群众中去"。刘少奇在党的七大上作的《关于修改党的章程的报告》中说，群众路线"是我们党的根本的政治路线，也是我们党的根本的组织路线”，还是我们党根本的工作路线。

（3）批评和自我批评的作风。在纠正和防止“左”倾错误中，在正确开展党内积极的思想斗争的过程中，逐步形成了批评和自我批评的优良作风。毛泽东在《关于纠正党内的错误思想》中提出了正确开展党内批评的问题。毛泽东在《矛盾论》里从非对抗性矛盾向对抗性矛盾转化的角度，提出要防止过火斗争的问题。抗日战争时期，为了从思想上、政治上和组织上系统地整顿党的作风，毛泽东和我们党创造了整风运动这样一种马克思主义的自我教育的好方式。在整风运动中，提出著名的“惩前毖后，治病救人”的方针，批评和自我批评的作风得到确立和发扬。

中华人民共和国成立前后，鉴于党的地位发生了重大变化，成为领导全国政权的执政党，毛泽东多次提出要继续保持谦虚谨慎、戒骄戒躁、艰苦奋斗的作风，警惕资产阶级思想的侵蚀，反对脱离群众的官僚主义等思想。

（二）加强党员干部队伍建设

中国共产党是工人阶级的先锋队，党员是工人阶级的先进分子，其中干部是党组织和党的工作的骨干，是党联系广大党员和群众的桥梁纽带。对于怎样培养大批优秀的干部，归结起来就是任人唯贤、德才兼备、五湖四海的干部路线和政策。毛泽东认为，领导者的责任，归结起来，主要是两件事，一是出主意，二是用干部；特别强调，在干部政策问题上，坚持正派的公道的作风，反对不正派的不公道的作风。

中华人民共和国成立后，党的工作重心发生了深刻的变化，经济建设成为党的中心工作。毛泽东在干部路线上也做了相应的调整。一是强调干部在现代化建设中的重要作用。他在 1956 年 1 月召开的最高国务会议上的讲话指出，为了实现在经济上和科学文化上迅速达到世界先进水平的伟大目标，“决定一切的是要有干部，要有数量足够的、优秀的科学技术专家”。二是对干部提出了又红又专的要求。在 1955 年党的全国代表会议上，毛泽东提出，我们现在所从事的、所思考的、所钻研的，是社会主义工业化，是社会主义改造，是现代化的国防等，我们进入的就是这样的历史的新时期。适合这种新的情况，成为内行，这是我们的任务。1958 年初，他又提出又红又专的要求，指出：红与专、政治与业务的关系，是两个对立物的统一。一定要批判不问政治的倾向。一方面要反对空头政治家，另一方面要反对迷失方向的实际家。

（三）重视搞好党的团结

毛泽东非常重视党的团结，总是把搞好团结和革命胜利联系在一起，既要搞好党内的团结，也要搞好与党外的团结。在民族危亡的历史时刻，毛泽东领导中国共产党团结一切可以团结的力量，建立起最广泛的抗日民族统一战线。1942 年 2 月，毛泽东在《整顿党的作风》中提出了正确处理党内外关系的原则，团结的关键是各级干部特别是高级领导干部的团结，如外来干部与本地干部、军队干部与地方干部、新老干部之间、党员干部与党外干部等的团结。

正确处理党内斗争，对于巩固党的组织、维护党的团结统一、执行党的路线政策是极其重要的。毛泽东在抗战时期提出了正确进行党内斗争的理论原则和方针、政策，并将其具体应用到延安整风运动中。他认为，党内必须进行积极的思想斗争，既要反对取消思想斗争的自由主义，又要反对“左”的过火的党内斗争。他提出，党内斗争的目的是坚强党的组织，增强党的战斗力以达到阶级斗争的胜利，不应当利用党内斗争做攻击个人的工具；党内斗争的主要任务，是指出政治上和组织上的错误，至于个人缺点，如果不是与政治的和组织的错误有联系，则不必多所指摘，使同志无所措手足；党内批评的原则是实事求是，防止主观武断和庸俗化。

第三节　中国特色社会主义理论体系与马克思主义中国化

中国特色社会主义理论体系包括三个重要组成部分：邓小平理论、“三个代表”重要思想和科学发展观等一系列重要战略思想。这三大重要理论成果是几代中国共产党在马克思列宁主义指导下，在经济、文化都比较落后的情况下不断改革、探索建设社会主义所取得的理论结晶，是党最可宝贵的政治和精神财富，是全国各族人民共同奋斗的思想基础，是马克思主义中国化的成果。三大理论成果既一脉相承，又各具特色。

一、邓小平理论

邓小平理论是以邓小平为主要创立者、以建设中国特色社会主义为主题、以十一届三中全会为历史起点形成的具有时代特征的马克思主义中国化的理论，主要回答了中国共产党在新时期所要面对和解决的问题：“什么是社会主义、怎样建设社会主义”。邓小平理论是对马克思列宁主义和毛泽东思想在新的历史条件下的继承和发展，是马克思主义中国化的一大理论成果，是中国特色社会主义理论体系的重要内容。

（一）社会主义初级阶段论

建设中国特色社会主义，必须从中国国情出发。邓小平理论体系中关于“什么是社会主义、怎样建设社会主义”的探索和回答首先是以中国社会主义处于一个什么样的发展阶段作为逻辑起点，并贯穿于整个理论，是建设中国特色社会主义发展道路及制定相关路线、方针、政策的根本依据。

1979 年 3 月，邓小平指出：“过去搞民主革命，要适合中国情况，走毛泽东同志开辟的农村包围城市的道路。现在搞建设，也要适合中国情况，走出一条中国式的现代化道路。”邓小平全面分析我国国情，确认我国正处于社会主义初级阶段。

（二）社会主义本质论

1992 年 1 月 18 日至 2 月 21 日，邓小平视察武昌、深圳、珠海、上海等地并发表重要谈话。他在南方谈话中提出了包括社会主义本质论在内的一系列新的思想和观点，“社会主义的本质，是解放生产力，发展生产力，消灭剥削，消除两极分化，最终达到共同富裕”。他对社会主义本质的科学界定正确地回答了“什么是社会主义、怎样建设社会主义”的问题。

（三）社会主义市场经济论

中华人民共和国成立以来，由于受苏联模式的影响，人们长期认为社会主义的经济模式只能是计划经济。到改革开放之初，人们也一直受这种观念的严重束缚，把是计划经济还是市场经济作为判断社会主义与资本主义的标准。邓小平拨云见日、点石成金，创造性地提出了社会主义也能搞市场经济的科学命题，将发展社会主义市场经济作为我国走向现代化的必由之路。

（四）社会主义改革动力论

邓小平继承和发展了马克思主义的发展动力思想，研判中国发展形势，总结发展经验，以独特的视角创新性地提出了社会主义发展动力新学说。邓小平认为，改革是社会主义制度的自我完善和发展，是社会主义发展的直接动力；“改革是中国的第二次革命”“改革也是解放生产力”。

（五）社会主义全面发展论

社会主义社会是全面发展的社会，社会主义的宏伟目标是实现人的全面发展，使每个人自由发展是一切人自由发展的条件的联合体。基于这一马克思主义基本原理，邓小平从社会主义初级阶段实际出发，把全面发展由一种长远的目标转变为现实的运动。

二、“三个代表”重要思想

“三个代表”重要思想是对中国共产党历史经验的科学总结，是在新时期对党的性质、宗旨、根本任务的精辟概括，是对马克思主义建党学说的重大创新和发展，是中国特色社会主义理论体系的重大理论成果。

（一）论“三个代表”

我们党之所以赢得了人民的拥护，是因为在革命、建设、改革的各个历史时期总是代表着中国先进生产力的发展要求，代表着中国先进文化的前进方向，代表着中国最广大人民的根本利益，并通过制定正确的路线、方针、政策，为实现国家和人民的根本利益而不懈奋斗。

1. 始终代表中国先进生产力的发展要求

在21世纪，要保持党的先进性，首先必须始终代表中国先进生产力的发展要求，推动社会生产力的迅速发展，在社会主义现代化建设中发挥好组织和领导作用。

党始终代表中国先进生产力的发展要求，关键是发展。我国还处在社会主义初级阶段，人口多、底子薄，经济和文化发展不平衡、生产力不发达的情况总体上还没有改变。不断解放和发展生产力，依然是我们长期的中心任务。

2. 始终代表中国先进文化的前进方向

一定的文化是一定社会的经济和政治在观念形态上的反映，同时对经济和政治的发展产生巨大的反作用。代表什么样的文化、坚持什么样的文化方向、推动建设什么样的文化是一个政党在思想上、精神上的一面旗帜。

发展先进文化，就是发展中国特色社会主义文化，就是建设社会主义精神文明。江泽民指出：“中国特色社会主义文化，就其主要内容来说，同改革开放以来我们一贯倡导的社会主义精神文明是一致的。文化相对于经济、政治而言。精神文明相对于物质文明而言。只有经济、政治、文化协调发展，只有两个文明都搞好，才是中国特色社会主义。”发展先进文化必须坚持弘扬和培育民族精神。江泽民指出：“面对世界范围各种思想文化的相互激荡，必须把弘扬和培育民族精神作为文化建设极为重要的任务，纳入国民教育全过程，纳入精神文明建设全过程，使全体人民始终保持昂扬向上的精神状态。”发展先进文化，必须牢牢把握先进文化的前进方向。

3. 始终代表中国最广大人民的根本利益

中国最广大人民的根本利益是中国共产党的奋斗纲领、目标任务和根本宗旨的集中体现，是党的性质和纲领决定的。

在新时期，人民群众是改革发展的主体和动力，也是社会稳定的力量源泉和深厚基础。党的一切方针政策都要以是否符合最广大人民群众的利益为最高标准，以最广大人民群众满意不满意为根本准则。

人民拥不拥护、人民赞不赞成、人民高不高兴、人民答不答应是衡量党的一切工作和方针政策的最高标准。我们党始终坚持人民的利益高于一切。人民是我们国家的主人，是决定我国前途和命运的根本力量。所以，江泽民同志特别强调说：“人民，只有人民，才是我们工作价值的最高裁决者。”就是说，在任何时候任何情况下，党的一切工作和方针政策都要以是否符合最广大人民群众的利益为最高衡量标准。

（二）论与时俱进

当今世界和我们所处的时代正在发生着深刻的变化，复杂多变的国际国内形势和宏伟艰巨的发展任务对我们党和国家提出了许多新课题，使我们面临新的考验。贯彻“三个代表”重要思想，必将遇到许多新情况、新问题，关键在于坚持与时俱进。

正确的思想路线是制定和执行正确的政治路线的前提，是指引我国革命、建设和改革不断取得胜利的根本保证。与时俱进体现的时代性与现实性的结合要求我们的思想认识要不断适应新形势、新任务的要求，顺应时代发展和人类社会文明进步的潮流；要求将马克思主义基本原理与中国发展实践紧密结合，不可脱离时代要求、发展实际；要求以创新性的思维，结合飞速发展的客观实际，不断增强工作的主动性和创造性。

“三个代表”重要思想是与时俱进的产物，与时俱进是贯彻落实“三个代表”重要思想政治路线的思想基础。“三个代表”重要思想就是我们党与时俱进、锐意进取的思想结晶。“三个代表”重要思想同邓小平理论一脉相承、彼此贯通，既继承了邓小平强调“中国特色”的理论特点，又具有与时俱进的时代特色，实现了民族性和时代性的有机统一。

“三个代表”重要思想是对党的先进性建设理论的创新性发展。“三个代表”重要思想深刻揭示了无产阶级政党建设的基本规律，阐明了新时期全面加强党的建设的基本要求。它把发展先进生产力和先进文化、实现最广大人民的根本利益同党的先进性联系在一起，上升到党的性质和宗旨的高度，上升到党的指导思想的高度，构成一个完整的党的先进性理论体系。由此可见，始终保持党的先进性，是加强党的建设的总要求，也是贯彻“三个代表”重要思想的核心问题。贯彻落实“三个代表”重要思想，全面推进新时期党的建设新的伟大工程，就是要以坚持党的先进性为核心，着力于不断强化先进性意识，把握先进性标准，践行先进性要求，树立先进性形象，切实把始终做到“三个代表”重要思想的要求落实到党的建设中去，落实到党和国家的各项工作中去。

我们要发展先进生产力和先进文化，实现、维护和发展好最广大人民的根本利益，必须始终坚持与时俱进，紧密结合国内外形势的变化，紧密结合我国生产力的最新发展和经济体制深刻变革的实际，紧密结合人民群众对物质文化生活提出的新的发展要求，紧密结合党员干部队伍发生的重大变化，不断地研究前进中遇到的新情况，解决新问题。只有紧紧抓住与时俱进这个关键，我们才能深刻理解“三个代表”，牢牢把握“三个代表”，自觉贯彻“三个代表”，才能不断开辟理论的新境界，不断开创事业的新局面。

（三）关于执政党建设

“三个代表”重要思想科学地总结了我们党成立以来的历史经验，特别是十三届四中全会以来建设中国特色社会主义的历史经验，集中地反映了当代世界和中国的发展变化对党和国家工作的新要求，赋予党的性质、宗旨、指导思想和任务以鲜明的时代特征和丰富的时代内涵，进一步明确了在新的历史条件下党的建设的总目标，从根本上回答了在充满机遇和挑战的21世纪建设一个什么样的党和怎样建设党的重大课题。这一重要思想是对马克思主义建党学说的新发展，是21世纪党的建设的伟大纲领，是加强和改进党的建设、推进我国社会主义自我完善和发展的强大理论武器。

（四）法治思想

江泽民在阐述“三个代表”重要思想的同时较为系统地阐述了社会主义法治

思想，与时俱进地提出了“依法治国，建设社会主义法治国家”的重要思想。

实行依法治国和以德治国的基本方略，是全面建设小康社会、加快推进现代化的迫切需要。德治与法治是相辅相成、相互促进的。我们知道，法治属于政治建设，属于政治文明，而德治属于思想建设，属于精神文明，两者虽然属于不同的范畴，但历史实践告诉我们其地位和功能都是非常重要的，不可偏废。在21世纪之初，江泽民提出将德治与法治相结合的治国方略，是坚持了解放思想、实事求是、与时俱进的思想路线，是将我国古代德治传统赋予了时代精神的法治新理念、新内涵。

加强党的领导和依法执政是相得益彰、相辅相成、有机统一的，要加强党的依法执政能力建设。依法治国，建设社会主义法治国家是在党的领导下进行的。依法执政是依法治国基本方略在党执政问题上的具体体现。我们党既是国家法治建设的领导者、推进者，也要把自己置于法治之中，和其他社会主体一样，平等地承担守法的义务和责任。江泽民告诫全党同志特别是党的各级领导干部要懂得依法行政，学会依法执政，在实践中不断提高依法执政的能力和水平。

三、科学发展观

马克思曾指出，每个时代总有属于它自己的问题，准确地把握和解决这些问题，就能够把人类社会推向前进。针对21世纪我国发展中出现的新情况、新问题、新趋势，科学发展观深入系统地回答了“为什么要发展”“为谁发展”“怎样发展”等事关我国长远发展的一系列重大问题，把对中国特色社会主义发展问题的认识提高到了一个新的水平，破解了发展难题，创新了发展理念，为实现经济社会又好又快发展指明了前进方向。

发展观是对发展的本质、规律、动力、目的和标准等问题的基本看法，从哲学意义上来说，是发展的世界观和方法论。树立什么样的发展观，直接影响到发展的模式、途径、目标和发展政策的选择，对于经济社会和人的发展至关重要。“以人为本，全面、协调、可持续的科学发展观”丰富了发展的内涵，创新了发展观念，开拓了发展思路，吸收了人类发展的文明成果，符合人类社会发展规律、经济发展规律、自然发展规律和人的发展规律，是我们党在执政理念上的一次深刻转变、在指导思想上的又一次飞跃与创新。

（一）发展思想

发展是马克思主义最基本的范畴之一。马克思主义诞生以来，无产阶级以解放斗争、世界社会主义运动的方式不断推进发展。中国共产党在把马克思主义基本原理同中国实际相结合的过程中，不断推进实践基础上的理论创新，丰富和发展了马克思主义的发展观。

（二）构建社会主义和谐社会

社会和谐是指社会系统的各个组成部分以及各个要素之间要处于一种相互协调、平衡状态，主要表现为人与人的和谐、人与社会的和谐、人与自然的和谐。科学发展和社会和谐是内在统一的。没有科学发展就没有社会和谐，没有社会和谐也难以实现科学发展。因此，深入落实科学发展观，要求我们积极构建社会主义和谐社会。

（三）加强执政党建设

加强党的思想理论建设。实践需要科学理论的指导，没有科学理论的指导，实践难以取得成功。胡锦涛强调，加强党的思想理论建设，根本目的就是要指导实践。

执政党建设面临四个考验、四个危险。我们党成立以来，始终走在时代前列，在异常复杂的环境中团结带领全国各族人民创造了一个又一个伟大奇迹。然而，在世情、国情、党情发生深刻变化的新形势下，提高党的领导水平和执政水平，提高拒腐防变和抵御风险能力，加强党的执政能力和先进性建设，还面临许多前所未有的新情况、新问题、新挑战。党面临的执政考验、改革开放考验、市场经济考验、外部环境考验是长期的、复杂的、严峻的。精神懈怠的危险、能力不足的危险、脱离群众的危险、消极腐败的危险更加尖锐地摆在全党面前，落实党要管党、从严治党的任务比以往任何时候都更为繁重、更为紧迫。

全面提高党的建设科学化水平。党的十八大报告提出了全面提高党的建设科学化水平的总要求，即“全党要增强紧迫感和责任感，牢牢把握加强党的执政能力建设、先进性和纯洁性建设这条主线，坚持解放思想、改革创新，坚持党要管党、从严治党，全面加强党的思想建设、组织建设、作风建设、反腐倡廉建设、制度建设，增强自我净化、自我完善、自我革新、自我提高能力，建设学习型、服务型、创新型的马克思主义执政党，确保党始终成为中国特色社会主义事业的坚强领导核心”。围绕这一总要求，报告还提出了八项重要任务。治国必先治好党。只要把握我们党的伟大历史使命，清醒面对新问题、新挑战，不断提高党的科学化水平，我们党就一定能勇立潮头、引领进步，实现中华民族的伟大复兴。

（四）经济又好又快发展

2005年10月，党的十六届五中全会通过了《中共中央关于制定国民经济和社会发展第十一个五年规划的建议》，该建议在提出“避免经济大起大落，实现又快又好发展”时，强调指出“发展既要有较快的增长速度，更要注重提高增长的质量和效益”，“好”字呼之欲出。中共十七大响亮地提出了“促进国民经济又好又快发展”，国民经济发展的指导思想由“又快又好发展”转向了“又好又快发展”，“好”字当先。

改革开放以来，我国经济发生巨大的变化，经济体制由高度集中的计划经济转变为社会主义市场经济，人民生活水平由解决温饱到实现小康并向全面小康迈进。这些变化为又好又快发展提供了重要的体制性基础条件、必要的市场供求格局、良好的经济运行环境、坚实的物质基础、有利的国际经济条件和新的发展动力。

中共十七大提出了促进国民经济又好又快发展的八条措施。一是提高自主创新能力，建设创新型国家。这是国家发展战略的核心，是提高综合国力的关键。二是加快转变经济发展方式，推动产业结构优化升级。这是关系国民经济全局紧迫而重大的战略任务。三是统筹城乡发展，推进社会主义新农村建设。解决好“三农”问题，事关全面建设小康社会大局。四是加强能源资源节约和生态环境保护，增强可持续发展能力。坚持节约资源和保护环境的基本国策，关系人民群众切身利益和中华民族生存发展。五是推动区域协调发展，优化国土开发格局。六是完善基本经济制度，健全现代市场体系。七是深化财税、金融等体制改革，完善宏观调控体系。八是拓展对外开放广度和深度，提高开放型经济水平。由此，实现国民经济又好又快发展，必将进一步增强我国经济实力，彰显社会主义市场经济的强大生机与活力。

（五）建设创新型国家

建设创新型国家的核心就是把增强自主创新能力作为发展科学技术的战略基点，走出中国特色自主创新道路，推动科学技术的跨越式发展；就是把增强自主创新能力作为调整产业结构、转变增长方式的中心环节，建设资源节约型、环境友好型社会，推动国民经济又快又好发展；就是把增强自主创新能力作为国家战略，贯穿到现代化建设各个方面，激发全民族创新精神，培养高水平创新人才，形成有利于自主创新的体制机制，大力推进理论创新、制度创新、科技创新，不断巩固和发展中国特色社会主义伟大事业。

胡锦涛指出，建设创新型国家，关键在人才，尤其在创新型科技人才。培养造就创新型科技人才，要全面贯彻尊重劳动、尊重知识、尊重人才、尊重创造的方针，以建设创新型国家的需求作为基准，遵循创新型科技人才成长规律，用事业凝聚人才，用实践造就人才，用机制激励人才，用法制保障人才，不断发展壮大科技人才队伍，努力形成江山代有才人出的生动局面。

（六）社会主义荣辱观

荣辱观属于社会意识的范畴，在整个社会生活中体现着社会的价值导向，对社会的发展具有巨大的反作用力。恩格斯指出："每个社会集团都有它自己的荣辱观。"一个在社会中占主导地位的荣辱观体现了这个社会的主流价值观念，引导着社会全体成员的思想道德素质。胡锦涛指出："一个社会是否和谐，一个国家能否实现长治久安，很大程度上取决于全体社会成员的思想道德素质。没有共同的理想信念，没有良好的道德规范，是无法实现社会和谐的。"以"八荣八耻"为基本内容的社会主义荣辱观涵盖爱国主义、集体主义和社会主义思想，体现了中华民族传统美德和时代要求，为当代中国确立了一个评判是非荣辱的标准，为塑造具有良好道德修养的社会主义公民形象、促进良好社会风气的形成指明了方向，对构建社会主义和谐社会具有导向作用。

当前我国正处于深刻的社会变革中，在价值多元化的时代背景下，主导价值观引导具有非常重要的意义，否则一些人因受市场经济追求最大利益的价值导向影响，唯利是从，而失去了基本的道德荣辱底线判断。科学的发展需要全体人民有共同的道德操守，社会的发展要有稳定的内在秩序来保证。社会主义荣辱观体现了社会主义道德文化的本质要求，是构建社会主义和谐社会的有力道德支撑，是实现科学发展的内在精神力量。

（七）走和平发展的道路

改革开放以来，中国取得了经济社会发展的巨大成就，引来国外对"中国崛起"的种种说法。胡锦涛深刻把握时代特征、国际形势、中国国情和历史经验，在十七大报告中向全世界宣告：中国始终坚定不移地走和平发展道路。虽然我国和平发展取得举世瞩目的成就，但距离实现中华民族的伟大复兴这一战略目标还有很长的距离。我国和平发展与世界的和平发展密切相关，世界环境严峻、复杂，当前，我国还面临世界霸权主义威胁、国际竞争压力和全球化的负面效应等三大挑战。因此，必须争取和平的国际环境发展自身，同时通过自身的发展和改革开放来维护世界和平，与世界各国互利共赢、共同发展。胡锦涛“既通过维护世界和平发展自己，又通过自身发展维护世界和平”的和平发展思想充分体现了和平与发展的辩证结合，即和平是发展之基，发展是和平之本。当今世界，各国发展的依存度更高，只有创造和平环境，各国才能具备发展的前提条件；只有加强交流合作，互利共赢，各国才能实现共同发展。

和平发展道路既符合中国人民的根本利益，又顺应当今世界发展潮流。始终不渝走和平发展道路，既有马克思主义的理论渊源，也有中国传统文化的基因，更是基于21世纪对世情和国情的深深思考而做出的现实选择，体现了中国共产党人对时代潮流的宏观把握。和平发展道路的思想进一步丰富了中国特色社会主义的外交理论，是对我国外交战略的创新发展。

第四节　党的十八大以来马克思主义中国化的发展与创新

马克思主义中国化的每一次创新发展都是时代发展需要的产物，都是马克思主义在中国革命和建设中的创新与发展。党的十八大以来，以习近平同志为核心的党中央高瞻远瞩、运筹帷幄，科学研判世情、国情、党情，提出了一系列重大战略思想、重大理论观点和重大决策部署，实现了马克思主义与现时代中国实践相结合的新飞跃，把马克思主义中国化推进到了一个新的理论和实践高度。

一、党的建设

党的十八大以来，习近平总书记高度重视党的建设，针对新形势下党建工作面临的新情况、新问题、新挑战，将全面从严治党纳入治国理政的总布局，为全面提高党的科学化水平提供了新的理论指导。

（一）全面从严治党

坚持党要管党、从严治党，是党的一贯方针和优良传统。在国际国内复杂多变的新形势下，我们党正面临“四大危险”，经受着“四大考验”，必须增强自我净化、自我完善、自我革新、自我提高能力。2013年6月28日，在全国组织工作会议上，习近平指出：“党要管党，才能管好党；从严治党，才能治好党。”对我们这样一个拥有9 000多万党员、在一个人口大国长期执政的党，管党治党一刻不能松懈。

2014年12月，习近平总书记在江苏考察调研时，将“从严治党”前面加上了“全面”，并将“全面从严治党”纳入党治国理政“四个全面”的战略布局中。他指出：“要全面贯彻党的十八大和十八届三中、四中全会精神，落实中央经济工作会议精神，主动把握和积极适应经济发展新常态，协调推进全面建成小康社会、全面深化改革、全面推进依法治国、全面从严治党，推动改革开放和社会主义现代化建设迈上新台阶。”这也为党的建设提出了更高的要求，使中国共产党始终是中国特色社会主义事业的领导核心。加强党风廉政建设，推进全面从严治党，关键是抓住主体责任这个“牛鼻子”。各级党委要担负起全面从严治党的主体责任，书记是第一责任人。在2016年1月12日十八届中央纪委第六次全会上，习近平指出：“全面从严治党永远在路上。各级党组织要担负起全面从严治党主体责任。全面从严治党，核心是加强党的领导，基础在全面，关键在严，要害在治。”各级党委要把抓党建作为最大的政绩。各级党委首先要树立正确的政绩观，要坚持从巩固党的执政地位的大局来看问题，如果我们党弱了、散了、垮掉了，要其他的政绩一点意义也没有。要摆正党的建设和经济建设的位置，党的建设是核心、是关键，是经济社会发展的根本保证。要坚持党建工作和中心工作一起谋划，紧紧围绕中心任务和服务群众来抓党建，一级抓一级，层层抓落实，抓具体，抓深入，使党建体现时代性、规律性、实效性，发挥其带动、激励、凝聚等重要作用。党委书记作为抓党建的第一责任人，一定要在其位、谋其政，切实履好职、守好土，组织好本部门的党建工作，按照分工狠抓各项工作落实，确保管党治党任务落到实处。

（二）坚定理想信念

对马克思主义的信仰，对社会主义和共产主义的信念，是共产党人的政治灵魂，也是共产党人经受住任何考验的精神支柱。目前，一些党员干部在市场经济的冲击下，未能经受住金钱、车子、房子等物质欲望的诱惑，思想空虚、贪图享乐，理想信念缺失，肆意用权，损害了党和国家形象，损害了人民利益。习近平在多次讲话、不同场合都讲到共产党人的理想信念问题。他指出，理想信念是共产党人精神上的“钙”，理想信念坚定，骨头就硬，没有理想信念，或理想信念不坚定，精神上就会“缺钙”，就会得“软骨病”，就可能导致政治上变质、经济上贪婪、道德上堕落、生活上腐化。从严管党治党，首先就要坚定党员干部的理想信念。

习近平指出：“衡量一名共产党员、一名领导干部是否具有共产主义远大理想，是有客观标准的，那就要看他是否坚持全心全意为人民服务的根本宗旨，能否吃苦在前、享受在后，能否勤奋工作、廉洁奉公，能否为理想而奋不顾身去拼搏、去奋斗、去献出自己的全部精力乃至生命。”这就是要求党员干部将坚定的信念落实到平时的工作中和关键时刻的表现上，以实际行动来强化党性锻炼，坚定理想信念。

（三）以党章为镜

党章是一个政党为保证全党在政治上、思想上的一致和组织上、行动上的统一而制定的章程，是党的建设全面性的指导文件和党内生活的最高法规，是指导全党思想和行动的准则。习近平非常重视党员干部对党章的学习，要求党员干部要以党章为镜，“照镜子、正衣冠、洗洗澡、治治病”。照镜子就是要以党章为镜，对照党的纪律、群众期盼、先进典型，对照改进作风要求，在宗旨意识、工作作风、廉洁自律上摆问题、找差距、明方向。目前，一些党员干部政治理论不过关，宗旨意识淡薄，服务意识不足，执行党的各项规章的积极性不强，这导致了其工作效率不高，为人民服务的能力不足，进而使干群关系紧张，群众意见很大。党群、干群关系问题是关系党和国家兴衰成败的大问题。因此，我们的党员干部要对照党章多“照镜子”，从党对干部的要求中找到自身差距并及时弥补，真正实现全心全意为人民服务的宗旨。

党章意识是每个党员都应具有的一种自觉意识，党员干部必须强化党章意识。一个党员有无党章意识或其党章志识的强弱取决于党员对党章内容的认知与遵循程度。习近平总书记强调：“认真学习党章、严格遵守党章，是加强党的建设的一项基础性经常性工作，也是全党同志的应尽义务和庄严责任，对强化全党党章意识，增强党的创造力、凝聚力、战斗力具有极为重要的作用。”党章具有党内根本大法的地位，认真学习党章，强化党章意识，严格遵守党章，是每个共产党员应尽的义务；违反党章，或对党章言行不一，就必须接受党章及其党内法规的严厉惩处。

（四）严明党的纪律

中国共产党是有坚定的理想信念和铁的纪律的马克思主义政党，严格的纪律也是我们党能够领导中国人民经过艰苦卓绝的奋斗取得胜利的重要法宝，无论过去、现在还是将来都是我们党真正的优势。坚持全面从严治党就是要严字当头，严明党的纪律。党面临的形势越复杂，肩负的任务越艰巨，就越要加强纪律建设，越要维护党的团结统一，确保全党统一意志、统一行动、步调一致前进。习近平强调，党纪严于国法，“必须严明党的纪律，党的各项纪律都要严”。要坚持纪律面前一律平等，任何党员干部违纪违法，都要受到党纪国法的严肃查处，决不能姑息养奸。

严明党的纪律，首先要严明党的政治纪律。党的纪律是多方面的，有政治纪律、组织纪律、廉洁纪律、工作纪律、生活纪律等。但政治纪律是最重要、最根本、最关键的纪律，遵守党的政治纪律是遵守党的全部纪律的重要基础。政治纪律是各级党组织和全体党员在政治方向、政治立场、政治言论、政治行为方面必须遵守的规矩，是维护党的团结统一的根本保证。世界各国政党对政治纪律都是有严格要求的，没有政治上的规矩的政党不能被称为政党；一个政党如果没有严明的政治纪律，也必然会陷入一盘散沙甚至分崩离析的境地，苏联解体、苏共灭亡就是最沉痛的教训案例。现如今，党面临的形势越来越复杂，肩负的任务越来越艰巨，必须把政治纪律放在管党治党的首要位置，全党特别是党的高级干部要坚决维护党的权威，在思想上、政治上、行动上始终与党中央保持高度一致。全体党员要坚定不移地贯彻和执行党在社会主义初级阶段的基本路线，任何背离党的基本路线的言论和行为都是党的政治纪律所不允许的。

（五）严肃党内政治生活

党内政治生活是党组织教育管理党员和党员进行党性锻炼的主要平台，严肃党内政治生活是解决党内自身问题的重要途径。习近平指出："有什么样的党内政治生活，就有什么样的党员、干部作风。一个班子强不强、有没有战斗力，同有没有严肃认真的党内政治生活密切相关；一个领导干部强不强、威信高不高，也同是否经过严肃认真的党内政治生活锻炼密切相关。"只有保持严肃认真的党内政治生活，我们党才能保持优良的作风，保持同人民群众的血肉联系，永远立于不败之地。

近些年来，一些地方和部门自由主义、个人主义、山头主义、好人主义盛行，有的是搞家长制，一手遮天，独断专行。一些干部跑官要官，买官卖官，滥用权力，贪污受贿；甚至一些人搞团伙，拉山头，结党营私，拉帮结派。这导致党内民主形同虚设，党内政治生活走过场，党内政治生态被严重破坏。为深入推进全面从严治党，解决党内存在的问题，党的十八届六中全会对加强和规范党内政治生活做了专题研究，在深入总结十八大以来全面从严治党实践的基础上，认真分析了新形势下党的建设面临的新情况、新问题，出台了《关于新形势下党内政治生活的若干准则》，对全党加强和规范党内政治生活做出了较为全面的制度安排。

加强和规范党内政治生活的重点是要坚持民主集中制，坚持批评和自我批评，坚持原则，敢于斗争，维护党组织的纯洁性和先进性。若想要有严肃的党内生活，就要进一步提高坚持民主集中制的自觉性和实效性，既要有民主的集中，也要有纪律的民主；既要解决领导独断专行的问题，也要解决领导班子软弱无力的问题。批评和自我批评是我们党强身治病、保持肌体健康的法宝，也是加强和规范党内政治生活的重要手段，党员必须坚持不懈地把批评和自我批评这个法宝用好。我们党要发扬民主，加强党内监督，保障党员的民主权利。党员有权向党负责地揭发、检举党的任何组织和任何党员违纪违法的事实，任何党组织和个人都不得对其压制。

（六）从严管理干部

习近平在全国组织工作会议上强调，从严治党，关键是从严治吏。必须把从严治党的要求重点落实到从严治吏上，着力培养、选拔党和人民需要的好干部，着力建设信念坚定、为民服务、勤政务实、敢于担当、清正廉洁的高素质干部队伍。要从严治权，加强干部的教育和管理。

打铁还需自身硬。2012 年 11 月，在十八届中共中央政治局常委同中外记者见面会上，习近平总书记斩钉截铁地提出：“打铁还需自身硬。我们的责任，就是同全党同志一道，坚持党要管党、从严治党，切实解决自身存在的突出问题，切实改进工作作风，密切联系群众，使我们党始终成为中国特色社会主义事业的坚强领导核心。”这一重要论断鲜明地表明了党中央全面从严治党的决心、信心和恒心，又对党员干部素质提出了要求，要求党员干部坚定理想信念，提高党性修养，增强履职尽职的本领。

坚持正确的用人导向。用人之重，重在导向。要严把选人用人关，坚决防止带病提拔。组织部门要严格按政策、原则、制度办事，实事求是地考察和评价干部，敢于为干部说公道话，敢于抵制选人用人中的违规行为，形成能者上、庸者下、劣者汰的选人用人导向。加强选人用人监督问责，对用人失察、失误的行为严肃追究责任。

加强对干部的约束与监督。必须用制度管权用权，约束监督干部依法依规用权，切实规范权力运行，保持党的纯洁性、先进性。“要坚持以严的标准要求干部、以严的措施管理干部、以严的纪律约束干部，使干部心有所畏，言有所戒，行有所止。”“特别是要把对‘一把手’的监督、管理作为重中之重。”“我们必须用刚性制度把‘一把手’管住，保证‘一把手’正确用权，廉洁用权”，“做到位高不擅权、权重不谋私”。

二、反腐倡廉

近年来，腐败现象越来越多，反腐败斗争的形势也越来越严峻，腐败已经成为我们党不得不严肃对待的重大问题。十八大以来，习近平总书记站在全新的历史起点上，提出了“党要管党、从严治党”“物必先腐、而后虫生”“老虎苍蝇一起打”“把权力关进制度的笼子里”等一系列反腐败新思想、新观点、新方法，为反腐倡廉工作提出了新要求、新方向。

（一）反腐形势依然严峻，要旗帜鲜明反对腐败

反对腐败、建设廉洁政治不是空洞的口号，而是看得见、摸得着的实际举措。以习近平总书记为中心的领导集体首先表明了反腐败的信心和决心。2012 年 11 月 17 日，习近平在中央政治局第一次集体学习时的讲话中就明确指出：“反对腐败，建设廉洁政治，保持党的肌体健康，始终是我们党一贯坚持的鲜明政治立场。”

习近平对于党风廉政建设和反腐败斗争形势进行了客观分析，多次提出反腐形势的严峻性、复杂性。他指出：“‘物必先腐，而后虫生。’近年来，一些国家长期积累的矛盾导致民怨载道、社会动荡、政权垮台，其中贪污腐败就是一个很重要的原因。”他还指出：“民生与反腐工作密切相关，一些地方和领域民生问题解决不好，与腐败有着很大的关系，严查腐败有助于改善民生。”2013 年 1 月 22 日，中纪委二次全会上，他肯定了我们党员干部队伍的主流始终是好的，同时指出要清醒地看到，当前一些领域消极腐败现象仍然易发多发，一些重大违纪违法案件影响恶劣，反腐败形势依然严峻，人民群众还有许多不满意的地方。党风廉政建设和反腐败斗争是一项长期的、复杂的、艰巨的任务。在十八届中央政治局常委同中外记者见面时，他又强调：“新形势下，我们党面临着许多严峻挑战，党内存在着许多亟待解决的问题。尤其是一些党员干部中发生的贪污腐败、脱离群众、形式主义、官僚主义等问题，必须下大气力解决。全党必须警醒起来。”习近平多次对反腐形势的论述充分显示了党对当前反腐斗争形势的清醒认识，对腐败所造成的危害有强烈的危机感。

反腐事关党和国家的前途命运和生死存亡。习近平指出：“腐败是社会毒瘤。如果任凭腐败问题愈演愈烈，最终必然亡党亡国。我们党把党风廉政建设和反腐败斗争提到关系党和国家生死存亡的高度来认识，是深刻总结了古今中外的历史教训的。”他强调“腐败问题对我们党的伤害最大，严惩腐败分子是党心民心所向，党内决不允许有腐败分子的藏身之地。”以习近平同志为核心的党中央已经把反腐败斗争提高到国家治理的高度。

我们党对反腐败斗争有信心、有决心。2013 年 4 月 9 日，习近平在中央政治局第五次集体学习时的讲话中指出："我们党是中国工人阶级的先锋队，同时是中国人民和中华民族的先锋队，我们党的宗旨是全心全意为人民服务。只要我们始终坚持党的性质和宗旨，不变色，不变质，就一定能够跳出这个历史周期律。"在这一论述中，习近平借鉴了毛泽东在 1945 年回答黄炎培提出的中国共产党如何跳出中国历代王朝兴亡的历史周期律的问题时的著名论断，他告诫我们要深刻认识腐败导致人亡政息的历史规律及其警示意义，我们党有信心、有决心跳出这个历史周期律。在十八届中央政治局第一次集体学习时，习近平指出："各级党委要旗帜鲜明地反对腐败，更加科学有效地防治腐败，做到干部清正、政府清廉、政治清明，永葆共产党人清正廉洁的政治本色。"他还告诫我们，加强党风廉政建设，提升党的执政能力，不仅要求党员干部自身要做到廉洁自律、为官清正，各级党政部门也要全力以赴地加强干部队伍建设，努力打造清正廉明的政府，促进政治文明和政治生态向好的方向发展。而要做到这一点，关键在于严明党纪国法，做到有腐必反、反腐必严，对一切违反党纪国法的行为严惩不贷，决不能手软。2014 年 1 月 14 日，习近平在中纪委三次全会上强调，全党同志要深刻认识反腐败斗争的长期性、复杂性、艰巨性，以猛药去疴、重典治乱的决心，以刮骨疗毒、壮士断腕的勇气，坚决把党风廉政建设和反腐败斗争进行到底。

（二）保持反腐高压态势

反腐败没有特区，也没有禁区，要对腐败现象"零容忍"。2014 年 1 月 7 日的中央政法工作会议上，习近平在关于反腐倡廉理论的创新发展的讲话中指出："做到对群众深恶痛绝的事零容忍、对群众急需急盼的事零懈怠。"他在第十八届中纪委三次全会上的讲话中又指出："反腐败高压态势必须继续保持，坚持以零容忍态度惩治腐败。""以零容忍态度惩治腐败"成为新的反腐"动员令"。

反腐倡廉必须"常""长"抓。凡是有权力存在的地方都可能出现腐败，这是一个执政党在执政过程中一直面临的考验。习近平指出："反腐倡廉必须常抓不懈，拒腐防变必须警钟长鸣，关键就在于'常''长'二字，一个是要经常抓，一个是要长期抓。""反腐倡廉必须常抓不懈，经常抓、长期抓，必须反对特权思想、特权现象，必须全党动手。""以踏石留印、抓铁有痕的劲头抓下去，善始善终，善做善成，防止虎头蛇尾，让全体人民来监督。"因此，对于反腐败工作只有抓住"常""长"二字不放松，我们党才能掌握执政的主动权。

"老虎""苍蝇"一起打。"老虎"固然可恨，严重危害党和人民的利益，但"苍蝇"面对更广泛的人民群众，其以权谋私、吃拿卡要等不正之风和腐败行为危害更大。习近平在中纪委二次全会上指出："从严治党，惩治这一手决不能放松，要坚持'老虎''苍蝇'一起打，既坚决查处领导干部违纪违法案件，又要切实解决发生在群众身边的不正之风和腐败问题。"只有坚持"老虎""苍蝇"一起打，才能体现党的坚决态度，才能保持党对腐败的高压态势，从而使党以反腐倡廉不断取得的新成效取信于民。"'老虎''苍蝇'一起打"的抓大不放小的反腐战略，给腐败分子以强大威慑，极大地增强了全党和全国人民的反腐信心。

有腐必反，有贪必肃。近年来党内发生的严重违纪违法案件，涉及的贪腐数额巨大，性质非常恶劣，政治影响极坏。习近平在中纪委二次全会上强调，我们要坚定决心，有腐必反，有贪必肃，不断铲除腐败现象滋生蔓延的土壤，以实际成效取信于民。2014 年 1 月 14 日，在中国共产党第十八届中央纪律检查委员会第三次全体会议上，习近平指出，坚决反对腐败，防止党在长期执政条件下腐化变质，是我们必须抓好的重大政治任务。反腐败高压态势必须继续保持，坚持以零容忍态度惩治腐败。对腐败分子，发现一个就要坚决查处一个。

（三）将权力关进制度的笼子

权为民所赋，领导干部要掌好权、用好权，就必须自觉接受党和人民的监督。在十八届中纪委二次全会上，习近平指出："领导干部手中的权力都是党和人民赋予的，领导干部使用权力，使用得对不对，使用得好不好，当然要接受党和人民监督。"2013 年 7 月，习近平在河北民政厅调研时说，大家都要牢记，权力是人民赋予的，要为人民用好权，让权力在阳光下运行。

权力配置是否合理关系到权力运行是否符合权力主体的意志和利益，关系到权力目的能否得以实现。习近平在中纪委三次全会的讲话中强调，权力不论大小，只要不受制约和监督，都可能被滥用。要强化制约，合理分解权力，科学配置权力，不同性质的权力由不同部门、单位、个人行使，形成科学的权力结构和运行机制。在十八届四中全会上他强调，全面推进行政权力运行法治化，必须加快建立结构合理、配置科学、程序严密、制约有效的行政运行机制，依法对行政权力运行的各个方面和环节进行严格规范。

唯有用制度来规范、制衡、监督、约束权力，才能保障权力被合理运用，保护权力的公平正义。在十八届中纪委二次全会上，习近平指出："要加强对权力运行的制约和监督，把权力关进制度的笼子里，形成不敢腐的惩戒机制、不能腐的防范机制、不易腐的保障机制。"制度不在多，而在于精，在于务实管用。如果制度空洞乏力，起不到应有的作用，再多的制度也会流于形式。牛栏关猫是不行的。制度的生命力在于落实，再好的制度不落实等于零，抓落实不到位也等于零。习近平在河南省兰考县对县委常委班子成员讲到，制定制度很重要，更重要的是抓落实，九分气力要花在这上面。

有权力的地方必须要有监督。习近平在2013年全国组织工作会议上指出，要加强对干部经常性的管理监督，形成对干部的严格约束。没有监督的权力必然导致腐败，这是一条铁律。在党的十八届三中全会上，习近平明确提出，要改革党的纪律检查体制，健全反腐败领导体制和工作机制，并做出重大部署。这次会议明确了纪检监察机关的职能定位、职责使命和工作重点，进一步加强了专门监督机关对权力的监督作用。巡视是加强党内监督的重要形式。习近平指出，巡视组要当好中央的“千里眼”，找出“老虎”“苍蝇”，抓住违纪违法问题线索。巡视组要落实监督责任，敢于碰硬，真正做到早发现、早报告，促进问题解决，遏制腐败现象蔓延的势头。

（四）坚持不懈抓“四风”

党的作风问题关系到民心向背，只有党风正，中国共产党才能得到人民的拥护。习近平指出：“工作作风问题绝对不是小事。如果不坚决纠正不良风气，任其发展下去，它就会像一座无形的墙把我们党和人民群众隔开，我们党就会失去根基，失去血脉，失去力量。”近年来随着改革开放的深入和经济社会的发展，少数党员干部特别是领导干部放松了思想改造，在金钱和利益面前丧失了党性原则，形式主义、官僚主义、享乐主义、奢靡之风盛行。“四风”虽然不直接涉及权钱交易、权力腐败，但一直是群众深恶痛绝、反映最强烈的问题，也是“苍蝇”式腐败的主要方式，给党和政府的形象造成恶劣影响。

作风问题是腐败的温床。十八大以来，中央制定了八项规定，以上率下，严查“四风”，防止“纵蝇为害”。习近平指出，作风是否确实好转，要以人民是否满意为标准，并且他强调，要以踏石留印、抓铁有痕的劲头抓下去。他在党的群众路线教育实践活动工作会议上强调，这次教育实践活动的主要任务聚焦到作风建设上，集中解决形式主义、官僚主义、享乐主义和奢靡之风这“四风”问题。这“四风”是违背我们党的性质和宗旨的，也是损害党群干群关系的重要根源。把“四风”问题解决好了，党内其他一些问题解决起来也就有了更好的条件。针对“四风”问题，把“正衣冠”作为开展党的群众路线教育实践活动的总要求之一，把杜绝“节日腐败”作为反“四风”的突破口，大力整治和清除作风之弊、行为之垢。

三、经济建设

经济发展决定着中国特色社会主义经济基础的巩固和社会主义制度优越性的发挥。党的十八大以来，习近平站在新的历史起点上，围绕着经济问题发表了一系列的重要讲话，为推动整个经济领域的改革和发展确立了新目标、新任务、新方向。

（一）经济"新常态"

2014 年 5 月，习近平在河南考察时首次提出了"新常态"的概念，自此，经济"新常态"成为描述中国经济运行的热词。同年 7 月，习近平在党外人士座谈会上再次提到"新常态"；11 月他在 APEC 工商领导人峰会开幕式上全面阐释了中国经济的新常态；12 月中央经济工作会议上他进一步阐述了经济新常态的特点、趋势和重大任务。习近平以"新常态"来定义中国当下的经济，是对改革开放 40 多年来中国经济进入新阶段的战略性思考和抉择。

经过改革开放 40 多年来的发展，我国已经成为强大的发展中国家，已经是一个有影响的经济大国了，但还不是真正的世界经济强国。特别是 2010 年以来，中国经济增速持续下滑，过去 40 多年来的经济高速增长积累的矛盾和风险慢慢凸显出来。拉动经济增长的三驾马车（投资、内需、外贸）动力不足，中国经济明显出现了不同于以往的特征。传统产业相对饱和，传统人口红利在逐步减少，过度依靠投资和外贸的经济增长模式使能源、资源、环境的制约影响越来越明显，生态环境压力在不断加大，中国经济发展面临瓶颈，转型任务艰巨。新常态下，我国经济发展的内部支撑力和外部环境都发生了很大的变化。未来我们不但要面对多年积存的顽疾，还要面对"中等收入陷阱"等发展险滩，要啃"硬骨头"。

中国经济经过 40 多年的快速增长，无论是经济基本面，还是经济发展基本模式、产业形态及经济增长动力都发生了重大变化。习近平指出："中国经济呈现出新常态，有几个主要特点。一是从高速增长转为中高速增长。二是经济结构不断优化升级，第三产业消费需求逐步成为主体，城乡区域差距逐步缩小，居民收入占比上升，发展成果惠及更广大民众。三是从要素驱动、投资驱动转向创新驱动。"

新常态下，我们需要靠改革和创新来着力解决我国发展面临的一系列突出矛盾和问题，加快我国从经济大国走向经济强国。面对经济发展新态势，习近平指出："适应新常态的关键在于全面深化改革的力度。""我们正在推行的全面深化改革，既是对社会生产力的解放，也是对社会活力的解放，必将成为推动中国经济社会发展的强大动力。”新常态下，我们要更加突出全面深化改革的重要作用，精心谋划用好我国经济的巨大韧性、潜力和回旋余地，坚持不懈地推动经济发展提质、增效、升级，主动适应中国经济新常态。在2014年的中央经济工作会议上，习近平对经济发展新常态进一步做出了新的阐释。他强调，经济发展进入新常态，没有改变我国发展仍处于可以大有作为的重要战略机遇期的判断，改变的是重要战略机遇期的内涵和条件；没有改变我国经济发展总体向好的基本面，改变的是经济发展方式和经济结构。

（二）实现生产力水平的总体跃升

2014年7月29日，习近平在中南海召开党外人士座谈会时表示，在充分肯定发展成绩的同时要看到经济运行面临的困难。习近平指出：“要把转方式、调结构放在更加突出的位置，针对突出问题，主动作为，勇闯难关，努力提高创新驱动发展能力、提高产业竞争力、提高经济增长质量和效益，实现我国社会生产力水平的总体跃升。”

解放和发展社会生产力是中国特色社会主义的根本任务。党的十八大以来，习近平多次强调，党领导人民全面建成小康社会、进行改革开放的根本目的，就是要通过发展社会生产力，不断提高人民物质文化生活水平，促进人的全面发展。在十八大结束之际，习近平代表新一届中共中央政治局庄严宣誓：“人世间的一切幸福都需要靠辛勤的劳动来创造。我们的责任，就是要团结带领全党全国各族人民，继续解放思想，坚持改革开放，不断解放和发展社会生产力，努力解决群众的生产生活困难，坚定不移走共同富裕的道路。”“解放和发展生产力”成为以习近平总书记为中心的党中央承担的责任，成为实现全面建成小康社会战略目标的基本路径。

发展是硬道理，全面深化改革是为了发展，发展就必须解放和发展生产力，解放和发展生产力是全面深化改革、增强和激发经济社会活力的动力。习近平指出：“生产力是推动社会进步的最活跃、最革命的要素。社会主义的根本任务是解放和发展社会生产力。”“物质生产是社会历史发展的决定性因素。”在全面深化改革中，仍然要“坚持发展仍是解决我国所有问题的关键这个重大战略判断”。深化社会主义市场经济体制改革，是为了使市场在资源配置中起决定性作用和更好地发挥政府作用，也是为了“推动我国社会生产力不断向前发展，推动实现物的不断丰富和人的全面发展的统一”。他强调：“只有紧紧围绕发展这个第一要务来部署各方面改革，以解放和发展社会生产力为改革提供强大牵引，才能更好地推动生产关系与生产力、上层建筑与经济基础相适应。”

党的十八大把生态文明建设纳入中国特色社会主义事业五位一体总体布局，明确提出大力推进生态文明建设，努力建设美丽中国，实现中华民族永续发展。2013 年 5 月，习近平在中央政治局举行的以大力推进生态文明建设为主题的集体学习活动中提出，推进生态文明建设，“要正确处理好经济发展同生态环境保护的关系，牢固树立保护生态环境就是保护生产力、改善生态环境就是发展生产力的理念，更加自觉地推动绿色发展、循环发展、低碳发展，决不以牺牲环境为代价去换取一时的经济增长”。“保护生产力”“发展生产力”成为从中国特色社会主义总体布局中谋划生态文明建设的理论基础和实践指向。习近平关于保护和改善生态环境既是保护生产力又是发展生产力的科学论断，是马克思主义生产力理论及人与自然关系理论的继承和发展。

发展生产力与充分发挥科学技术的作用紧密相关。习近平提出“解放和激发科技作为第一生产力所蕴藏的巨大潜能”，对科学技术转化为现实生产力的当代意义做出了新的探索。2014 年 6 月 3 日，国际工程科技大会上习近平发表了“让工程科技造福人类、创造未来”的主旨演讲，指出“工程科技与人类生存息息相关”，“人类生存与社会生产力发展水平密切相关，而社会生产力发展的一个重要源头就是工程科技”。“工程科技的每一次重大突破，都会催发社会生产力的深刻变革，都会推动人类文明迈向新的更高的台阶”。工程科技实现了科学发现同产业发展的直接结合，使工程科技成为经济社会发展的主要驱动力，真正成为社会生产力发展的重要源头，也真正成为解放生产力和发展生产力的重要推动力。习近平指出：“当今世界，科学技术作为第一生产力的作用愈益凸显，工程科技进步和创新对经济社会发展的主导作用更加突出，不仅成为推动社会生产力发展和劳动生产率提升的决定性因素，而且成为推动教育、文化、体育、卫生、艺术等事业发展的重要力量。”可见，习近平关于“最大限度解放和激发科技作为第一生产力所蕴藏的巨大潜能”的新概括同“科学技术是第一生产力”理论融为一体，将马克思主义生产力理论推向新境界。

（三）走中国经济改革之路

我国改革已进入了攻坚期和深水区，需要解决的问题十分繁重，中国经济选择什么样的改革路径是一个事关改革成败的大问题。习近平强调，在全面深化改革中，我们要坚持以经济体制改革为主轴，努力在重要领域和关键环节的改革上取得新突破，以此牵引和带动其他领域的改革，使各方面的改革协同推进，形成合力而不是各自为政，分散用力。十八届三中全会通过的《中共中央关于全面深化改革若干重大问题的决定》以经济体制改革为重点，至少推出了“十大经济体制改革内容”，如完善产权保护制度、发展混合所有制经济、建立消除各种垄断的体制机制、完善价格决定机制、建立城乡统一的建设用地市场、允许具备条件的民间资本依法发起设立中小型银行等金融机构、完善人民币汇率市场化形成机制、适时推出房地产税和资源税改革、建立城乡发展一体化体制机制以破解城乡二元结构、建立合理有序的收入分配机制和公平可持续的社会保障制度。

经济体制改革要走适合中国国情的道路。习近平在党的十八大之后的中央政治局第一次集体学习时就强调，社会主义初级阶段是当代中国的最大国情、最大实际。2013 年 8 月 27 日，习近平与塞尔维亚总统会谈时指出，空谈误国，实干兴邦，浪漫的愿望不等于现实，浮躁和脱离国情的极端主张是对改革的干扰。近代以来，中华民族饱受艰难困苦，今天中国的发展道路，是中国人民经过长期艰苦不懈的探索找到的，深深根植于中国深厚的文化传统，牢牢立足于本国的国情。因此，经济改革必须立足本国国情，不照抄照搬任何国家的发展模式，只有走中国人民自己选择的经济发展道路，走适合中国国情的经济发展道路，最终才能走得通、走得好，鞋子合不合脚，自己穿了才知道。中国经济体制改革，应该根据本国国情选择发展道路，坚定深化改革的信心、坚持深化改革的正确方向、凝聚深化改革的共识、注重深化改革的统筹谋划、协同推进各项改革，既不会削足适履，也不会照抄照搬。

经济体制改革要坚持“两个毫不动摇”，坚持和完善社会主义基本经济制度。习近平指出，如何更好地体现和坚持公有制主体地位，进一步探索基本经济制度的有效实现形式，是摆在我们面前的一个重大课题。习近平对如何实现“两个毫不动摇”的体制机制问题做了新的探索：一是在功能定位上，要明确公有制经济和非公有制经济都是社会主义市场经济的重要组成部分，都是我国经济社会发展的重要基础；二是在产权保护上，明确提出公有制经济财产权不可侵犯，非公有制经济财产权同样不可侵犯；三是在政策待遇上，强调坚持权利平等、机会平等、规则平等，实行统一的市场准入制度。在经济改革中，要处理好市场与政府的关系，找准市场功能和政府行为的最佳结合点，努力形成市场作用和政府作用的有机统一、相互补充、相互协调、相互促进的新布局。

在全球经济一体化的时代背景下，中国经济体制改革不但要根植于国情，而且必须要有国际的视野。习近平指出，推进经济体制改革，要以国际视角和思维方式着眼世界基本态势和时代发展趋势，从本国国情与世界大势的互动中，从世界大国不同道路和制度模式的竞争中，研究中国经济改革战略，这样才能更好地把握发展和完善中国特色社会主义制度的方向。实现中国梦，必须要建立“包容性”的政治和经济制度，稳步实现共同富裕。这就需要以更大的政治勇气和智慧，不失时机地深化重要领域改革，攻克体制机制上的顽瘴痼疾，突破利益固化的藩篱，进一步解放和发展社会生产力，进一步激发和凝聚社会创造力。

经济体制改革必须加强顶层设计和总体规划。习近平指出，经济体制改革必须注重系统性、整体性和协同性，让一切劳动、知识、技术、管理、资本的活力竞相迸发，让一切创造社会财富的源泉充分涌流，让发展成果更多更公平地惠及全体人民，破除一切妨碍科学发展的体制机制弊端。因此，改革需要正确的引导。中国改革堪称世界历史上最伟大的改革，是人类历史上涉及人数最多、经济改革当量最大、全球影响最强的巨大系统工程，具有长期性、艰巨性和复杂性，其中所蕴含的逻辑与规律亟待更深入的认识。

经济体制改革必须尊重人民群众的首创精神。习近平指出，经济体制改革要依靠人民群众的创造精神和创造活力，最大限度集中全党全社会智慧，把党内外一切可以团结的力量广泛团结起来，把国内外一切可以调动的积极因素充分调动起来，形成推进改革的强大合力。

（四）以开放的最大优势谋求更大发展空间

党的十八届三中全会提出，要推动对内对外开放相互促进、引进来和走出去更好结合，促进国际国内要素有序自由流动、资源高效配置、市场深度融合，加快培育参与和引领国际经济合作竞争新优势。党的十八大以来，习近平在进一步创建全面提高开放型经济水平的新格局中提出的“以开放的最大优势谋求更大发展空间”的新思想，开拓了改革开放的视野，全面地深化了改革开放的实践与理论。

2013 年 3 月 5 日，习近平在参加十二届全国人大一次会议上海代表团审议时指出，要勇于冲破思想观念的障碍和利益固化的藩篱，敢于啃硬骨头，敢于涉险滩，更加尊重市场规律，更好发挥政府作用，要以开放的最大优势谋求更大发展空间。2013 年 10 月，在周边外交工作座谈会上，习近平从“着力深化互利共赢格局”的高度，提出“要同有关国家共同努力，加快基础设施互联互通，建设好丝绸之路经济带、21 世纪海上丝绸之路”。2014 年 3 月习近平在参加十二届全国人大二次会议上海代表团审议时指出，要牢牢把握国际通行规则，加快形成与国际投资、贸易通行规则相衔接的基本制度体系和监管模式，既充分发挥市场在资源配置中的决定性作用，又更好地发挥政府作用。他说：“在自由贸易试验区要做点压力测试，把各方面可能发生的风险控制好，切实防范系统性风险特别是金融风险。”

在开始建设中国上海自由贸易试验区的同时，2013 年 9 月，习近平出访哈萨克斯坦时提出了共同建设“丝绸之路经济带”的倡议。同年10月，他访问印度尼西亚时又提出了共同建设21世纪“海上丝绸之路”。2014年11月，在亚太经合组织工商领导人峰会开幕式上，习近平再次提到“一带一路”建设。2015年政府工作报告提出将“一带一路”建设与区域开发开放结合起来，加强新亚欧大陆桥、陆海口岸支点建设。中国“一带一路”的构想在国际上引起了强烈共鸣和热烈反响。

（五）经济转型发展新布局

在党的十八大以后召开的三次中央工作会议上，习近平根据经济改革和发展的新情况，对经济转型的格局做出新的阐释，可以概括为十个方面。一是加强和改善宏观调控，加快调整经济结构、转变经济发展方式，使经济持续健康发展建立在扩大内需的基础上；二是要坚持稳中求进，促进提质增效升级，积极发现培育新增长点，保持经济增速在合理区间平稳运行；三是深化产业结构战略性调整，提高产业整体素质；四是优化经济发展空间格局，完善区域政策，促进各地区协调发展、协同发展、共同发展；五是保持物价稳定，为推进改革和调整结构创造良好环境；六是毫不放松抓好“三农”工作，加快农业发展方式转变，夯实农业基础，保障农产品供给；七是推动城乡一体化发展，积极稳妥推进城镇化，着力提高城镇化质量；八是坚持实施科教兴国战略，实施创新驱动发展战略，增强经济社会发展核心支撑能力；九是坚持把人民利益放在第一位，突出民生优先，促进社会公正，进一步做好保障和改善民生工作，使发展成果更多更公平惠及全体人民；十是实施更加积极主动的开放战略，创建新的竞争优势，全面提升开放型经济水平等。

四、外交战略

当今世界正经历着深刻的变革，以习近平同志为总书记的新一届中央领导集体站在新的战略高度，继往开来，勇于创新，运筹帷幄，突出了外交工作在治国理政中的重要地位，展示了一个崛起中的社会主义大国的外交新风貌，这也体现了习近平独特的外交观和战略思想。

（一）坚持和平发展

和平与发展是当今时代的主题。习近平在主持中央政治局第三次集体学习时强调，走和平发展道路是我们党根据时代发展潮流和我国根本利益做出的战略抉择。我们要加强战略思维，增强战略定力，更好统筹国内国际两个大局，坚持开放的发展、合作的发展、共赢的发展，通过争取和平国际环境发展自己，又以自身发展维护和促进世界和平，不断提高我国综合国力，不断让广大人民群众享受到和平发展带来的利益，不断夯实走和平发展道路的物质基础和社会基础。这是在新的历史条件下我们夺取中国特色社会主义新胜利，必须牢牢把握的基本要求之一，具有深远意义。

倡导世界各国树立“命运共同体”的理念。2013 年 9 月 5 日，二十国集团领导人峰会上，习近平指出，强劲增长的世界经济来源于各国共同增长。各国要树立命运共同体意识，真正认清“一荣俱荣、一损俱损”的连带效应，在竞争中合作，在合作中共赢。在追求本国利益时兼顾别国利益，在寻求自身发展时兼顾别国发展。不同国家相互帮助解决面临的突出问题是世界经济发展的客观要求。让每个国家发展都能同其他国家增长形成联动效应，相互带来正面而非负面的外溢效应。习近平提出，“国际社会应该倡导综合安全、共同安全、合作安全的理念，使我们的地球村成为共谋发展的大舞台，而不是相互角力的竞技场，更不能为一己之私把一个地区乃至世界搞乱”。

绝不会牺牲国家的核心利益，这是中国走和平发展道路的底线。走和平发展道路与国家利益相辅相成，维护国家利益是中国外交严肃而重大的原则。在复杂的国际相互依存的情势下，有效地维护国家利益并非易事。2013 年 1 月 28 日，在中共十八届中央政治局第三次集体学习活动中，习近平阐述了中国走和平发展道路与维护国家主权、安全、发展利益的辩证关系，他指出：“我们坚持走和平发展道路，但绝不能放弃我们的正当权益，绝不能牺牲国家核心利益。中国不惹事也不怕事。任何国家不要指望我们会拿自己的核心利益做交易，不要指望我们会吞下损害我国主权、安全、发展利益的苦果。”他还强调，中国走和平发展道路，其他国家也都要走和平发展道路，只有各国都走和平发展道路，各国才能共同发展，国与国才能和平相处。因此，中国要切实维护国家的核心利益，包括维护海外利益，必须要不断提高保障能力和水平，不断寻求与各国互利共赢和共同发展。

要让各国人民从和平发展中得到更多实惠，公平地分享到和平发展成果。2013 年 3 月 23 日，习近平在莫斯科国际关系学院演讲时说：“我们主张，各国和各国人民应该共同享受发展成果。每个国家在谋求自身发展的同时，要积极促进其他各国共同发展。世界长期发展不可能建立在一批国家越来越富裕而另一批国家长期贫穷落后的基础之上。只有各国共同发展了，世界才能更好发展。那种以邻为壑、转嫁危机、损人利己的做法既不道德，也难以持久。”

（二）推进建立合作共赢的国际新秩序

和平发展是世界大义，合作共赢是世界大利。从国际环境看，集团对抗已不复存在，任何国家或国家集团都不可能再单独主宰世界；一大批发展中国家走上了发展快车道，国际力量对比继续朝着有利于世界和平与发展的方向发展；世界各国相依相存共同生活在一个地球村，成为你中有我、我中有你的命运共同体。然而，世界依然面临诸多问题与挑战，强权政治、霸权主义和新干涉主义有所上升，军备竞争、地区摩擦、恐怖主义、网络安全等安全威胁依然存在，维护世界和平、促进共同发展还任重道远。面对国际形势的不断变化和世界各国“同住地球村”的客观要求，习近平在莫斯科国际关系学院演讲时提出，各国应该共同推动建立以合作共赢为核心的新型国际关系，各国人民应该一起来维护世界和平、促进共同发展。

坚持互利共赢原则，要尊重国家主权，不干涉别国内政。各国和各国人民都应该共同享受尊严，国家不分大小、强弱、贫富，一律平等；要尊重各国人民自主选择发展道路的权利，反对干涉别国内政。一个国家的发展道路合不合适，只有这个国家的人民才最有发言权。习近平强调要“坚持互利共赢的开放战略，使合作共赢理念体现在政治、经济、安全、文化等对外合作的方方面面。要坚持正确义利观，做到义利兼顾，要讲信义，重情义，扬正义，树道义。要坚持不干涉别国内政原则，坚持尊重各国人民自主选择的发展道路和社会制度，坚持通过对话协商以和平方式解决国家间的分歧和争端，反对动辄诉诸武力或以武力相威胁”。2013 年 6 月，习近平总书记与美国前总统奥巴马在美国加州参加“庄园会晤”，他进一步提出建设中美新型大国关系的主张，并精辟阐述了新型大国关系的内涵是不冲突、不对抗，相互尊重，合作共赢。

每个国家在谋求自身发展的同时要积极促进其他各国共同发展。只有各个国家都发展，世界才能共同发展。在非洲的访问以及周边外交工作座谈会中，习近平树立起了世界各国共同发展的正确义利观，他指出：“义，反映的是我们的一个理念，共产党人、社会主义国家的理念。这个世界上一部分人过得很好，一部分人过得很不好，不是个好现象。真正的快乐幸福是大家共同快乐，共同幸福。我们希望全世界共同发展，特别是希望广大发展中国家加快发展。利，就是要恪守互利共赢原则，不搞我赢你输，要实现双赢。我们有义务对贫穷的国家给予力所能及的帮助，有时甚至要重义轻利，舍利取义，绝不能唯利是图，斤斤计较。”习近平提出的义利观成为中国构建与周边国家以及广大发展中国和新兴国家合作共赢新型国际关系的指针。各国人民要共同享受安全保障，各国应当同心协力应对各种问题和挑战。习近平指出，面对错综复杂的国际安全威胁，单打独斗不行，迷信武力更不行，合作安全、集体安全、共同安全才是解决问题的正确选择。随着世界多极化、经济全球化的深入发展和文化多样化、社会信息化的持续推进，今天的人类比以往任何时候都更有条件朝和平与发展的目标迈进，而合作共赢就是实现这一目标的现实途径。

（三）深化外交战略布局

当前，中国正面临着一些严重“外患”：美国以中国为主要对象进行全球地缘战略布局；日本在政治右倾化的影响下妄图改变第二次世界大战后确定的国际秩序；少数其他亚洲国家则企图蚕食和攫取中国领土；朝鲜半岛的有关各方都在相互挑衅。面对错综复杂的国际形势，习近平强调，做好新形势下的外交工作和维护国家安全，要从战略高度分析和处理问题，提高驾驭全局、统筹谋划、操作实施的能力，着力维护和平稳定大局。为维护中国和平发展的外部环境，中国坚持全方位和平外交的总体战略思路，即在坚持和平共处五项原则的基础上全面发展同各国的友好合作；在坚持不结盟原则的前提下广交朋友，形成遍布全球的伙伴关系网络。

在大国关系上，习近平指出，要切实运筹好大国关系，构建健康稳定的大国关系框架，扩大同发展中大国的合作。此外，我们要改善和发展同发达国家关系，拓宽合作领域，妥善处理分歧，推动建设长期稳定健康发展的新型大国关系。目前国际形势出现许多新的特点，全球性问题增多，这促使大国间的合作意愿进一步增强。中国和平发展首先要壮大自己，同时也需要同大国加强战略对话。在“加强战略对话”的基础上，中国将着眼于世界大局，从长远的战略观点出发，不过分计较社会制度和意识形态的差别，争取在和平共处五项原则的基础上，扩大大国之间共同利益的汇合点，同时妥善解决彼此之间的分歧，进一步推动大国关系的良性互动。2013 年，习近平访问拉美地区及美国时，提出了中美是新型大国关系的外交思想。在峰会后的记者见面会上，习近平表示：中美应该也可以走出一条不同于历史上大国冲突对抗的新路。双方同意，共同努力构建新型大国关系，相互尊重，合作共赢，造福两国人民和世界人民。

在周边国家关系上，习近平强调：要切实抓好周边外交工作，打造周边命运共同体，秉持亲诚惠容的周边外交理念，坚持与邻为善、以邻为伴，坚持睦邻、安邻、富邻，深化同周边国家的互利合作和互联互通。要着力深化互利共赢格局，统筹经济、贸易、科技、金融等方面资源，找准深化同周边国家互利合作的战略契合点，积极参与区域经济合作。为此，我们将努力使自身发展更好以惠及周边国家。中国努力以和平发展为前提，以经济合作为主题，兼顾政治、军事、文化、环境等多种务实合作，营造安全可靠、经济繁荣、长期稳定的周边和平环境。中国将积极参与区域经济合作，形成互利有效的区域合作战略平台。为此，中国要切实加强务实合作，积极推进“一带一路”建设，努力寻求同各方利益的汇合点，通过务实合作促进合作共赢。

在与发展中国家的关系上，习近平强调，要切实加强同发展中国家的团结合作，把我国发展与广大发展中国家的发展紧密联系起来，要坚持正确义利观，有原则、讲情谊、讲道义，多向发展中国家提供力所能及的帮助，切实做好对外援助工作，真正做到弘义融利。为此，中国将进一步巩固同广大发展中国家的友好关系，共同维护发展中国家的正当权益，支持扩大发展中国家在国际事务中的代表性和发言权。发展中国家与中国有着共同的命运，在将近 70 年的实践中一直是中国人民信得过的朋友。在新的历史时期，加强同发展中国家的团结和合作仍然是中国外交的基本立足点。

多边外交是中国重要的舞台。为此，习近平强调，要切实推进多边外交，推动国际体系和全球治理改革，增加我国和广大发展中国家的代表性和话语权。同时要深入参与和引导多边外交进程，支持联合国、二十国集团、上海合作组织、金砖国家等发挥积极作用。

五、军队建设

没有一个巩固的国防，没有一支强大的军队，实现中国梦就没有保障。党的十八大以来，习近平着眼坚持和发展中国特色社会主义、实现中华民族伟大复兴的中国梦，围绕强军兴军鲜明地提出了建设一支听党指挥、能打胜仗、作风优良的人民军队这一党在新形势下的强军目标，深刻阐明了新形势下为什么要强军、强军目标是什么、怎样走中国特色强军之路等重大问题。这一系列重大战略思想、重大理论观点及重大决策部署，丰富和发展了党的军事指导理论，是凝聚强军意志、推进强军实践的强大思想武器。

（一）坚持党对军队的绝对领导

人民军队是党领导下的军队，要坚持党对军队的绝对领导。人民军队 90 多年来能保持强大的凝聚力、向心力和战斗力，能经受住各种考验，不断从胜利走向胜利，靠的就是党的坚强领导。当前，意识形态领域斗争尖锐复杂，社会思想文化多元多样，军队所处的社会环境、担负的使命任务以及官兵情况都发生了很大的变化，敌对势力极力鼓吹“军队非党化、非政治化”以加大对我军意识形态的渗透力度。在这种形势下，关键是要坚定党对军队的绝对领导的政治自信和政治自觉。习近平对坚持党对军队的绝对领导始终高度重视，紧抓不放。他指出，坚持党对军队的绝对领导，关系我军性质和宗旨、关系社会主义前途命运、关系党和国家长治久安，是我军的灵魂和命根子，永远不能变、永远不能丢；听党指挥，最紧要的是始终在思想上、政治上、行动上同党中央保持高度一致，坚决维护党中央、中央军委的权威，一切行动听从党中央、中央军委的指挥；把思想政治建设摆在军队各项建设的首位，加强理论武装，强化军魂教育，有的放矢地加强意识形态工作，培育军队的社会主义核心价值观和当代革命军人核心价值观，确保部队绝对忠诚，绝对纯洁，绝对可靠。

作风优良是人民军队的鲜明特色和政治优势。坚持把作风建设作为军队的一项基础性、长期性工作抓紧抓实，是习近平建军治军的突出特色。当前，社会环境日益复杂，军队在长期实践中形成的光荣传统和优良作风面临着许多现实考验。习近平鲜明地指出，能否始终如一地保持我党我军的光荣传统和优良作风，关系到能否永葆人民军队政治本色，关系到军队形象和战斗力建设，关系到军队的生死存亡；坚持依法治军、从严治军，以纪律建设为核心，严字当头、领导带头，抓常、抓细、抓长，构建规范化、制度化的长效机制；加强作风建设，必须坚持大病小病都要治，下大气力整肃军纪，坚决反对“四风”，旗帜鲜明地反对腐败、反对特权，纠治官兵反映强烈的不正之风，着力解决深层次矛盾和问题。

习近平关于国防和军队建设的重要论述，始终贯穿着能打仗、打胜仗的根本指向，始终把打赢战争作为军队的头等大事、第一责任加以强调。习近平指出，打仗和准备打仗是军人的天职，战场上打不赢就会产生严重的政治后果；要牢固树立战斗力这个唯一的根本的标准，强化当兵打仗、带兵打仗、练兵打仗思想，坚持一切建设和工作向能打仗、打胜仗聚焦，确保部队招之即来、来之能战、战之必胜；与时俱进地加强军事战略指导，坚定不移地把信息化作为军队现代化建设的发展方向，坚持以国家核心安全需求为导向拓展和深化军事斗争准备，提高军事训练实战化水平。2013 年 11 月 6 日，习近平在接见全军党的建设工作会议代表时指出，军队党的建设必须紧紧围绕能打仗、打胜仗展开，成为部队战斗力的增强剂和功放器。这些论述都阐明了能打胜仗在强军兴军中的核心牵引作用，抓住了军队建设的“牛鼻子”，对军队履行使命和任务的能力提出了更高要求。

（二）深化国防和军队改革、军事创新

当前，世界主要国家都在加快推进军队改革，谋求军事优势地位的国际竞争加剧。在这场世界新军事革命的大潮中，谁思想保守，故步自封，谁就会错失宝

贵机遇，陷于战略被动。习近平明确指出，改革创新是军队建设发展的强大动力，深化国防和军队改革是回避不了的一场大考，已经进入攻坚期和深水区。要坚持用强军目标审视改革、以强军目标引领改革、围绕强军目标推进改革。着力解决制约国防和军队建设的体制性障碍、结构性矛盾、政策性问题，推进军队组织形态现代化。

习近平强调，我们比以往任何时候都更加需要继承和发扬军事创新这个优良传统，努力建立起一整套适应信息化战争和履行使命要求的新的军事理论、体制编制、装备体系、战略战术、管理模式。军事创新任务繁重，需要做的工作很多，在加强总体筹划的同时，应该重点把握以下原则要求。一是要坚持强军目标、积极引领。党在新形势下的强军目标是党中央从全局上对国防和军队建设做出的战略筹划和顶层设计，指明了军事创新的方向、任务、重点，明确了军事创新的实现路径和检验标准。二是要坚持解放思想、转变观念。军事创新同其他领域创新相比，要求更高、难度也更大。面对国家安全稳定遇到的严峻挑战，面对改革中的深层次矛盾和问题，更需要我们的思想观念有一个大的解放，勇于改变机械化战争的思维定式，树立信息化战争的思想观念；改变维护传统安全的思维定式，树立维护国家综合安全和战略利益拓展的思想观念；改变单一军种作战的思维定式，树立诸军兵种一体化联合作战的思想观念；改变固守部门利益的思维定式，树立全军一盘棋、全国一盘棋的思想观念。三是要坚持抓住重点、整体推进。军事创新是个系统工程，需要统筹谋划、协调推进，牵住牛鼻子，抓住主要矛盾和矛盾的主要方面，通过抓重点把整体带动起来。四是要坚持突出特色、自主创新。军事创新也要走中国特色自主创新之路，致力于巩固和扩大我们的优势。

第五节　马克思主义中国化进程的多维度分析

马克思主义中国化的历史进程具有相当丰富的深刻意蕴，对其进行客观多角度分析，有助于正确深入地认识马克思主义中国化的理论本质。

一、马克思主义中国化是正确认识和理性选择马克思主义的过程

弄清楚什么是马克思主义、怎样对待马克思主义，这是马克思主义中国化的首要前提。也即马克思主义要真正被当作认识工具和方法来运用，当作理论基础来坚持，这是实现马克思主义中国化首先要做的工作。而要做到这一点，就需要系统完整地把握马克思主义的科学体系、理论品质和功能效应，就需要深入理解

马克思主义、科学解读马克思主义、广泛宣传马克思主义，客观认识马克思主义的基本原理、基本观点、基本方法和基本精神，运用马克思主义理论改造人民群众的主观世界，使人民具有马克思主义的世界观、人生观、价值观。在中共六届六中全会的政治报告中，毛泽东在讲“中国化”问题之前，首先明确讲了坚持马克思主义原则和立场的问题，认为经典作家的理论“是‘放之四海而皆准’的理论”，并尖锐地指出了我们党的马列主义修养还不高，这就需要学习，来一个全党的学习竞赛。毛泽东还指出：“共产党员是国际主义的马克思主义者。”马克思主义中国化的前提是坚持马克思主义的基本立场、观点和方法要求，坚持马克思主义理论内容的国际化，而不是相反。如果离开了这个基点，所谓的“中国化”就会走入歧途，“中国化”就会失去意义。从某种意义上讲，马克思主义中国化实际上是对马克思主义基本原理和本真精神的不断深入理解和科学解读的过程。

马克思主义中国化具有现实性、时代性、实践性，它要求中国的马克思主义实践者立足当前实际，根据不同时期的发展要求和任务目标，有重点、有目的地理解和理性选择马克思主义，准确找到马克思主义理论与中国具体实际的结合点，使之在理论和实践上都符合中国实际的发展要求。

马克思主义中国化的进程是曲折的发展进程。直到 20 世纪 80 年代，邓小平强调，必须弄清楚社会主义和马克思主义的真正内涵和具体所指。胡锦涛在纪念党的十一届三中全会召开 30 周年大会上指出，30 年来，我们党的全部理论和全部实践，归结起来就是创造性地探索和回答了什么是马克思主义、怎样对待马克思主义，什么是社会主义、怎样建设社会主义，建设什么样的党、怎样建设党，实现什么样的发展、怎样发展等重大理论和实际问题。这里把“三个基本”拓展为“四个基本”，就表明不断深入理解、科学解读和诠释马克思主义始终贯穿于马克思主义中国化全过程。

对马克思主义、中国实际以及中国实际发展的认识是一个漫长具体的过程，而不同的时代也都有其不同的建设主题、中心任务、主要矛盾，因此人类对马克思主义的认识过程始终是一个“返本、探真、求是”的过程，而对马克思主义与中国具体实际的结合点的认识也同样始终存在着一个“分析、判断、选择”的过程。

二、马克思主义中国化是孕育和发展中国化马克思主义理论成果的过程

就一个理论的产生和发展过程来看，马克思主义中国化不是一朝一夕的事情，而是一个不断“生成”和“发展”的永无止境的过程。

从历史角度分析，近代以来出现的“西学东渐”就是一个慢慢发展的过程。十月革命一声炮响，为我们送来了马克思主义，但这并不是说马克思主义理论顷刻就完整准确地传入了中国。马克思主义理论进入中国并实现马克思主义中国化是许多马克思主义实践者前赴后继、努力奋斗的结果，是他们不断地把马克思主义理论与中国革命和社会主义建设实际相结合并创造性地丰富和发展具有中国特色的马克思主义理论的过程。

马克思主义基本原理与中国实际相结合的过程经历了艰难曲折。我党也走了不少弯路，付出过一些代价。马克思主义最初是与西方国家其他各种先进的或落后的思想、学说一同传入中国的，这一情况导致马克思主义在我国社会和意识领域中并没有占领统治地位。当时我国广大的人民群众在面对多种“主义”的选择时，陷入了选择的困境。经过我党艰苦的探索，马克思主义在我国各种理论和学说中受到重视，成为指导我党思想和实践的理论基础，这是在经历了理论上的真理与谬误的反复斗争和较量，历经革命势力与反动势力的数次殊死搏斗而逐渐地实现的。

马克思主义中国化的进程更是一个经历了艰苦卓绝探索的历程。毛泽东思想、邓小平理论、“三个代表”重要思想、科学发展观和习近平新时代中国特色社会主义思想等重要理论成果，都是在经历了中国人民和中国共产党几十年的艰苦探索和理论上反复实践之后，逐渐地形成并一步步发展壮大起来的。因为这是一个结合中国革命、社会主义建设与改革实践创造性地运用、发展、丰富马克思主义的过程，这个过程更富有原创性，因此也更加艰难。毛泽东思想的形成和发展，是经历了几十年的革命战争和土地革命，在付出惨痛代价的基础上实现的；邓小平理论是在中国社会主义建设过程中历经“文化大革命”，遭遇巨大困难和挫折时创立的；“三个代表”重要思想和科学发展观则是我们党在新世纪面对新形势，创造性地研究和解决加强党的建设、推动中国社会发展进步问题时提出来的。这一切都经历了艰苦探索和创造性发展的过程。我们只有在充分理解了这一过程的艰巨性、长期性、复杂性和创新性，才能真正深刻理解马克思主义中国化的深刻内涵及其重大的理论价值与实践意义。

三、马克思主义中国化是逐步把握和深入理解中国现实国情的过程

准确把握和清楚认识中国的基本国情，立足于中国实际，是实现马克思主义中国化的一个根本前提。马克思主义中国化的首要性工作就是全面运用马克思主义立场、原理、方法具体分析中国国情。如果对中国国情没有准确地把握，就不可能认识到中国革命、社会主义建设、改革的根本问题、关键问题和难点问题，

也就根本不可能提出正确的适合于我国国情的路线、方针和政策。而毛泽东同志正是做这项首要性工作的光辉典范。

早在民主革命时期，毛泽东就指出："认清中国的国情，乃是认清一切革命问题的基本依据。"根据"实事求是"的思想路线，毛泽东通过参阅中国古代历史资料，对古代的"实事"有了较为系统的认识和透彻的了解；通过亲自去中国城市和农村进行实地考察，对中国的经济、政治、文化和风俗习惯的"实事"有了全面的把握和深刻的认识；通过参加艰苦复杂的中国革命和社会建设实践，对中国革命和社会建设的"实事"也有了总体的把握和独到的见解。《湖南农民运动考察报告》《中国社会各个阶级的分析》这两则文章就是他最早通过运用马克思主义阶级斗争学说和唯物史观理论理性分析中国问题、重新认识中国问题的最好证明。《毛泽东文集》和《毛泽东选集》是毛泽东自始至终运用马克思主义理论对中国问题进行分析的理论成果，这也是对中国特有的"新民主主义革命"与"社会主义改造和建设"的理论探索。

在改革开放和现代化建设的新时期，中国共产党始终不渝地坚持解放思想、实事求是、与时俱进和求真务实的思想路线，通过艰苦卓绝的奋斗最终探索出中国特色社会主义道路。中国共产党根据马克思主义理论，科学分析中国基本国情，提出中国目前处于并将长期处于社会主义初级阶段的理论。在社会主义初级阶段建设中，要始终根据不断变化和发展的国内和国际形势，根据当前中国面临的国内和国际的主要矛盾，准确把握时代脉搏和实践主题，制定出体现不同时代要求的方针政策和路线纲领。在当代中国，建设和谐社会、建设社会主义新农村、建设自主创新型国家、提升党的执政能力和创新性等一系列新理念和新思路，都是我党在充分理解马克思主义理论的基础上深刻分析我国国情和国际形势的前提下提出的。

四、马克思主义中国化是中国革命、建设和改革实践在理论上的升华过程

马克思主义中国化的标志就是运用马克思主义理论和方法，结合中国国情、社会建设和改革实践，灵活处理中国社会建设和发展中遇到的问题，把中国的建设经验提升、发展到世界观和方法论的高度，以形成具有普遍实践指导意义的科学的方法体系。发展马克思主义理论就是要在中国实践中合理运用马克思主义，并在其基础上不断总结经验教训，使中国经验马克思主义化。

在民主革命时期，毛泽东曾率先运用马克思列宁主义的理论和方法，详细调查和研究了敌友我三方的经济、财政、政治、军事、文化、党务各方面的实际情

况，然后综合分析得出结论，写出了《中国社会各阶级的分析》等著作。通过理论联系实际，毛泽东还发展了对马克思主义哲学的方法论体系，撰写了《矛盾论》《实践论》等哲学经典。理论与实践相结合的历史证明：要真正丰富和发展马克思主义理论就要摒弃教条式的思维观念，要结合具体实际创造性地运用马克思主义理论和方法，其首要条件是客观地、理性地分析马克思主义，坚持马克思主义的立场、观点和方法，能够根据中国历史发展中和革命实践中的种种实际问题，根据中国的经济、政治、军事和文化形势，做出合理的判断，并提出行之有效的解决对策。

邓小平强调，世界形势日新月异，特别是现代科学技术发展很快。作为一个真正的马克思主义者，必须用新的思想、观点继承和发展马克思主义。正是在对马克思主义科学认识的基础上，邓小平在社会主义建设中创新性地解决了“什么是社会主义，怎样建设社会主义”这个首要的基本理论问题，形成了以党的基本路线为核心，包括社会主义本质、发展阶段、根本任务、政治保证、发展动力、外部条件、领导核心、力量来源、祖国统一等多方面内容的完整理论体系，开创了马克思主义的新局面，开辟了马克思主义中国化进程的新阶段。

江泽民指出，必须坚持马克思主义的立场、观点和方法，坚持马克思主义的基本原理。要善于根据客观情况的发展变化，不断从人民群众的实践中吸取营养，不断丰富和发展理论，以使理论能够为我们的工作提供指导。正是如此，江泽民创造性地回答了“建设一个什么样的党，怎样建设党”这个关于党的建设的基本问题，成就了“三个代表”重要思想。

胡锦涛在纪念党的十一届三中全会召开30周年大会上的讲话，对中共十七大概括的“十个结合”进行了进一步阐发，其中首个结合即是“必须把坚持马克思主义基本原理同推进马克思主义中国化结合起来，解放思想、实事求是、与时俱进，以实践基础上的理论创新为改革开放提供理论指导”。而科学发展观正是这种基于实践经验总结基础上的理论性创新。

五、马克思主义中国化是马克思主义与中国优秀传统文化相融合的过程

就理论渊源或思想来源看，马克思主义中国化既不是对马克思主义照搬照抄，也不是马克思主义实践者在中国的“另起炉灶”或随意创造的全新理论，而是创造性地将马克思主义理论与中国优秀传统文化相融合的过程。

第一，推进马克思主义中国化，需要将马克思主义理论与中国优秀传统文化相融合。毛泽东能够深刻认识到马克思主义的精神实质，并把马克思主义基本理

论同中国革命的具体实践结合在一起，创立了毛泽东思想体系，离不开他把坚持实事求是的思维方式、注重实践和知行合一等近千年来积淀形成的中国优秀传统文化科学性地、创造性地与马克思主义融会贯通起来。而邓小平创立了中国特色社会主义理论，把马克思主义和毛泽东思想推到一个新的阶段，也与他秉承中国优秀传统文化精髓，科学性地把马克思主义和毛泽东思想中的基本原理与中国社会主义现代化建设实践相融合息息相关。“三个代表”重要思想强调党要始终代表中国先进文化的前进方向，这就潜在地包含着对中国优秀传统文化的继承和发展。“以人为本”是科学发展观的核心，也正是科学发展观改造和提升中国传统民本思想的集中体现。

第二，推进马克思主义中国化，就是要使马克思主义先进文化与中国传统文化之间进行双向选择和相互融合。马克思主义中国化既是马克思主义创新中国优秀传统文化的过程，也是马克思主义逐步融入中国优秀传统文化的过程。中国传统文化既具有统一性，又具有多元性。它是包容性极强的文化。中国近代先进的知识分子主张运用马克思主义改造中国传统文化的自觉选择和主动选择，是由马克思主义所具有的内在本质决定的。马克思主义所提供的世界观、价值观、历史观和科学思维方式有着与中国传统文化优秀成分相同的因素，体现在具有对中国传统文化价值进行改造、提升和引导的功能上。例如，马克思主义能够将中国传统文化中具有空想性质的“大同社会”理想提升为具有科学性的、逻辑性的、历史必然性的共产主义理想，具有强大的说服力和吸引力；能够将中国传统文化中等级尊卑关系的群体本位价值观提升为消灭剥削压迫的阶级平等观和民主与集中相统一的集体主义价值观，从而大大提升了包括知识阶层在内的广大群众的理想追求；能够将中国传统文化中朴素的唯物论、辩证法的思维方式提升为唯物辩证的科学思维方法，从而使中国知识分子第一次真正接触和学习到科学的思维方式。

第三，推进马克思主义中国化，需要对中国优秀传统文化进行选择、继承、整合。先进文化总是要从传统的文化中汲取思想资料和精神营养，才能扎根在民族文化的土壤上。正如毛泽东所指出：“中国的长期封建社会中，创造了灿烂的古代文化。清理古代文化的发展过程，剔除其封建性的糟粕，吸收其民主性的精华，是发展民族新文化提高民族自信心的必要条件……我们必须尊重自己的历史，决不能割断历史。”我们党得出的基本经验是：用马克思主义改造中国传统文化的过程，不是对中国传统文化的全盘否定，也不是用马克思主义取代中国传统文化，而是以马克思主义为指导，对民族传统文化采取一种科学扬弃的态度，对传统文化进行选择、继承、利用、整合，最终使得马克思主义的先进文化与中国优秀传统文化相结合，推进马克思主义中国化。

六、马克思主义中国化是在两条战线斗争和反对各种错误倾向中的发展过程

马克思主义中国化进程是和中国共产党的历史紧密相连的。党的形成和发展过程深深影响着马克思主义中国化的历史进程。党的历史不是一帆风顺的，而是经历了失败与挫折、艰辛与曲折的历史。党不仅在与敌人进行着武力的斗争，还在与党内的各种错误倾向进行斗争，在战胜和克服这些错误倾向中把党的事业向前推进。党内的各种错误倾向在理论上集中表现为无法将马克思主义基本原理同中国革命、建设和改革的具体实际相结合，从而出现了“左倾”或右倾错误思想及政策。在战胜和克服了“左”或“右”的错误倾向后做出的科学经验总结，制定的正确路线方针，使马克思主义中国化取得了很大进展。

所谓两条战线斗争，是指党在两个方向上开展反错误倾向的斗争。反对右倾错误的斗争是一条战线，反对“左倾”错误的斗争又是一条战线，既反“右”，又反“左”即为两条战线斗争。毛泽东指出：“我们党内不但有喜欢‘左’的，也有不少喜欢‘右’的，或者中间偏右，都是不好的。我们要进行两条战线的斗争，既反对‘左’，也反对‘右’。”其中，所谓“左”，是指政治思想上超越客观，脱离社会现实条件，陷入空想、盲动和冒险的倾向。中国共产党在90多年的革命、建设和改革历史中，在将马克思主义基本理论同中国具体国情结合的过程中，形成了毛泽东思想、邓小平理论、“三个代表”重要思想、科学发展观和习近平新时代中国特色社会主义思想等重大理论成果。尽管党在不同时期的历史方位不同，理论创新的历史条件不同，但这些理论成果都是在与各种错误倾向的斗争中形成和发展的。

第一，毛泽东思想是在反对“左倾”冒险主义、右倾机会主义的斗争中形成和发展起来的。在20世纪20年代后期到30年代前期的国际共产主义运动中，党内奉行马克思主义教条化和苏联经验绝对化等错误思想倾向，表现为党内“左倾”冒险主义、右倾机会主义的统治，这几乎曾使中国革命陷于绝境，使党多次经受严重失败的痛苦考验。正是在同这些错误倾向做斗争并深刻总结这方面历史经验的过程中，毛泽东思想逐步形成和发展起来。在大革命初期，在反对以陈独秀为代表的右倾机会主义斗争中，毛泽东思想正确解决了中国革命的性质、对象和同盟军问题。在反对瞿秋白、李立三、王明为代表的三次“左倾”教条主义的斗争中，毛泽东思想确立了中国革命的政治、军事、组织路线，并开创了农村包围城市的中国民主革命新道路。在反对教条主义和经验主义的斗争中，毛泽东思想确立了实事求是的马克思主义思想路线。

第二，邓小平理论也是在既反“左”又反“右”的错误倾向中形成和发展起来的。邓小平理论是对我国社会主义建设历史经验和改革开放以来实践经验的科学总结，其中包括了从1956年到1966年党的工作在指导方针上的严重失误教训总结，也包括总结“文革”时期全局性、长期性的“左”倾错误的历史教训总结，还包括中共十一届三中全会以后指导反对“左”和“右”的错误倾向的经验总结。1975年，邓小平在主持党、国家和军队日常工作时，就与“四人帮”及其极左错误展开了针锋相对的斗争，表现了邓小平敢于冲破“文革”禁区的勇气，反映了邓小平反对极左错误倾向的思想指导。在“四人帮”被粉碎后，邓小平在反对和批判“两个凡是”的斗争中确立了解放思想、实事求是的思想路线。中共十一届三中全会抛弃了“以阶级斗争为纲”的“左”倾错误方针，实现了党和国家工作重心的战略转移。在改革开放过程中，邓小平还坚决反对资产阶级自由化，始终坚持四项基本原则。也正是因为突破了长期以来在社会主义问题上的错误观念，中国共产党人最终搞清楚了“什么是社会主义、怎样建设社会主义”的历史课题。

第三，“三个代表”重要思想和科学发展观同样是在排除“左”与“右”的错误干扰中形成和发展起来的。在新的历史条件下，江泽民强调中国共产党人要自觉解放思想，及时果断地摒弃和改正那些不合时宜的错误思想、做法和体制认识，如对马克思主义理论的教条式、书本式理解，主观主义和形而上学思想等。在进行社会主义市场经济建设的过程中，江泽民强调要在思想认识上克服来自两方面的干扰，既不能局限于过去的计划经济体制，看不到其弊病和改革的必要性，也不能照搬照抄西方资本主义市场经济的模式，而应在总结计划经济的经验教训和借鉴西方国家市场经济的有益经验基础上，开拓出一条发展中国特色社会主义市场经济的新路来。同时，在政治建设上，绝不照搬西方政治制度的模式，要着力于建设中国特色的社会主义政治文明。

第四，胡锦涛在纪念党的十一届三中全会召开30周年大会上的讲话中，强调在中国特色社会主义道路上“不动摇、不懈怠、不折腾”，这是30年改革开放经验的深刻总结，表明中国特色社会主义事业的推进必须要毫不动摇地排除来自各方面的错误倾向和干扰，既不封闭僵化，也不改旗易帜，使马克思主义中国化始终沿着社会主义的正确方向前进，以实现社会主义建设的目标。

七、马克思主义中国化是中国人民寻找中华民族崛起路径的过程

马克思主义中国化的目的是运用马克思主义的观点、思想和方法解决中国问题的具体实践，其根本目的是实现中华民族的崛起和繁荣富强。马克思主义作为一种理论体系有其真理性的存在意义，客观地反映了自然界和人类社会的本质内

容及其发展的普遍规律。但是，马克思主义的中国化绝不只是单纯探求真理的纯科学式的认识活动，它最终是要反映到实践中来的，它是为了实现中华民族的伟大复兴和繁荣富强这一近代以来中国人民面临的艰巨历史使命而进行的理论探索。无论是在新中国成立之前，广大中国人民处于帝国主义、封建主义和官僚资本主义“三座大山”压迫下，还是新中国成立以后，中国人民以巨大热情投入中国社会主义现代化建设中，接受和认同马克思主义、发展马克思主义并创造性地推动马克思主义中国化，都绝对不是一时的兴趣，更根本的是要解决近代以来如何实现中华民族的伟大复兴、解决社会主义现代化建设过程中所遇到的各种历史难题，甚至有可能是面临国家生死存亡等根本性问题时的一种历史的、必然的选择，是为了探索救国救民之路，探求中华民族崛起，使社会主义中国富强、人民幸福安康并能够在日趋激烈的国际竞争中屹立于世界民族之林的唯一路径。

真正的马克思主义者，应该心系国家、忧国忧民，应该为中华民族重新崛起抛头颅、洒热血。毛泽东、周恩来等老一辈革命家，无一例外都是从青年时期起就树立起了振兴中华的雄心壮志；还有方志敏、赵一曼、江姐等无数革命烈士始终抱定宗旨，坚定信念并不惜牺牲自己年轻宝贵的生命。因此可以说，毛泽东思想是中国人民为中华崛起而推动马克思主义中国化的首次成功探索。在革命时期，以毛泽东为核心的第一代中央领导集体，带领广大中国人民历经新民主主义革命，建立了中华人民共和国，从此中国人民站了起来。

在社会主义现代化建设和改革开放时期，江泽民同志强调：“一定要以我国改革开放和现代化建设的实际问题，以我们正在做的事情为中心，着眼于马克思主义理论的运用，着眼于对实际问题的理论思考，着眼于新的实践和新的发展。”以邓小平、江泽民、胡锦涛、习近平为代表的新一代中国共产党人领导广大中国人民建设具有中国特色社会主义的伟大实践，创造了中国特色社会主义理论体系，实现了马克思中国化的新进展，使中国日渐强大、富裕起来了。可以说，只有在马克思主义理论的指导下，结合中国国情和社会主义建设实践，不断改造广大人民的主观世界和中国社会的客观世界，实现中华民族的伟大复兴和繁荣富强，才是真正意义上的马克思主义中国化。

第二章　马克思主义中国化的基本认识与实践

第一节　马克思主义进入中国人的思想

一、中国人早期对社会主义运动和马克思学说的认识演变

（一）中国人对社会主义运动、学说和马克思主义创始人的最早认知

1. 相关基本问题和观点

中国人对社会主义学说、运动和马克思主义创始人马克思的认知虽然已经有说法，但还有进一步考证和研究之处，其中包括三个方面的基本问题。

第一，中国人最早如何知道社会主义学说和马克思主义创始人的。总的说来，近代中国（晚清）在国门被西方武力打开后，中国开始有人（主要是外交官）走出国门，首先在欧洲开始知道社会主义运动、马克思主义创始人马克思及其学说。之后马克思主义的传播主要依靠外国传教士的翻译介绍，再后来是留日学者的学习、引进和介绍。而且，中国人早期先是从对国际社会主义运动（巴黎公社）的认知开始的，然后才开始认识马克思主义学说。

第二，中国人最早如何看待马克思主义学说和社会主义运动的。最早知道马克思主义学说和社会主义的中国人是清王朝的知识分子，虽然晚清时期国人已经认识到欧洲的强势并有了效仿甚至变革之意，但他们是从封建统治阶级和改良派的立场看待国际工人运动和社会主义思潮的，基本上持敌意立场，在表述上往往

恶语相加，比如用“乱党”“乱民”加以描述。

第二，中国人最早知道马克思主义创始人和社会主义学说、运动的历史背景。以巴黎工人六月起义为标志的欧洲社会主义运动高潮时期后不久，中国清政府开展了洋务运动。清政府派官员到欧洲游历，开始主动了解欧洲的社会政治、经济、文化、军事状况。

2. 代表性历史人物和文献例证

对于上述三个方面的基本问题基本文献例证如下。

对早期文献的研究已经有了一些发现，比如，张德彝（1847—1918）的游记《三述奇》（手稿本）中记述了他目击巴黎工人起义和巴黎公社的情景。王韬（1828—1897）的《普法战纪》（共 11 卷，中华印务总局 1873 年出版）则是流传更为广泛的记载巴黎公社的汇编，等等。

中国近代出版的书刊中最早提到马克思名字及其学说的著作是 1898 年上海广学会（传教士创办的出版机构）翻译出版的《泰西民法志》（原名为英国 1892 年出版的柯卡普著《社会主义史》），该书出版被看作中国人接触马克思主义学说的开始。

1899 年广学会主办的《万国公报》再度提到马克思的名字。

国内刊物上首次提到《资本论》书名的是 1899 年 1 月 4 日万国公报电第 123 期所载《大同学》第三章“相争相进之理”。

中国人在自己的论著中最早介绍马克思及其学说的是梁启超（1873—1929）。1902 年，他在创办的《新民丛报》上撰写《干涉与放任》一文，声称“社会主义其必将磅礴于二十世纪”，1904 年，他写成《中国之社会主义》一文，是较早关于社会主义的专论。

1902—1904 年，中国翻译日文书籍中介绍社会主义的专著主要有：《广长舌》（幸德秋水著，中国国民丛书社译，商务印书馆 1902 年版）；《社会主义》（村井知至著，罗大维译，上海广智书局 1903 年版，该书另有其他版本，该书被誉为日本第一部真正的社会主义文献）；《近世社会主义》（福井准造著，赵必振译，上海广智书局 1903 年版）；《近世社会主义评论》（久松义典著，杜士珍译，1903 年连载于上海《新世界学报》第二期至第六期）；《社会党》（西川光次郎著，周子高译，上海广智书局 1903 年版）；《社会主义神髓》（幸德秋水著，中国达识译社译，1903 年 10 月由《浙江潮》编辑所出版，后有其他版本，该书被认为是日本明治时代最高水平的社会主义文献之一）。

（二）中国人早期对马克思主义学说认识上的混乱

1. 相关基本问题和观点

由于马克思主义著作真正传入中国时间上的滞后和数量上的极其有限，即使有一些中国人知道马克思及其学说，但很难真正掌握马克思主义的要义。这方面的研究有两个方面基本问题。

首先，关于马克思主义学说进入中国后的认识和反响。在有了较多的引进外国书籍资料和介绍马克思主义学说之后的一段时间内，中国人自己关于马克思主义的最早论述中对马克思主义的认知，包括价值判断和运用取舍，有几种主要表现：一是因崇尚西方文化所致的推崇和较高评价；二是认识含糊不清，将社会主义与无政府主义、民粹主义等混淆对待；三是将马克思主义与各种社会主义混在一起；四是不同派别分别对平等、公有制、阶级斗争、民生、社会进化等方面各取所需。

其次，关于马克思主义学说早期进入中国的历史背景。20 世纪初，清王朝衰落直至消亡，社会阶层加剧分化，各种势力派别开始向外寻求或中兴或革命的新道理，因而对西方文化十分感兴趣，马克思主义也在其中。与此同时，欧洲资本主义世界社会弊端逐渐暴露出来并出现经济危机和政治动荡，中国的资产阶级革命派在效仿西方资本主义革命时，看到了西方资本主义的弊端，并企图加以规避。国际上，马克思主义创始人马克思和恩格斯先后逝世，之后第二国际领导人和欧洲社会主义者不断出现机会主义和修正主义，混淆了科学社会主义与其他各种社会主义的视听。

2. 代表性历史人物和基本文献例证的研究

已经有所发现的文献研究如：1903 年 10 月《浙江湖》第八期署名“大我”的《新社会之理论》一文，在“篇三、新社会之主义”部分主要论述了“共产主义”和“极端民主主义”。该文是中国人自己撰写的文章，被认为是最早对社会主义给予很高评价的作品。

20 世纪初，侨居国外的中国资产阶级革命党人受到当地无政府主义思潮影响，在欧洲和日本分别成立了两个无政府组织。他们在巴黎成立了新世纪公社，推崇克鲁泡特金的无政府主义，强调科学与进步，出版刊物《新世纪》。在东京，刘师培、张继、何震、汪公权等人受日本社会主义运动中无政府主义思潮的影响，很快成为狂热的无政府主义者，并在东京举办“社会主义讲习所”，在自己创办的

《天义报》上发表《欧洲社会主义与无政府主义异同考》等文章，竭力混淆社会主义与无政府主义，叫嚣“吾等则谓社会主义多与无政府主义相表里”“社会主义必有趋向无政府主义之一日”等。另外，侨居日本的无政府主义者与欧洲无政府主义者不同的是，欧洲无政府主义与马克思主义是对立的，而在日本的无政府主义思潮则吸取马克思主义的一些内容，尤其马克思的强调阶级斗争学说，《天义报》刊有出版社会主义书刊的广告，并声称《共产党宣言》发明阶级斗争说最有裨于历史，“欲研究社会主义发达之历史者，均当以此入门”。

3. 例证分析：以孙中山为代表的资产阶级革命派的社会主义观

孙中山在1896年到英国伦敦，1903年旅居日本，1905年到布鲁塞尔访问第二国际常设执行机构（国际社会党执行局），大量接触并受到社会主义思想和活动的影响，在看到欧洲资本主义社会的尖锐矛盾和制度弊端之后，甚至自称是中国社会主义者。孙中山1905年在解释三民主义时将民生主义与社会主义等同起来：“民生主义即时下底社会主义。诸君想想兄弟提倡民生主义是在什么时候？今日国人才出来讲社会主义，已嫌迟了。但是社会主义学说输入中国未久，兄弟将‘社会主义’原文译为‘民生主义’较好允当。”

中国资产阶级革命派中最早介绍马克思及其学说的代表人物有马君武，他于1903年在《译书汇编》第2号第11期发表的《社会主义与进化论比较》文章附有5本马克思主义著作目录:《英国工人阶级状况》《哲学的贫困》《共产党宣言》《政治经济学批判》《资本论》等，这被认为是中国最早的马克思主义著作书单。

中国资产阶级革命派中被毛泽东后来称赞为“马克思主义在中国传播的拓荒者”是朱执信，被认为是同盟会中真正研究马克思主义的人，他于1906年在《民报》第2号、3号上发表《德意志社会革命家列传》文章，指出了马克思学说与空想社会主义不同。《民报》第5号发表《论社会革命与政治革命并行》一文，介绍马克思的社会主义是科学的社会主义。他关注和研究马克思主义的目的在于为当时孙中山倡导的“社会革命”寻求思想资源，同样将社会主义与民生主义、社会革命等同起来。

辛亥革命前后出现了标榜社会主义的团体和党派，其多将社会主义与民主主义加以混同，实质上投机专营无政府主义或个人主义。1911年8月，江亢虎（1883—1954）在上海组织“社会主义研究会”，1911年11月该团体改组为“中国社会党”，本部设在上海，并在江、浙、京、津等全国多个地区设有分部，吸收党员条件宽松，短短几个月就在全国各地建立数百个支部，号称有几十万党员，并且办有机关刊物。该组织是中国第一个标榜社会主义的政党，但实际上党员中真正了解或信仰社会主义者甚少，虽然其骨干分子和报刊在宣传马克思、恩格斯思想和社会主义方面做了很多有影响的事情，但对社会主义和马克思主义也进行了许多误导，或解释为“马氏之主张与世界主义、无政府主义又未尝不相同也”，或者说“社会主义以人性为本，以人情为用”，或将社会主义等同于“自由、平等、博爱三言”为标榜的资产阶级民主主义。他们根据当时政府和当权势力的需要随意更改说辞，对于当时的投机分子来说，社会主义不是他们要努力付诸实施的内心追求，而是根据需要加以鼓吹利用的东西，即所谓“中国今日或尚非社会主义实行之时代，而确是社会主义鼓吹之时代”。这一组织的创办人江亢虎先后投靠过孙中山、袁世凯、汪精卫，最后以堕落为汉奸收场。

从 1914 年出现的一场所谓无政府主义与社会主义之争的论战中，也可以看出时人对社会主义认识的片面性。鼓吹无政府主义的代表人物刘师复 (1884—1915) 在《民生》杂志上对其他派别社会主义者发起了一系列攻击，包括对孙中山和江亢虎的批评，指责他们对社会主义一无所知，他们之中任何人都不明白社会主义与资本主义的区别，而且经常把二者混为一谈，甚至不了解各种社会主义之间的差异，显然的证明是孙中山把马克思和乔治相提并论，而江亢虎的许多论述则混淆了无政府主义、共产主义、社会主义和国家社会主义。刘师复自己对无政府主义与社会主义的认识是：社会主义局限于经济领域，而无政府主义将政治也包括在攻击范围之内，因此一切无政府主义者必然也是社会主义者，而社会主义者却不一定是无政府主义者，因为他们不反对政府，可以说无政府主义包含社会主义。

（三）如何认识社会主义思想传播和组织存在

问题和分析方法：研究和回答民国建立之初为何能够容许社会主义思想传播和组织存在，并且出现包括孙中山在内的各种派别的社会主义接受者，可以从以下几方面去认识。

第一，资产阶级革命派困惑于政治革命与社会革命于一役的认识旋涡之中。孙中山当时所幻想的是中国不经过资产阶级民主革命和无产阶级革命的历史过程，认为“中世纪的生产方式将直接过渡到社会主义的生产阶段，而工人不必经受被资本家剥削的痛苦”，或者说“诚可举政治革命、社会革命毕其功于一役”。他在欧洲游历时就看到资本主义的缺陷，也看到社会主义的优势所在，经常将民生主义与社会主义混同起来，只是幻想中间可以不经过暴力革命而加以实现之。

第二，社会革命概念往往并不具有政治暴力含义，而许多派别把社会主义理解为非暴力运动。例如，自称社会主义者的江亢虎把社会主义描述为“正大光明之主义，非激烈危险之主义；建设之主义，非破坏之主义”。孙中山及其领导的同盟会也认为社会主义非但不会成为共和秩序的威胁，反而有助于实现共和政府的美好愿望。他们认为在中国实现社会主义必比西方国家更容易，因为中国尚未受到西方社会深刻的社会分化和剥削之害，因此有可能避免暴力。

第三，认为社会主义是世界政治发展的潮流，得到当时中国民主革命派的同情。“中国尽可以对社会主义闭门不纳，而不能不因偏离进步主流而承担风险。”在西方资本主义社会内部，资产阶级已经与封建主义势力妥协或达成同盟以共同对付劳动阶级，劳资矛盾已经十分突出，社会主义运动此起彼伏，西方大国的国内革命热情非常高涨。在此情形下，“先进的中国人，所有经历过这种高涨的中国人，从欧美吸收了解放思想，但在欧美，提到日程上的问题已经是摆脱资产阶级而求得解放，即实行社会主义的问题。由此必然产生中国民主派对社会主义的同情，产生他们的主观社会主义”。

第四，社会主义符合人类共同传统，中国传统中也有着相似追求。比如，将社会主义看作“孔夫子的大同，基督教的天国，佛家的极乐净土”。孔子、孟子等中国古代思想家把大同和天下为公作为理想、追求，并且强调民为邦本等思想，《礼记·礼运》中有著名的描写“天下为公”和“大同”话语：“大道之行也，天下为公。选贤与能，讲信修睦。”孙中山对三民主义的阐述常常从仁义、公理、济弱扶倾、均等、天下为公、民本等中国大同文化出发寻找思想资源。

二、用马克思主义武装起来的革命思想

马克思主义真正进入中国人的思想，不是指马克思主义只是被中国人所认识，而是指中国人内心接受、正确把握、实际运用马克思主义。也就是说要产生一批对马克思主义的信仰者，而且存在有别于早期出现的那些自誉为马克思主义者的标准。

（一）中国早期马克思主义者的诞生

1. 基本问题和观点

中国马克思主义者的诞生是否具有偶然性，是从什么人转变而来的，这些基本问题需要弄清。

第一，关于早期马克思主义者的认识标准。成为马克思主义者，应该有一个思想标准，也就是必须接受马克思主义基本原理，这就首先要划清马克思主义与当时其他思潮的界限，其中包括与非马克思主义的各种社会主义思潮的界限。中国共产党成立前夕，中国知识分子转变为马克思主义者的思想认识标准，或者说马克思主义者区别于其他主义思潮的地方，主要在于接受马克思主义唯物史观、

阶级斗争、暴力革命、无产阶级专政、共产主义等理论。

第二，中国第一批马克思主义者是如何产生的。早期马克思主义者对马克思主义的认知渠道可以分为以下三种情况：一是一批曾经拥护辛亥革命和参加新文化运动、五四运动的知识分子，其信仰从资产阶级民主主义转向共产主义，成为马克思主义者；二是一批青年学生和知识分子受到俄国十月革命胜利的鼓舞，纷纷出国留学（包括勤工俭学），目的是寻求十月革命的真谛，因当时北洋政府对苏俄影响的恐惧和阻挠，十月革命后一段时间，直接去俄国的途径不畅，于是他们分别到日本、欧洲（主要是法国）留学，目的是学习了解苏俄，条件允许后一批青年则直接去苏俄学习。三是一些反对封建统治和反对帝国主义的革命志士，在思想上历经对传统文化感到失落、对欧美资本主义逻辑感到失望之后，从俄国十月革命传来的马克思主义中发现了救国真理，最终成为坚定的马克思主义者。

第三，早期中国马克思主义者产生的历史背景。这个时期从清朝灭亡到中国共产党正式诞生，是国际上和中国国内动荡期——1911 年中国爆发辛亥革命，推翻了清王朝的长期统治；1914 年第一次世界大战爆发，欧洲资本主义世界陷入危机；1917 年俄国爆发十月革命，并且建立了人类历史上第一个苏维埃社会主义国家；1915 年中国思想界掀起新文化运动，对几千年的中国古代思想文化第一次进行了较为深刻的大批判、大反省；1919 年中国爆发五四运动，对西方资本主义列强及其帝国主义强权逻辑第一次进行公开质疑和反抗。

2. 基本文献、历史人物和历史考证

中国早期马克思主义者的思想转变历程可以通过其早期言论、文字著述等文献进行研究，他们之前的身份等问题则需要有一定的历史资料例证。

例证分析 1：一批曾经拥护辛亥革命的知识分子，其信仰从资产阶级民主主义转向共产主义，成为马克思主义者。

李大钊在 1911 年辛亥革命之际，热烈地向往资产阶级共和国。1913 年李大钊东渡日本留学，接触到民主主义思想和社会主义思想，1917 年写《政治之离心力与向心力》一文，已经提到社会主义概念："对于专制主义，而有民主主义；对于资本主义，而有社会主义。"（《李大钊文集》）辛亥革命最后失败的教训和俄国十月革命胜利的反差，引发中国知识分子先知先觉者新的选择思考，李大钊潜心研究俄国革命，于 1918 年 7 月在《言治》季刊发表的文章《法俄革命之比较观》，被称为中国知识分子关于俄国革命的最早议论。文中将 18 世纪末的法国革命看作"立于国家主义上之革命，是政治的革命兼含社会的革命"，将 20 世纪初的俄国革命看作"立于社会主义上之革命，是社会的革命而并著世界的革命"。也就是说社会主义革命是符合时代的新潮流。之后李大钊又相继发表了《庶民的胜利》《以布尔什维主义的胜利》等重要文章，提出“试看将来的环球，必是赤旗的世界！”等著名论断。李大钊于1918年底创办《每周评论》，组织“马尔格斯学说研究会”，开始与资产阶级民主主义划清界限，以科学态度研究马克思主义，被誉为中国第一位马克思主义者。1919年5月李大钊负责将《新青年》第6卷第5号编辑为“马克思主义研究专号”，并在其中发表了自己写得非常著名的《我的马克思主义观》一文，从“唯物史观”“阶级竞争说”“经济论”等方面对马克思主义做了阐释，这篇文章也被看作中国人的第一篇系统研究和介绍马克思主义等基础理论的作品，在中国的马克思主义传播史上具有重要学术地位。1921年3月20日，李大钊发表《中国的社会主义与世界的资本主义》，从分析中国在国际资本主义环境中所处的不利地位着眼，阐述自己对中国必须走社会主义的看法。

陈独秀在1913年“二次革命”失败后逃亡日本，主要吸收的是欧美资产阶级民主主义思想文化，1915年从日本回国后在上海创办《青年》杂志，主要介绍西方文化思潮，掀起了一场著名的思想解放运动即新文化运动。此时，陈独秀对马克思主义还不大清楚，将马克思主义与欧洲空想社会主义混为一谈。五四运动后，陈独秀在1919年12月《新青年》上发表《本志宣言》，开始揭露资产阶级民主制度的虚伪实质，开始将关注点从欧美转向苏俄。1920年9月在《新青年》上发表《谈政治》一文，声明“我承认用革命的手段建设劳动阶级（即生产阶级）的国家”，表明陈独秀开始从激进的民主主义者转变为中国早期的马克思主义者。转变之后的陈独秀和李大钊一起，影响和带动了一批进步知识分子走上信仰共产主义的马克思主义的道路。

另外，老同盟会会员中也有人转变为中国早期马克思主义者，林伯渠、吴玉章、董必武等在对资产阶级民主共和失望之后，受俄国十月革命和“五四运动”的影响，实现了从资产阶级民主主义向马克思主义世界观的转变，进一步认清过去旧革命道路的问题所在，即照着欧美式议会政治很难完成中国民主革命的任务。其中，林伯渠又影响了其堂兄林修梅，林修梅的部下有彭德怀、贺龙等名将。1921年，林伯渠安排共产国际代表马林与孙中山会晤，1922年安排孙中山与李大钊、陈独秀几次商议，有力推动了第一次国共合作。

例证分析2：受到俄国十月革命胜利的影响，国内出现了新一代出国留学（包括勤工俭学）热，一批青年学生和知识分子分别到日本、欧洲（主要是法国）留学，或直接去苏俄学习，成为中国早期马克思主义者。

这个时期留学日本并成为早期马克思主义知识分子的代表人物有杨匏安、李达、李汉俊、陈望道等。他们在介绍、翻译马克思主义著作等工作上做出了里程碑式的贡献。杨匏安被誉为华南传播马克思主义第一人，1919 年 11—12 月发表译述文章《马克思主义》，同时期李大钊也发表了《我的马克思主义观》。李达于 1920 年 11 月在上海创办《共产党》月刊，中国共产党成立后主持和领导党的第一个出版机构即人民出版社的工作，系统出版马克思列宁主义书籍，1920 年 12 月发表《社会革命底商榷》和《马克思还原》等文章。李汉俊被称为马克思主义知识分子中的理论家，1920 年 8 月为《劳动界》报写了发刊词，翻译了《资本论》等马克思主义经济学著作，并帮助陈望道校对《共产党宣言》的第一个中文全译本，协助李达翻译郭泰的《唯物史观解说》。

这个时期留法青年中成为早期马克思主义者的代表人物有蔡和森、周恩来、李维汉、赵世炎、向警予、李富春、李立三、王若飞、聂荣臻、陈毅、邓小平等。他们在欧洲亲身感受了西方资本主义社会的现实状况和斗争实践，在马克思主义科学原理中努力探求拯救中国之道。

最早到苏俄寻求马克思主义真理的知识分子是瞿秋白。1920 年 10 月，瞿秋白以《晨报》特派记者身份辗转出发，于 1921 年 1 月到达莫斯科，并有机会多次聆听列宁的演说。在他之后，罗亦农、彭述之、何今亮（汪寿华）、萧劲光、刘少奇、任弼时等多位青年去苏俄学习马克思主义理论。

例证分析 3：以毛泽东为代表的革命志士，一直留在国内，边坚持斗争边搜索救亡之道，在对旧中国文化和西方欧美思想进行反省的过程中，在对各种主义之争有了清醒的比较认识之后，毅然决然地走上了俄国十月革命所昭示的道路，成为坚定的中国马克思主义者。

关于毛泽东，周恩来在 1949 年中华全国青年第一次代表大会上的报告中说："毛主席是从旧社会生长出来的，他否定过去，发展成为今天这样，是有这样一个过程的。"并且说："学习毛泽东必须是全面的学习，从他的历史发展来学习，不要只看今天的成就伟大，而不看历史的发展。我们提出学习毛泽东，要使青年越学越深，越学越有兴趣，更进一步学习毛泽东整个的思想体系。"首先，从毛泽东成长的早期历史环境看，他经历过 1894 年日本侵略中国的甲午战争，1898 年戊戌变法运动的失败，1900 年八国联军侵华战争及农民义和团爱国运动（1899—1900），1911 年辛亥革命，1919 年五四运动等。从毛泽东的读书背景看，少年接受四书五经（不感兴趣），喜欢读中国旧小说和故事，但对书中全是统治者而不见耕田农民的状况感到不满。后接触到新知识，读了郑观应的《盛世危言》，梁启超主编的《新民从报》，接受的是封建改良思想。1911 年到长沙读中学，看到宣传资产阶级革命的《民立报》，开始接受民主主义革命思想，并写了第一篇政见文章（贴在学校墙上），提出让孙中山从日本回来任新政府总统，康有为任国务总理，梁启超任外交部部长。从中可以看出，他当时将改良主义和革命民主主义混在了一起。辛亥革命前夕，剪掉了自己的辫子。辛亥革命爆发后，他成为革命新军士兵，但看到辛亥革命果实很快被旧军阀官僚抢走后，大失所望，退出新军，继续读书和探索。1913 年春—1918 年夏，求学于湖南第一师范。这是一个思想斗争和观念转变的时期，斯诺在《西行漫记》中记述着毛泽东自己的回忆："在这个时候，我的思想是自由主义、民主改良主义、空想社会主义等思想的大杂烩。我憧憬'十九世纪的民主'、乌托邦主义和旧式的自由主义，但是我反对军阀和反对帝国主义是明确无疑的。"

新文化运动之前，毛泽东读书范围既包括中国思想家的书，如王船山、顾炎武、颜习斋、谭嗣同、梁启超等人的著作，又包括西方思想家如卢梭、斯宾塞、孟德斯鸠、亚当·斯密、达尔文等人的著作。新文化运动开始后，毛泽东是《新青年》这一新文化运动阵地的热心读者，受到了民主和科学思想的影响，对专制、旧礼教、旧文学、文言文、封建思想等有了更深刻的批判意识，开始对新文化运动的旗手陈独秀、胡适赞赏有加，彻底抛弃了康有为、梁启超的改良主义政治主张。与此同时，毛泽东对中国传统文化的看法是辩证的，他认为对中西文化都应该采取批判的态度，不像新文化运动中的一些知识分子全盘否定中国文化和主张"全盘西化"，比如胡适、陈独秀都有这种倾向，认为中国文化是绝对的坏，西方文化是绝对的好。新文化运动期间，毛泽东有了改造社会的抱负，但仍然停留于改造思想的水平上，认为"欲动天下者，当动天下心"，还没有认识到更为深刻的经济、政治因素。1917年底至1918年初发起并成立新民学会，学会章程规定"以革新学术，砥砺品行，改良人心风俗"为宗旨，以"一不虚伪，二不懒惰，三不浪费，四不赌博，五不狎妓"为会员守则。毛泽东寻求真理的决心是"十年未得真理，即十年无志；终身未得，即终身无志。"（1917 年 8 月 23 日给黎锦熙的信）

1918 年 8 月，毛泽东因新民学会会员勤工俭学事宜，第一次进北京，并在北大图书馆当助理，北京大学是当时新文化运动中心，学术氛围活跃，新旧思想斗争激烈。从此时到五四运动前的这个时期，毛泽东既接触到马克思主义思想，也接触到其他社会主义思潮如空想社会主义、克鲁泡特金的无政府共产主义、日本武者小路实笃的新村主义、托尔斯泰的泛劳动主义等，毛泽东回忆说："我读了一些关于无政府主义的小册子，很受影响。我常常和来看我的、名叫朱谦之的学生讨论无政府主义和它在中国的前景。在那个时候，我赞同许多无政府主义的主张。"期间，毛泽东还起草了建设新村的计划书，就是把学校、家庭、社会结为一体，通过人人平等、互助等新社会生活方式实现改造社会的理想。五四运动作为彻底的反帝反封建革命运动，推动了马克思主义的广泛传播，也揭开了新民主主义革命的序幕，毛泽东也在五四运动中成长为一个初步具有共产主义思想的知识分子，并于五四运动后不久创办了宣传革命思想的《湘江评论》，开始对俄国十月革命的进步潮流有了深刻认识，对帝国主义侵略的反动本质有了深刻认识（当时有不少人对帝国主义存有幻想），对人民群众的历史作用和民众联合的力量有了深刻认识（在《湘江评论》上发表了《民众的大联合》文章）。但此时，毛泽东仍受无政府主义思想的影响，能读的马克思主义著作很有限，对马克思主义无产阶级专政思想和暴力革命理论还缺乏认识。

直到1920年上半年，毛泽东到北京、上海继续探寻改造中国之路，读到《共产党宣言》全译本等书籍，对各种主义思想进行比较，与李大钊、陈独秀、邓中复等人进行多次讨论后，确立了对马克思主义的坚定信仰。毛泽东回忆说："我第二次到北京期间，读了许多关于俄国所发生的事情的文章。我热切地搜寻当时所能找到的极少数的共产主义文献中的文本。有三本书特别深刻地铭记在我的心中，使我树立起对马克思主义的信仰。我接受了马克思主义，认为它是对历史的正确解释，以后，我就一直没有动摇过。这三本书是：陈望道译的《共产党宣言》，这是中文出版的第一本马克思主义的书；考茨基著的《阶级斗争》；以及柯卡普著的《社会主义史》。到了1920年夏天，我已经在理论上和在某种程度的行动上，成为一个马克思主义者，而且从此我也自认为是一个马克思主义者了。"1921年1月1—2日，毛泽东在新民学会长沙会员大会上的发言标志着毛泽东选择了马克思列宁主义革命道路。毛泽东在长沙等地积极开展马克思主义的学习和宣传活动，创办书社，介绍新书，并与各种非马克思主义思想展开斗争。除此之外，毛泽东非常注重深入工人、农民之中，同劳动者打成一片，办夜校，启发他们学习，扩展马克思主义的实际传播。

（二）确立马克思主义信仰的现实条件

1. 重大相关历史事件：影响中国人确立马克思主义信仰的两大实践运动

首先是俄国十月革命。列宁领导的俄国十月革命胜利和苏维埃政权的建立，是20世纪开天辟地的政治事件，对世界范围的民族民主解放运动产生的影响是颠覆性的，因为它创新了民族解放和民主革命的新领导力量，并且创造了新的革命道路和新方向。

俄国十月革命对中国革命者的认识产生颠覆性影响的因素之一：工人阶级及其政党成功领导了革命，成功组建了新性质的政权，劳动人民当家做了主人。回顾之前，世界上反抗封建制度的民主革命基本上是新兴资产阶级的专利，反抗外来侵略的民族解放运动基本上由统治者领导。清末，面对清王朝的昏庸无能，虽然爆发了太平天国运动，在一定程度上打击了清王朝政权和帝国主义在华势力，但这种农民起义的阶级局限性是很显然的，它依然信奉的是旧封建思想，也必然以失败告终。当时也出现过贵族官僚、地主阶级、民族资产阶级等先后发起的改良主义运动，但也主要是以封建主义挽救封建统治，也必然一一失败。辛亥革命是资产阶级领导的民主主义革命，并且推翻了清王朝的统治，但这种在形式上照搬欧洲的民主主义在中国并没有合适的现实基础，其领导阶级即中国民族资产阶级及其政党十分软弱，革命明显呈现出不彻底性，既没有从根本上触动封建土地制度等经济基础，也没有触动旧军阀统治等政治基础，更没有触动旧意识形态等文化基础，甚至还对西方帝国主义外部列强势力抱有不切实际的幻想。其失败也是必然的。在屡屡失败之后，俄国十月革命胜利的号角似乎一下子唤醒了中国人，不仅使一些资产阶级革命者摒弃从前，转投社会主义救中国的革命之中，而且更加鼓舞了中国的无产阶级和广大劳动人民，给予他们新的希望、新的憧憬、新的斗争方向。

俄国十月革命对中国革命者的认识产生颠覆性影响的因素之二：苏俄外交政策与帝国主义迥然不同，欧洲列强的帝国主义的本质被彻底认清，对西方资本主义的幻想被现实打破。列宁根据马克思主义原理，阐明了帝国主义时代和殖民体系下的民族解放的理论，提出在帝国主义时代和殖民体系下，必须支持被压迫民族的解放斗争，倡导建立独立自主、平等的、人道的民族关系准则，他将马克思主义“压迫其他民族的民族是不能获得解放的”这一论断运用于新生的苏俄政府的对外政策制定中，指出：“希望大俄罗斯无论如何要成为一个自由的和独立自主的、民主的、共和的、足以自豪的国家，按照平等这一人道的原则，而不是按照败坏伟大民族声誉的农奴制特权的原则对待邻国。”列宁强调要反对大国沙文主义，声明放弃或取消俄国之前在中间的特权，废除不平等条约，支持中国人民的反帝反封建革命。这些赢得了中国革命人民的欢迎和尊重，使马克思主义观点深入人心。

俄国十月革命为社会主义在殖民地半殖民地国家的传播开辟了道路。斯大林在《十月革命与中间阶层问题》一文中指出：“十月革命的领袖列宁同志的名字，现在成了殖民地国家和主权不完整的国家里受压抑受摧残的农民和革命知识分子口中最爱戴的名字，这也不偶然的。如果说以前，在极辽阔的罗马帝国内，基督教被认为是受压迫受摧残的奴隶的救星，那么现在的情形是：在帝国主义的极其广大的殖民地国家中，社会主义可以成为（而且已经开始成为！）千百万群众解放的旗帜。”毛泽东在《论人民民主专政》中总结道：“十月革命一声炮响，给我们送来了马克思列宁主义。十月革命帮助了全世界的也帮助了中国的先进分子，用无产阶级的宇宙观作为观察国家命运的工具，重新考虑自己的问题。走俄国人的路——这就是结论。”

其次是五四运动。五四运动是一次反对帝国主义和封建主义的爱国民主运动，是一次伟大的思想解放运动，促进了马克思主义在中国的传播。毛泽东在《新民主主义论》中说：“五四运动是在当时世界革命号召之下，是在俄国革命号召之下，是在列宁号召之下发生的。”

五四运动对中国人的认识产生颠覆性影响的因素之一：从传播西方资本主义思想转向传播马克思主义，新文化运动阵营开始分裂。五四运动之前的新文化运动高举民主和科学的大旗，为五四运动做了思想上的准备。五四运动崇尚的是西方资本主义价值观，希望以理性和反封建的文化变革拯救中国。但是，封建王朝覆灭后的封建复辟和帝国主义列强无视中国利益的惨痛教训，让中国革命志士认识到，只有进行彻底的社会革命，改变现有的经济基础，才能彻底解决中国问题，也就是说，只有按照马克思主义的基本原理改造中国才是根本出路。于是，以五四运动为分界线，新文化运动中的干将开始出现分化，以陈独秀、李大钊、鲁迅为代表的先进知识分子，毅然抛弃旧的世界观，开始信仰马克思主义的唯物史观，从而促进了马克思主义思想的传播。

五四运动对中国人的认识产生颠覆性影响的因素之二：工人阶级与知识分子一起登上运动舞台，马克思主义知识分子找到了自己阶级的力量。五四运动之前的资产阶级民主革命，并没有看到广大劳动群众的力量，也不敢发动工人、农民。五四运动以学生运动开始，以工人阶级和各界群众参与革命斗争胜利收场，极大地鼓舞了革命群众，促进了中国人民的觉醒，也让革命者看到了自己阶级的力量。先进的志士进一步认识到，必须按照俄国十月革命的道路，依靠工人阶级和劳动人民，与帝国主义和封建势力进行坚决的斗争。因此，五四运动后，马克思主义不仅在中国广泛传播，而且与中国无产阶级相结合，与工人运动相结合，为中国共产党的成立奠定了思想基础和群众基础。

经历了五四运动，中国先进分子开始认识到，只有以马克思主义为指导，依靠工人阶级和劳动人民，坚决反对封建主义和帝国主义反动派，才是救国之道。

2. 重要学术史：思想交锋对确立马克思主义信仰的影响

马克思主义作为多种思潮之一进入中国，也必然处在多种思潮的激烈交锋之中，经历过真理越辩越明的阶段。

新文化运动期间，大量西方思潮进入中国知识界，其中影响较大的是进化论、实验主义、自由主义等资产阶级民主主义思潮。五四运动期间，又有大量的西方社会主义思潮进入中国，包括基尔特社会主义、无政府主义、新村主义、泛劳动主义等都为社会主义。在此情形下，人们受到这样那样思想的影响也就不足为怪了，主义之争也很容易爆发。马克思主义被反动势力攻击和污蔑为“过激主义”“洪水猛兽”“异端学说”。将问题与主义对立的言论也甚嚣尘上，也有人醉心于超阶级的纯学术，将学理与主义对立起来。

早期马克思主义知识分子与多个非马克思主义流派进行了思想论战，其中包括与资产阶级知识分子、封建知识分子、无政府主义者的思想论战，还用科学社会主义理论对自由主义、实用主义、基尔特社会主义、无政府主义等加以反击和批判。应该说，当时各种非马克思主义思潮及其主张具有很大的迷惑性，对于还不十分成熟、不具有斗争经验的马克思主义知识分子来说是很大的挑战。比如，胡适不仅以“多研究些问题，少谈些主义”反对对中国社会进行根本改造，而且邀请美国实用主义代表人物杜威来中国讲学。扩大其影响。张东荪也邀请基尔特社会主义倡导者罗素来中国讲学，无政府主义者摆出最革命的样子，叫嚣个人万能、绝对自由、最彻底的革命等，打着“社会主义”旗号反对马克思主义和科学社会主义，反对阶级斗争和无产阶级革命运动。

这个阶段的思想交锋和论战，一方面澄清了人们对马克思主义的模糊认识，坚定了马克思主义者的理想信念，大大加强了马克思主义的影响力，另一方面教育人们科学对待理论，理论必须联系中国实际，实际工作必须有科学的理论指导，为推动马克思主义中国化的进程打下初步基础。

下面是早期马克思主义者的基本文献及观点（尤其已经产生了马克思主义一般原理要与民族国家具体实际相结合的基本观点）例证参考。

李大钊在 1919 年发表的《我的马克思主义观》一文中肯定了马克思主义唯物史观“为世界改造原动的学说”。积极参与问题与主义之辩，同年 8 月，发表《再论问题与主义》，文中指出：“我觉得‘问题’与‘主义’，有不能十分分离的关系。”“要想使一个社会问题，成了社会上多数人共同的问题，应该使这社会上可以共同解决这个那个社会问题的多数人，先有一个共同趋向的理想、主义，作他们实验自己生活上满意不满意的尺度（即是一种工具）。”“我们的社会运动，一方面固然要研究实际的问题，一方面也要宣传理想的主义。这是交相为用的，这是并行不悖的。”“一个社会主义者，为使他的主义在世界上发生一些影响，必须要研究怎么可以把他的理想尽量应用于环绕着他的实境。”

陈独秀于 1919 年在《敬告广州青年》一文中提出：“我希望诸君切切实实研究社会实际问题的解决方法，勿藏在空空的什么主义什么理想里面。”

张太雷于1921年在《关于殖民地问题致共产国际“三大”的提纲（草案）》中提出，要“把国际无产阶级政党的纲领和方法正确地运用于各国具体特点的基础之上”。

恽代英于1921年在《列宁与新经济政策》中提出：“解决中国的问题，自然要根据中国的情形，以决定中国的办法。”恽代英主编团中央机关刊物《中国青年》（1923年10月创刊），经常撰文论述马克思主义基本原理和中国革命的理论与实际问题，联系中国革命的实际，抨击当时各种非马克思主义思潮。

李达于1921年在《马克思派社会主义》中提出：“中国社会革命究竟采用何种范畴的社会主义，大概也是要按照国情和国民性决定的。”

毛泽东在新民学会编订了《新民学会会员通信集》，其中的文章非常强调马克思主义理论的重要性：“主义譬如一面旗子，旗子立起了，大家才有所指望，才知所趋赴”（第2集），“社会主义真为改造世界对症之方，中国也不能外此”（第3集）。1921年1月21日他给在法国的蔡和森的回信中提出：“唯物史观是吾党哲学的根据，这是事实，不像唯理观之不能证实而容易被人摇动。”

当然，马克思主义与非马克思主义的交锋和论战在之后仍在持续爆发。20世纪30年代围绕中国社会性质和道路抉择的大论战，进一步为马克思主义中国化的成熟发展奠定了理论基础。随着中国共产党领导、依靠工农联盟并联合各革命阶级的新民主主义革命的进程，马克思主义的传播不断深入。马克思主义不仅进入中国共产党人的头脑中，成为革命的指导思想，而且得以在革命实践中结出重要的理论成果——毛泽东思想。毛泽东思想是马克思主义中国化的第一次理论飞跃，是中国化的马克思主义。从此之后，马列主义、毛泽东思想共同作为马克思主义指导思想，不断进入中国人的思想。

（三）马克思主义大众化的要点分析

1. 马克思主义成为中国指导思想的理论基础

中国共产党领导的新民主主义革命的胜利和中华人民共和国的成立，是马克思主义在中国的胜利，同时推动了马克思主义与中国的结合进入一个更加全面、更加深入的新阶段。

第一，马克思主义在中国大地得以传播的条件发生了巨大变化，马克思主义开始具有被中国人普遍认同和接受的有利条件。在革命战争年代，中国共产党并非全国的执政党，只是在自己的根据地或所到之处发挥影响力，马克思主义与其他思潮共处的环境并不十分有利。马克思主义在艰苦斗争的条件下，在经历了在人们头脑中、在社会上越辩越明的曲折以及被中国共产党不断胜利的实践反复证明后，才得以不断扩大影响并逐渐深入人心。新民主主义革命胜利和中华人民共和国成立本身就是更有力的现实证明，中国人民为这一胜利欢欣鼓舞，代表了他们马克思主义的认可，尽管许多人还没有真正学过、没有真正弄懂马克思主义。也就是说，马克思主义所处的历史环境、社会环境、政治环境都已经发生了巨大变化，已经明显处于十分有利的条件之下。

第二，马克思中义是中国共产党的指导思想，也是中国建设指导思想的理论基础。马克思主义创始人马克思和恩格斯指出："统治阶级的思想在每一时代都是占统治地位的思想。"这就是说，一个阶级是社会上占统治地位的物质力量，也是社会上占统治地位的精神力量。中华人民共和国成立之后，随着全国解放范围的不断扩大，党的组织分布到每一个城镇和县区、每一个重要的企业，并且分布到各个民族。中国共产党执政的政策和策略让每个人对马克思主义有了更深刻的认识。正如毛泽东所说："领导我们事业的核心力量是中国共产党，指导我们思想的理论基础是马克思列宁主义。"

2. 马列主义及其中国化理论成果的教育普及

第一，学习、宣传、普及马克思主义顺理成章。中华人民共和国是人民当家做主的新型国家，她是马克思主义胜利的象征，所依据的也是马克思主义。中华人民共和国的成立，必然会使广大人民群众必产生学习马克思主义的积极愿望。马列主义及其中国化的伟大理论成果毛泽东思想，已经成为执政党和国家的指导思想和理论基础，只有让全国人民普遍理解和掌握，才能在建设实践中加以运用。在此情况下，全党、全国掀起学习马克思主义理论的高潮就是顺理成章的事情了。

第二，全国努力推进马克思主义大众化。中华人民共和国成立前，毛泽东非常注重马克思主义基本原理的大众化宣传教育，《矛盾论》《实践论》就是毛泽东根据中国的知识语言，从中国人的话语体系出发对马克思主义哲学的大众化诠释，当时在提高党干部的马克思主义素养方面发挥了巨大作用并产生了深远的影响。中华人民共和国成立后，毛泽东非常关心马克思主义理论的大众化普及工作，亲自帮助选编教材，动员理论家编写马克思主义理论教育的通俗读物。比如，1951年3月17日致函李达说："关于辩证唯物论的通俗宣传，过去做得太少，而这是广大工作干部和青年学生的迫切需要，希望你多多写些文章。"1954年12月28日又致信李达："建议对一些哲学的基本概念，利用适当的场合，加以说明，使一般干部能够看懂。要利用这个机会，使成百万的不懂哲学的党内外干部懂得一点马克思主义的哲学。""在批判实用主义时，对实用主义所说的实用和效果，和我们所说的大体同样的名词，还需加以比较说明，因为一般人对这些还是混淆不清的。”毛泽东还推荐艾思奇的《大众哲学》、冯契的《怎样认识世界》等适合大众和青年人阅读的书籍。

第三，教育普及的形式和渠道多种多样。党校是党培养教育干部的专门机构，也是马克思主义学习教育的重要场所。中华人民共和国成立前，中国共产党十分重视党校教育，中华人民共和国成立后在全国范围内建立了各级党校，党校轮训成为马克思主义教育普及的重要途径。全日制大、中、小学也是贯彻思想教育的主渠道，马克思主义自然成为学生思想政治教育的核心内容。学习运动是中华人民共和国成立初期马克思主义教育普及的重要形式。马克思主义理论学习运动也得到各民主党派的广泛响应，各民主党派负责人提出建议，对民主党派成员提出学习马克思主义理论、提高觉悟、改造观念等类似要求。这种学习往往也结合着党和国家大政方针的学习，比如 1953 年在全国出现了大规模学习、宣传、贯彻中共中央制定的《党在过渡时期的总路线》的热潮。当然，学习运动也与政治斗争、与个人崇拜发生过联系。

第四，出版发行大量马列主义、毛泽东思想著作读物，推动了马克思主义的大普及。中华人民共和国成立前，马克思主义经典著作被国民党反动派视为“洪水猛兽”，在解放区之外被禁止出版，严重影响了马克思主义的传播。中华人民共和国成立后，为了满足马克思主义学习教育实际需要，整理出版马克思主义经典著作和宣传介绍读本的工作被提上议事日程。1949—1956 年，主要整理重印了一批马列主义经典著作的单行本，如《资本论》《反杜林论》《自然辩证法》《哲学笔记》等。1956 年开始陆续出版发行《马克思恩格斯全集》（到 1974 年共出版了 39 卷）。1955 年开始出版发行《列宁全集》（到 1963 年出齐了 39 卷）。1960 年出版《列宁选集》，共 4 卷（1972 年再版）。1953 年开始出版《斯大林全集》（到 1956 年共出版 13 卷）。1951 年开始出版《毛泽东选集》（到 1953 年共出版 1—3 卷，1960 年出版第 4 卷）。

马克思主义的广泛普及，反映了中国人民对中国共产党的信服，对社会主义优越性的信服，对马列主义及其中国化理论成果的信服。

第二节　马克思主义与中国人思想观念和思维方式的变革

马克思主义进入中国，进入人们的思想，在思想领域必然发生相应的化学变化。事实表明，这是一种翻天覆地的变化，最终引发中国人在思想观念和思维方式上的巨大变革，起初发生在少数人身上，然后发生在越来越多的中国人身上，最后发生在绝大多数中国人身上。这种变革同时促进了马克思主义的中国化和中国思想的马克思主义化。

一、重要学术史分析：近代中国人的思想和思维方式变革的重要节点

（一）前提认知：旧传统观念和思维体系存在的问题

简要得说，旧传统观念和思维体系至少存在以下几方面问题。

第一，天命论思维。人们熟知的说法："天不变，道亦不变"。这造成一种抗争无益和悲观主义的心态。王朝虽然不断地改朝换代，但其形态依然是循环交替，这更加印证了天命论逻辑。

第二，忠君思想。天命观是帝王权力合法化的思想基础，唯有皇帝与天保持直接关系，依天命统治地上民众，皇帝也被称作天子。古代文化讲究忠孝仁义，忠字排头，以忠君为先，帝王不仅拥有王权，而且拥有人心，可以主宰一切，正如人们熟知的说法："普天之下，莫非王土，率土之滨，莫非王臣"。国家是帝王的国家，人民是帝王的臣民。虽然偶有强调"民可载舟，亦可覆舟"的民本观，但这里的民就像滋生粮食的土壤，只是被动的、可被利用之物，并非像帝王一样高高在上。

第三，等级观念。等级观念是由长期的等级秩序塑造起来的。封建礼教奉行三从四德、三纲五常、男尊女卑，迫使人们各就各位、各遵各德、各认各命，抗争既是成本巨大和徒劳的，也是违背常理的。

第四，英雄史观。人们熟知的说法："劳心者治人，劳力者治于人""学而优则仕"。似乎历史总是由少数人、个别人所创造，统治者一方面打造社会普遍倡导的英雄主义和官本位，一方面搞愚民政策。在此观念的统治下，创造财富的劳动人民自认命贱，普遍养成了奴性心理。

第五，唯圣、唯经。这其实是一种思想禁锢。崇拜过往圣人，遵循圣典，不能离经叛道。人们熟知的说法："循规蹈矩"。人们知道最重要的是遵循已有的许许多多的规矩，而不是创新和越轨。这就是历史上经常发生复古、仿古和拒斥变革的思想因素。

第六，鄙视夷狄。人们熟知的说法："华夷之辨""叩头"等。中国被认为是世界的中心，统治者长期夜郎自大，有天下观，没有主权平等概念，也没有外交、对外贸易、国际法等概念。

第七，重文治、德化、消极抵抗的和平主义。总是从道德上查找问题原因，

并加以解释。人们熟知的说法:“以理服人”“礼遇天下”。中国自汉朝以后重文治、轻武功，强调教化、守信，而不是武力征服，武只是辅助手段。所以，在遇到外敌侵扰时，采取更多的是“先礼后兵”“闭关”等措施。

列举上述方面，是为了对照在接下来的历次冲击中，每次分别在哪些方面发生变革以及变革的先后顺序。

（二）历史与学术史：三次冲击和变革尝试

第一，晚清帝制的衰落和西方列强的外部攻击，对旧中国传统观念形态产生了冲击，于是发生了中国人“睁眼看世界”的一幕幕变化。中国人开始走出国门，被动了解、适应西洋规则，认识帝国之外的崭新世界。这是第一次冲击。

19 世纪 40 年代，清王朝仍怀着“闭关”心态，之后便开始遵守洋人的条约，重视洋人的国际法则，可谓抱着“守信”心态。最为重要的变化是逐步放弃了中国中心主义，国人知道了中国不是世界中心，世界也不是天圆地方。以前的“夷务”改成了“洋务”，当然最后变成“外交事务”。尽管如此，旧王朝的精英们效忠的依然是旧的王权，“忠心”的是旧王朝，依然陶醉于旧传统思想，对“外夷”思想不屑一顾，他们提出的应对危机之策不过是“师夷长技以制夷”“托古改制”，对外依然坚守“相仁之道”“天下一家”等观念，希冀以旧的“仁道”战胜西方列强的霸道。期间以太平天国为旗帜的农民运动，要摧毁的是旧王朝，要建立的依然是“天朝上国”，虽然强调民族尊严和国家地位平等，但依然坚守“万方来朝”“四夷宾服”观念，依然将外部势力看作可以鄙视的夷狄。当然，在晚清遭遇一次次不幸之后，一些开放派人物像郑观应、王韬、郭嵩寿等开始有抛弃华夷之辨等零星的“西化”观点。总之，日益衰落的清王朝依然持有的保守心态，必然导致其最后的灭亡，但随着它的灭亡，中国人的传统思想观念与整个中华文化一样陷入一场严重危机中。

第二，中国民族资产阶级领导的旧民主主义革命，推翻了清王朝，同时引进了大量西方思潮，对悲观失落的中国人和日渐衰落的中国文化产生了巨大冲击，这是第二次大的冲击。它使中国人的心态从过去看不起洋人转变为崇洋媚外。

中国资产阶级民主革命以从西方学来的民族主义为旗帜。清朝灭亡后，西方文化大肆拥入中国，西方教会学校和传教士数量剧增，虽然出现了捍卫国学的“国粹派”和以孔教为国教的“新保守派”，但难以抵挡声音更大的“新文化派”。新文化派高高举起西方的科学与民主大旗，发起了一场对中国社会思想启蒙的新文化运动。在此运动中，西方的各种思潮包括功利主义、实用主义、自由主义、个人主义、社会主义、无政府主义、达尔文主义、唯物主义等都找到了自己的舞台，有些国人甚至滋生出全盘西化和崇洋媚外的洋奴心态。

在孙中山这位民主革命先行者的思想中，他的民族主义观已经包含“用民族精神救国”“使整个民族得自由独立于世界”“共同用公理打破强权”等方面。

在经历失败后，孙中山将目光转向俄国十月革命胜利背后的苏俄经验上，受社会主义和列宁思想的影响，进一步提出了反对帝国主义、以俄为师、依靠人民、联合世界被压迫民族、经济赶超、开放主义等一系列先进思想，为第一次国共合作奠定了思想基础。可惜他的思想因他的早逝没能贯彻下去，他的超阶级的“王道”“霸道”“公理”概念依然是抽象的和平主义空想，具有浓厚的旧传统文化色彩。正如他在《三民主义·民族主义》第六讲中所写：“用固有的道德和平做基础，去统一世界，成一个大同之治，这便是我们四万万人的大责任……都应该担负这个责任，便是我们民族的真精神！”他虽然提及四万万全中国人，但事实上依然在精英圈里动员，难以触及广大人民群众的神经。有限的革命只能获得有限的力量支持，难以达到革命胜利的目的。

另外，在这一时期，一些西方的恶劣思潮开始侵染中国社会，比如散布民族对立、压制民主自由、崇尚国家至上、策动战争和种族屠杀的国家主义、法西斯主义、战国策论、极端民族主义、无政府主义等，它们加重了中国思想界的混乱。而当时的知识界人士认为，改造社会必定运用他们的知识，科学事业会使他们获得有影响的地位，因而往往渴望受到广泛的教育。他们把无产阶级看作无知的、贫穷而软弱的阶级，可以利用他们达到自己的目的。知识分子认为自己非常重要，而无产阶级则微不足道，他们的这种倾向极为明显，最终成为工人革命运动的极大的障碍。

第三，旧民主主义革命以失败告终，俄国十月革命带来了新民主主义革命的曙光。中国无产阶级政党诞生，工农武装割据声势日益浩大，最后势不可挡。中国共产党领导的工农红军所到之处，红色文化沁入人心，对中国人的心灵冲击更加猛烈，影响面更大。这是第三次冲击，其所带来的思想观念和思维方式的变革更具根本性。马克思主义进入中国人的头脑，不仅横扫了中国几千年旧社会的旧思想、旧观念、旧思维，而且战胜了来自西方国家的落后思想观念。在与各种思潮的较量中，马克思主义澄清了许多以前令人困惑的大是大非问题，让中国共产党领导下的广大革命人民，认清了所处的时代环境、所处的社会性质，找到了自己解放自己的道路，为新民主主义革命道路的开辟和革命的胜利提供了正确的理论指导。

二、核心观点：马克思主义世界观和方法论的革命性影响

在来自军事、经济、政治、文化等领域的西方外部势力的强烈冲击之下，晚清的改良思想和辛亥革命后的民族资产阶级革命思想虽然反映了中国人的觉醒意识，但都有很大的局限性，无法让中国革命者看清中国方方面面危机的根源，即使已经明确了革命目标，也无法找到正确的革命道路、看不到革命的依靠力量，所以一再失败。用马克思主义武装起来的中国人，之所以能找到一条成功的革命道路，首先在于他们对思想观念和思维方式进行了彻底的革新，这种变革依靠的是马克思主义的世界观和方法论，主要体现在以下方面。

（一）从来就没有救世主，人民群众创造历史，劳动者创造财富

马克思主义进入中国人的思想后，中国广大革命群众彻底破除了“劳心者治人，劳力者治于人”的旧道理，知道了人民群众才是历史的创造者，劳动人民是社会财富的创造者，应该成为社会的真正主人，应该受到尊重。从此，劳动人民一改旧社会的奴隶心态和等级观念，产生了高昂的革命斗智和反抗精神，成为新民主主义革命的生力军。特别在经历中国资产阶级领导的旧民主革命失败之后，马列主义让人们进一步认识到，中国的民主革命仅靠知识精英或有产阶级是无力的。马列主义武装起来的中国共产党在革命斗争实践中在认识上逐渐成熟起来，工人阶级成为新民主主义革命的领导力量，农民阶级成为革命的主要依靠力量，工农武装割据再也不是封建时代的农民起义或农民战争。他们更新了观念，有了新思想、新追求、新作风、新纪律、新风貌，建立了中国共产党领导的新型人民军队，取得了新民主主义革命的胜利，建立了中华人民共和国，当家做了新社会的主人，并以主人翁的姿态积极投身于实现中华民族伟大复兴的社会主义现代化建设。

在知识系统上，马克思主义中国化促进了历史观的革新和马克思主义史学的产生和发展。李大钊用马克思主义唯物史观分析中国历史并用于改造中国旧史学，于1924年出版《史学要论》。该书是最早的用马克思主义观点写出的史学论著。20世纪30年代，一场关于中国社会性质和中国社会史的大论战爆发了，正是这次论战促进了马克思主义史学观和马克思主义新史学的发展，涌现出郭沫若、翦伯赞、吕振羽、何干之等一批杰出的马克思主义史学家。1930年出版的郭沫若专著《中国古代社会研究》，标志着马克思主义史学开始形成。20世纪40年代，在中国共产党领导建立的抗日根据地上，马克思主义史学家和他们撰写的书籍明显增多，一些著名学者出版了一批中国通史和中国思想史著作，比如吕振羽著《简

明中国通史》，范文澜著《中国通史简编》《中国近代史》《中国经学史的演变》，翦伯赞著《中国史纲》，侯外庐著《中国古代思想学说史》《中国古代社会史论》《中国近代思想学说史》，侯外庐等人合著《中国思想通史》(第一卷)，何干之著《近代中国启蒙运动史》《中国现代革命史》，胡绳著《帝国主义与中国政治》，邓初民著《中国社会史教程》，等等。可以说，马克思主义史学是当时中国最早最有成就的社会科学，这是马克思主义推动中国思想界革命的成果，新史学又进一步促进了马克思主义中国化的深入发展，推动了中国人的观念变革。

（二）经济基础决定上层建筑，上层变革或文化教育改造无法解决根本问题

中国先进分子在接受马克思主义思想以前，对中国危机根源的认识并不清楚，先是觉得武力不如人，后又认识到朝廷昏庸腐败，再后来从文化上找原因，认为必须进行文化改造，改造国民性，有人主张教育救国。新文化运动的旗手和倡导者李大钊、陈独秀、鲁迅以及青年时期的毛泽东，都曾寄望于文化改造和国民教育。

马克思主义辩证唯物主义和历史唯物主义是中国共产党认识世界和改造世界的世界观和方法论，教给人们分析问题、解决问题的正确方法，不仅更新了人们的思想，而且变革了人们的思维方式。辩证唯物主义和唯物辩证法的哲学原理告诉人们，物质是第一性的，精神是第二性的，在人类社会领域，从根本上说，社会存在决定社会意识，经济基础决定上层建筑，同时后者对前者具有反作用，这种反作用有时是巨大的。这就要求人们在看待问题时，不能仅仅停留于意识领域，要到现实生活中探究问题。文化领域的问题有着深刻的社会根源，政治领域的问题有深刻的社会生产方式的根源，有社会生产力发展水平的内在规率。社会革命的目的就是通过变革现存的生产方式，解放和发展生产力，充分发挥人民群众的创造力，从而创造极大的物质财富和精神财富，为实现人的自由、全面发展创造条件。在此哲学原理的引导下，中国的马克思主义先进分子开始看清政治危机、文化危机背后深层的生产方式根源，认清了中国社会的性质和革命的任务，有了新的目标追求和切实可行的实现途径，坚定了一往无前的革命决心，在经历种种困难和曲折之后，成功开辟了新民主主义革命的胜利道路。

中国马克思主义者运用唯物史观分析中国社会性质和求解革命道路。但是，这不是一件容易的事情，经历了非常曲折的过程，包括中国共产党重要创始人陈独秀在内的不少人犯了严重错误，马克思主义者与反马克思主义者有过激烈的思想交锋和理论论战，特别在 20 世纪 30 年代关于中国社会性质的大争论中这种斗

争异常尖锐。国民党对第一次国共合作的恶意破坏和第一次大革命的失败，迫使人们对中国革命的基本问题进行反思，不仅要对中国革命的性质、对象、任务、道路、方式重新加以界定，而且要对中国社会的性质进行再确定。如何确定，依据什么确定以及马列主义是否适合中国的国情，不同的人、不同的阶级派别从自身利益出发纷纷提出各自的观点和论证，从而在思想战线上爆发了一场与武装斗争同时进行的大论战。参加论战的马克思主义者有史学家、哲学家、社会学家等，他们联系中国历史和现实的实际状况，从各种角度论证唯物史观的合理性。郭沫若从甲骨文、金文的大量研究中发掘第一手资料，撰写了《中国古代社会研究》一书，吕振羽撰写了《史前期中国社会研究》《殷周时代的中国社会》《中国政治思想史》等著作，刘梦飞撰写了《中国农村经济的现阶段——任曙、严灵峰先生的理论批判》文章，等等。论战使革命人民进一步擦亮了眼睛，进一步明确了中国社会半殖民地半封建的性质，进一步认定了马列主义对中国的指导意义，认识到各种反马克思主义思想的实质以及党内“左”倾和“右”倾路线的危害性，是走上新民主主义革命的重要思想资源。

与此同时，以毛泽东为代表的党的领袖人物，在领导革命的实践中，不畏挫折，深入社会基层，一边做大量的社会调查，一边积极发动群众，从中国的实际出发，活学活用马列主义基本原理，提出了关于中国革命性质、革命对象、革命动力、革命力量、革命道路的一系列科学的完整理论。毛泽东先后撰写了《中国的红色政权为什么能够存在？》《井冈山的斗争》《星星之火，可以燎原》《毛泽东农村调查文集》《中国革命战争的战略问题》《〈共产党人〉发刊词》《中国革命和中国共产党》《新民主主义论》等重要著作。这些著作形成了符合中国实际的新民主主义理论的完整体系，也形成了马列主义与中国革命具体实际相结合的必然产物即毛泽东思想的科学理论。1938年8月，艾思奇、吴黎平合著《唯物史观》一书，该书成为陕北革命根据地延安联系实际学习马克思主义运动的重要教材。

中华人民共和国成立后既面临改造旧思想、旧文化的紧迫形势，也肩负着解放和发展生产力，大力发展经济以摆脱贫穷落后的历史使命。处理好这两大任务之间的辩证关系，不是件轻而易举的事情。人们急于发展生产，甚至搞过“大跃进”，为了解放生产力采取过激进的生产关系变革。人们也急于清除落后思想，开展过“三反”“五反”运动并取得了明显成效，坚持过“以阶级斗争为纲”的极“左”路线。邓小平后来用物质文明和精神文明两大概念说明上述问题。1983年4月29日，邓小平在会见印度共产党（马克思主义）中央代表团时，论述了物质文明和精神文明问题：“在社会主义国家，一个真正的马克思主义政党在执政以后，一定要致力于发展生产力，并在这个基础上逐步提高人民的生活水平。这就是建设物质文明。过去很长一段时间，我们忽视了发展生产力，所以现在我们要特别注意建设物质文明。与此同时，还要建设社会主义的精神文明，最根本的是要使广大人民有共产主义的理想，有道德，有文化，守纪律。国际主义、爱国主义都属于精神文明的范畴。”在中国改革开放之后，生产力得到快速发展，物质文明的成就举世瞩目，但精神文明有成绩也有教训。如何促成两者协调发展，仍然是个富有挑战性的迫切任务。

总之，关于唯物史观对中国人的认识产生的巨大影响和在实践中对中国社会文化带来的深远变革以及如何才能更科学地理解唯物史观和更好地贯彻于实践，还需要进行深入细致的研究梳理。

（三）实事求是，具体问题具体分析，反对教条主义和经验主义

“一切从实际出发，理论联系实际”，这句话源于马克思主义的方法论，依据的是辩证唯物主义和唯物辩证法原理，在毛泽东的《矛盾论》《实践论》中被转化为中国人的话语，变成通俗易懂又非常实用的道理。通过人们熟知的、最基本的几对关系：共性与个性的关系、矛盾的普遍性与特殊性的关系、认识与实践的关系、内因与外因的关系，得出最基本的结论：坚持“实事求是”的思想路线，遵循“实践是检验真理的唯一标准”的认识和行动准则。

这种当今人们熟知的看似浅显的大道理的得来并不顺畅，首先过去的帝王统治靠的是愚民政策，中国人在长期形成的思维定式，一方面遵古训、奉道统、讲名分、守规矩，另一方面靠经验、重模仿、怕冒险，一切听天由命，在此基础上稳定的社会生活结构形成，即使不断改朝换代，这些也基本不变，也就是“天不变，道亦不变”。近代外来势力入侵打击了清王朝，资产阶级革命推翻了清王朝，外部思潮进入中国人的头脑，中国的“天”发生了巨变，小国的“道统”也发生了裂变，经历新旧交替的中国人开始有意无意地进行着选择。其中接受马克思主义的中国共产党人，在自己的革命历程中经受了由不成熟到成熟的煎熬。即使党的领袖人物也有人犯过惟仁惟书的教条主义错误，有人犯过经验主义错误，给革命事业造成重大损失，给人们的思想造成很大的危害或不良影响。正是在一次次挫折和失败之后，在不断总结经验、吸取教训的过程中，中国共产党得出了被实践反复检验的真理，即马克思主义普遍原理必须与中国革命的实际情况密切结合起来。抛开了马克思主义理论指引就会变得愚昧无知、鼠目寸光，就会犯经验主义的错误。撇开具体实际照本宣科就容易流于空谈，就要犯教条主义错误，贻误战机，导致失败，误国误民。毛泽东思想之所以正确，就在于它是马列主义与中国实际相结合的智慧结晶，是理论联系实际的实践典范，能够指导中国革命取得

一个接一个的胜利。正是在经历曲折之后获得一个接一个的胜利，人们开始认同并熟练掌握马克思主义中国化的一系列道理，开始对一切从实际出发、理论联系实际、具体问题具体分析等道理的深刻性有了高度认识。实际上，在中国改革开放新的历史时期，人们坚持的还是这些道理，只要坚持做到就一定能够取得成功，背离这些道理就要失败。过去、现在是这样，将来还会是这样。

在中国革命和建设的不同时期，马克思主义理论工作者对挫折、失败进行了教训总结和理论反思，并发表见解，积累了很多宝贵的文献资料。最为突出的文献资料贡献主要发生在以下几个大的时期。第一次大革命失败后，针对党内“左”倾错误，特别是照抄照搬马列书本上的条条和共产国际指示，不联系中国实际情况的教条主义、主观主义导致中国革命失败和严重挫折的情况，毛泽东在1930年5月专门撰写了《反对本本主义》一文，提出“没有调查‘就没有发言权”，“离开实际调查就要产生唯心的阶级估量和唯心的工作指导，那么，它的结果不是机会主义，便是盲动主义”，主张把马列主义普遍原理与中国革命具体实践结合起来。毛泽东深入社会底层，带头做了大量的社会调查。受他的影响，社会调查成为中国共产党把马列主义与中国革命具体实际相结合的基本环节。1936年在陕北延安革命根据地，毛泽东非常重视理论联系实际工作。为了从思想上进一步消除党内存在的主观主义，毛泽东写了《中国革命战争的战略问题》，1937年写了《辩证唯物论提纲》，并亲自讲授基本道理，后来出版了《矛盾论》《实践论》。1938年，毛泽东联系中国抗日战争的具体形势发表了《论持久战》。在中国共产党第六届中央委员会第六次全体会议上，毛泽东要求全党学习研究马克思、列宁主义，研究中国的历史和现状，学会把马列主义理论应用于中国具体的实际环境中。1942年6月，毛泽东又为党中央写了《关于领导方法的若干问题》。1945年，中国共产党章程明确规定了以马列主义理论与中国革命实践之统一的思想——毛泽东思想为一切工作的指针。正如1983年邓小平所总结的：“中国革命为什么能取得胜利？就是以毛泽东同志为首的中国共产党人，独立思考，把马列主义的普遍原理同中国的具体情况相结合，找到了适合中国情况的革命道路、形式和方法。十月革命的胜利也是列宁把马克思主义的原理同俄国革命的实践相结合的结果。所以，一个国家的革命要取得胜利，最根本的一条经验就是，各国共产党应该根据自己国家的情况，找出自己的革命道路。”

新中国成立后，中国学习苏联的经验，取得了成绩，也受了一些挫折和教训。1955年，中国领导人开始注重探索自己的道路。从中国实际出发，1956年毛泽东在调查研究的基础上写了著名的《论十大关系》；1957年又做了《关于正确处理人民内部矛盾的问题》的讲话。

1978年，党的十一届三中全会召开，指出实践是检验真理的唯一标准，使全党重新回到实事求是的思想路线上来。邓小平着重强调从中国的国情出发，重新确定我国现在仍处在社会主义初级阶段，重新确立把马克思主义普遍真理与中国实际相结合的毛泽东思想的指导地位。这个时期，理论界掀起了学习和研究“解放思想、实事求是”思想路线的高潮，并联系实际创作了许多学术著作，为改革开放的顺利进行提供了理论支持。

最后一个时期就是当前时期。改革开放40年，我们引进了大量的西方国家的知识、经验和模式。在国际化、商品化、信息化带来思想观念巨大变化的同时，难免出现两种不良倾向：一是照抄照搬西方，一是忽视学习马克思主义经典理论。于是，党中央针对这两种倾向提出要注意反对两个教条主义倾向，既要反对固守马克思主义经典作家著作中个别结论的倾向，又要反对拿西方理论观点来套用中国的倾向。过去反对照搬苏联模式，现在也反对照搬西方模式。

中共十八大报告进一步明确指出：不走封闭僵化的老路，也不走改旗易帜的邪路。以习近平同志为核心的新一届党中央非常注重深入实际、调查研究，在全党开展群众路线学习实践活动。中央政治局进行历史唯物主义专题的集体学习，强调中国特色社会主义是社会主义，而不是其他主义。高举马克思主义伟大旗帜，高举改革开放的伟大旗帜，带领全国各族人民，在实现中华民族伟大复兴中国梦的道路上迈出坚实的步伐。

第三节　马克思主义中国化实践分析的重要例证

一、认识和解决中国革命问题

（一）阶级自觉与工人运动的组织领导

1. 脑力劳动的无产阶级的阶级自觉与中国共产党的成立

受俄国革命和中国五四运动影响，接受马克思主义的中国知识分子在完成自身世界观转变之后，特别是与无政府主义分子划清界限之后，按照马克思主义的要求，迅速找到了自己的阶级队伍，即工人群众。积极深入到他们中去，传播马克思主义，培养工人先进分子，将他们组织起来（建立工会），推进马克思主义与工人运动的密切结合，为真正用马克思主义武装起来的中国无产阶级政党即中国共产党的建立创造条件。这些成为马克思主义者的知识分子首先实现了自身的身份和角色的蜕变，即他们已经成为工人阶级的知识分子，是属于无产阶级的队伍，即恩格斯所说的“脑力劳动无产阶级”。在中国，他们先于“体力劳动的工人兄弟”觉醒和成熟，并于1921年上半年在上海正式宣告成立中国共产党。

2. 组织领导工人运动的曲折历程和历史局限

作为马克思主义武装起来的政党，中国共产党成立后自然要按照马克思主义的基本原理认识社会历史发展规律和工人阶级的历史使命。所面对的最直接问题是如何看待时局，如何作为，如何组织领导工人阶级，进而如何领导革命运动。认识上还显得稚嫩的中国共产党人，遵循了从照搬理论—照搬俄国—吸取教训—勇于探索—寻求出路的曲折历程。

（二）农民问题与农民运动的组织领导

中国共产党成立之后，党内并没有很快注意研究农民问题，也不大注重发动和领导农民运动。究其原因，一是主观认识还没有到位。因为按照马克思主义原理，共产党被理解为仅仅是工人阶级的政党，自然首先关注工人阶级。二是客观上，党成立后正值工人运动高潮，之后的国共合作又掀起了北伐战争等大革命高潮，新成立的共产党力量和精力有限，还无暇顾及或专注农民问题。另外，受共产国际和苏联共产党对中国革命和农民问题意见的影响，以及当时党的总书记陈独秀对农民和农村问题看法的局限，造成党内早期农民观念和农民运动政策的消极懈怠。随着国民党右派势力的不断发难和大革命的曲折进程，以毛泽东为代表的中国共产党人，及时从中国实际出发，通过深入农村调查研究，形成了关于中国农民阶级的正确观点，使党逐渐关注对中国农民运动的领导。

（三）中国社会性质论战与文化战线的斗争

1. 中国社会性质和中国革命性质论战的外部思想背景

1927年，斯大林、布哈林等多数派继承和发展了列宁关于民族和殖民地问题的学说，坚持认为中国是一个半殖民地半封建的社会，反对封建主义和反对帝国主义仍然是中国社会和中国革命的基本问题。表现为武装和非武装的地主阶级掌握着中国的政治经济权力，封建残余以及军阀官僚的上层建筑代替传统封建专制制度，成为中国国内压迫的主要形式；帝国主义对中国的控制不仅体现在军事上，还体现在支配和控制中国工业、财政、金融、交通等国民经济的命脉上。所以，中国革命只能是资产阶级民主革命。这种革命是“反封建残余的斗争和反帝国主义斗争的结合”。上述认识也是影响中共六大关于中国社会性质和中国革命性质判断的重要因素。

斯大林和共产国际在对中国问题的认识上也有不符合实际的判断，如把蒋介石背叛革命等同于整个民族资产阶级的叛变，主张反对资产阶级的城市革命和反对富农的农村革命。这些在中国共产党内的认识上和策略上都产生了误导，也是造成“左倾”盲动、冒进的原因之一。

在中国社会性质和革命性质的认识问题上，苏联共产党内部也出现分裂。以托洛茨基为首的少数人认为，中国大革命失败是斯大林和共产国际在中国推行错误路线的结果。进而认为既然中国农村已基本没有封建势力的存在，那么中国农村中的农民斗争就并非是反对封建残余，而是反对资产阶级。“托派”的观点从根本上误判了中国的实际国情，对中国共产党在认识上也产生了不良影响，造成了党内思想上的混乱和认识上的分裂，甚至为陈独秀等人否认在大革命中所犯的错误提供了理论借口。1928 年六七月间在莫斯科召开的中共六大，虽然再次确认了中国半殖民地半封建的社会性质，但是已被剥夺实际领导权的陈独秀等人在获悉托洛茨基关于中国革命的文件后又产生了思想共鸣，再次为其教条主义错误辩护，从而挑起了党内关于中国社会性质的论战。

关于中国社会性质和中国革命性质的认识分歧和立场对立，不仅引起中国共产党党内思想上的一场论战，而且在陈独秀被开除出党后，这场论战又继续扩展为思想理论界、学术界长达 10 年之久的更大范围的论战。

2. 中国共产党内的认识分歧与论战

中共六大在认真总结大革命失败经验教训的基础上，分析了当时中国社会的基本状况和革命形势，集中回答了当时困扰党内的关于中国社会性质和革命性质的两大根本问题：国家真正的统一并未完成，中国并没有从帝国主义的压迫下解放出来；地主阶级的私有土地制度并没有推翻，一切封建余孽并没有肃清；现在的政权是地主、军阀、买办、民族资产阶级的国家政权，这一反动联盟依靠着国际帝国主义之政治的经济的威力，中国仍然是半殖民地、半封建社会，因此现阶段中国革命的性质依然是资产阶级性质的民主主义革命，推翻帝国主义和完成土地革命是当前的两大任务。大会还批判了混淆民主革命和社会主义革命界限的“不断革命论”，指出中国当前的革命形势是处在两个高潮之间的低潮，同时指明了全国革命发展的不平衡性。

陈独秀等人继续坚持否认中国的半殖民地半封建社会性质，其思想进一步与托洛茨基主义相结合，形成了一套系统的被称为“托陈取消派”的政治纲领。“托派”的观点制造了党内思想的混乱。而且陈独秀同托洛茨基主义分子结合成立了反党组织，党中央不得不决定把陈独秀等人开除出党，之后陈独秀等人继续散布其托派观点。

面对“托陈取消派”对中共六大路线的公然发难和党内宗派活动，中共中央政治局于1929年10月15日做出了《关于反对党内机会主义与托洛茨基主义反对派的决议》。《决议》指出，在中国“反帝国主义与反封建势力的任务一点也没完成，帝国主义与封建势力的束缚一点也没有解除”，国民党实际上是“帝国主义支撑下的地主买办资产阶级的联盟”，其政权并非资产阶级性质的政权。《决议》重申了中共六大的主张，明确指出陈独秀等人错误的严重危害。

3. 关于中国社会性质论战的延伸和扩展

在中国共产党与“托陈取消派”就中国社会性质问题进行论战的同时，国民党当局和其他各种反马克思主义派别的代表人物也群起鼓噪，错误解读中国社会性质和中国革命性质，旨在从思想理论上消解共产党领导的反帝反封建的民主主义革命。陈独秀等人被开除出党后，陈独秀的“托陈取消派”与当时的新生命派、新月派等各种非马克思主义者一起，继续发起对马克思主义和中国共产党革命立场的攻击。中国共产党中央在取得反对托陈取消派政治斗争的胜利后，也迅速组织了许多社会科学工作者，发动“左联”“社联”等革命文化团体，通过《新思潮》等杂志对各种反马克思主义或假马克思主义观点进行了有力地批判，系统阐述了中国共产党的正确主张，进一步肃清了“托陈取消派”的思想影响，有力反击了国民党当局及反动文人的文化“围剿”，捍卫了中共六大关于中国社会性质问题的基本判断。

这场论战不但从政界扩展到思想理论界、学术界，而且在内容上从中国社会性质延伸至中国社会史、中国农村社会性质等三大领域。其中，要害问题包括：中国是资本主义社会还是半殖民地半封建社会，中国要不要进行资产阶级民主革命，中国历史上有没有奴隶社会，秦汉之后中国是封建社会还是其他社会，人类社会有无共同发展规律，马克思主义是否适合中国等。

中国社会史问题论战是中国社会性质论战的继续和纵向深入，各派围绕“亚细亚生产方式”问题、中国历史上是否存在奴隶制社会问题、鸦片战争以前中国社会性质问题等展开激烈讨论。这场论战所具有的学术深度及其体现的史学思想与方法，对深入认识基本国情产生了重要影响。弄清了中国社会的来龙去脉，提供了史学理论与方法支持，进一步坚定了近代中国半殖民地半封建社会性质的认识。

关于中国农村社会性质的论战，围绕农村生产力与生产关系、农村资本主义与封建主义等问题展开。通过论战，进一步揭示了中国半殖民地半封建的社会性质，抓住农村问题这一中国最大国情实际进行重点分析，为全党进一步把目光投向中国农村，将农村作为革命沃土，注重理论联系实际，深入农村调查研究，探寻土地革命和工农武装割据、农村包围城市的道路，具有重要的促进作用。

这场论战是关于中国社会和中国革命性质认识、关于中国社会史认识、关于中国农村社会性质认识的论战。这三大领域的认识论战反映到政治实践中，其实质问题就是站到革命的阵营还是站到反对革命的阵营的问题。

二、马克思主义中国化与新民主主义的文化革新

（一）新民主主义文化的历史进步性

马克思主义及其无产阶级文化观被中国的先进分子即中国共产党和工农群众所掌握，并与新民主主义革命的社会运动密切结合，发展成新民主主义的新文化。新民主主义文化顺应历史发展，反映时代要求，代表着当时先进文化的前进方向，具有历史进步性的优秀品质。

马克思主义理论从一开始就同中国封建文化因性质不同而产生冲突。根据目前理论界的研究，至少存在以下几方面的不一致：在历史观上，马克思主义的唯物史观与中国传统的“圣人史观”不一致；马克思主义充满辩证法的阶级斗争理论与中国传统哲学的中庸思想、调和论等不一致；马克思主义关于个人独立、自由、解放以及人民民主的政治思想与中国传统政治伦理中的忠君观念不一致；马克思主义关于尊重规律、尊重生产实践的科学精神与中国传统文化中的迷信思想和直觉主义不一致；马克思主义关于无产阶级代表先进生产力并通过暴力革命夺取政权的革命学说与中国历史上的农民暴动经验不一致；马克思主义关于社会大生产的理论与中国传统的小农经济思想和小商品意识不一致等等。这些不一致的本质恰恰在于马克思主义是代表人类发展方向的先进文化，它与农业文明基础上生成的封建文化之间的不合是历史的必然。

虽然在事关人类共同理想的文化观念上，马克思主义与中国传统的大同理想、马克思主义反剥削反压迫的主张与中国传统的“均贫富、等贵贱”等一些朴素思想要求在表面上有相似之处，但在本质上它们是建立在不同经济基础之上的完全

不同的社会政治理想。马克思主义与封建主义的本质差别，使马克思主义在中国先进分子中传播。马克思主义的文化价值体系融入中国社会要经历马克思主义者普遍的文化自觉并与广泛深入的社会动员相结合的实践过程，这是历史对马克思主义中国化的必然要求。因此，马克思主义要在中国无产阶级的革命历程中找到自己的接受者、传播者和社会实践者。

五四运动之所以伟大，不仅在于有了马克思主义在中国的传播，而且在于马克思主义被中国最先进工人阶级的先进代表所掌握，并开始与工人运动相结合，从而初步形成了先进阶级的文化自觉。五四运动因此成为中国文化迈向现代化征程的真正开端。中国马克思主义的先驱李大钊就是第一个自觉运用唯物史观分析和研究中国社会、认识马克思主义对中国现代化具有指导意义的第一人。他运用经济基础决定上层建筑这一马克思主义唯物史观的基本原理，对中国封建社会文化进行了深刻剖析，尖锐指出传统伦理的基础是中国的农业经济和宗法家族制度，儒家伦理之所以在中国居统治地位两千年之久，是因为适应中国两千年未曾变动的农业经济。他同时批判了新文化运动中的封建复古倾向，认为近代西方的工业经济必然冲击中国的农业经济，西方的人权平等和民主政治必然动摇中国的专制政治，由此必然从根本上动摇传统的伦理基础，代替封建统治阶级伦理体系的必然是工业文明基础上的劳动人民的新伦理文化，从而论证了文化变革以新道德代替旧伦理的历史必然性。继李大钊之后，瞿秋白、陈独秀、萧楚女、恽代英、李达等也较早开始自觉地运用马克思主义唯物史观研究文化问题，把马克思主义当作科学的方法论。

（二）多学科体系的更新：马克思主义中国化成为中国学术的构建原理

马克思主义中国化直接言说的是中国文化的现代学术构建，或者可以说中国文化的现代学术构建是马克思主义中国化的基本内涵。

中国的马克思主义者从开始就吸收和传播马克思主义哲学、经济学、史学、文学、政治学（法学）、社会学等基本原理，将观念革新与各个具体学科的革新密切结合起来，促进了观念系统、知识系统的马克思主义化，有力推进了马克思主义中国化的进程。马克思主义在中国共产党人的文化思想中的成熟展现，应该说是以 1940 年毛泽东在《新民主主义论》中论述了新民主主义文化的内涵为标志。毛泽东提出新民主主义的文化是民族的科学的大众的文化，现阶段中国新的国民文化的内容，既不是资产阶级的文化专制主义，又不是单纯的无产阶级的社会主义，而是以无产阶级社会主义文化思想为领导的人民大众反帝反封建的新民主主义。毛泽东关于“马克思主义必须通过民族形式才能实现”的结论，也标志着中国人实现马克思主义中国化的认识自觉。以新民主主义文化论为认识升华的向导，1942 年，中共中央在延安召开文艺座谈会，毛泽东在会上做了几次讲话，最后形成《在延安文艺座谈会立的讲话》发表。《讲话》阐述了中国马克思主义的文艺思想体系，回答了革命文艺为了谁、依靠谁的根本问题，提出文艺为工农兵服务的方针，动员文艺工作者深入实际，深入群众，提高认识，改造世界观，创作群众喜闻乐见的作品。以此为指导，在中国共产党领导的革命根据地，文艺创作空前繁荣，革命文艺作品不断涌现。

当然，马克思主义对中国的政治学、法学、社会学等多个学科的改造都产生了建设性的影响，大大触动了相关领域思想观念的更新，也为新中国各项新制度、新体制的确立提供了思想先导和理论依据。这里仅仅提供一些例证导引，其他方面的类似变革就不再一一叙述。

第三章　哲学视角下马克思主义的中国化

第一节　马克思主义哲学中国化的必然性

一、马克思主义哲学中国化的含义及其形态

（一）马克思主义哲学中国化的含义

马克思主义哲学中国化是指把马克思主义哲学同中国传统文化、中国传统哲学和中国社会的实际相结合，走自己的道路，并创造出马克思主义哲学同中国哲学和时代特征相结合的新哲学理论，使起源于欧洲的马克思主义哲学扎根于中国社会。马克思主义哲学中国化，不仅要在内容上运用马克思主义哲学的立场、观点和方法来解决中国革命、改革开放和现代化建设的问题，还要总结和概括中国人民革命、改革与建设的实践经验，揭示出中国革命、改革和现代化建设发展的认识范式和客观规律，以丰富和发展马克思主义哲学的理论宝库。同时在形式上推进马克思主义哲学的大众化、民族化，把马克思主义哲学的欧洲语境变成中华民族的汉语语境，运用中国人民喜闻乐见的民族形式，深入浅出地阐述马克思主义哲学的基本原理和精神实质，进而形成指导中国革命、改革开放和现代化建设的中国现代哲学。

马克思主义哲学中国化的最根本要求就是信仰马克思主义哲学的科学理论体系，坚持这个科学理论体系的基本原理和崇高追求，坚持贯穿于这些基本原理之中的立场、观点和方法，坚持把马克思主义原理同中国实际结合到一起，坚持用马克思主义的基本原理和崇高追求分析中国国情，指导中国革命、改革和现代化建设实践；用马克思主义的基本原理总结中国革命、改革和现代化建设的经验，

把实践经验上升为理论，形成中国化的马克思主义哲学理论体系。

马克思主义哲学是中国共产党的指导思想，中国革命、改革和建设的一切胜利都是在马克思主义的指导下取得的。作为马克思主义与中国实际相结合的第一次历史性飞跃，毛泽东思想也是马克思主义中国化的开创性成果。马克思主义哲学中国化的整个过程就是中国共产党人认识世界、认识中国国情，并努力使中国社会融入世界现代化洪流的过程。从新民主主义革命，到社会主义改造，再到确立社会主义制度、探索社会主义现代化建设道路，然后到新时期中国特色社会主义建设新局面的开创，可以说，中国社会发展的每一时期的突破，都是中国共产党人不断推进马克思主义哲学中国化的结果。

在马克思主义哲学中国化探索过程中曾得出的一些结论，可能会因为时代的变化而不适合于当今实际，但我们不能就此断言整个中国化马克思主义哲学的理论体系和精神实质会过时，甚至否定中国化马克思主义哲学的指导地位和马克思主义哲学中国化的客观必然性。我们认为，中国化马克思主义哲学的基本原理、观点、方法和价值理念，在任何时候对我国现代化事业都具有指导意义。社会主义现代化事业作为一项开创性事业，只有坚持马克思主义哲学并使之中国化，我们才能正确地认识中国特色社会主义现代化的内在规律和逻辑，也才能制定出正确的路线、方针和政策，把新时期的中国社会主义现代化事业继续向前推进，永葆马克思主义哲学中国化的旺盛生命力。

（二）马克思主义哲学中国化的三种形态

在中国革命的每一个阶段，中国国情以及马克思主义者面临的任务都有很大的不同。与这些阶段相适应，马克思主义哲学在中国也先后出现了三种形态。

1. 以实事求是为基本精神的毛泽东哲学思想

在中国革命的第一阶段，马克思主义哲学和整个马克思主义刚刚传入中国，马克思主义的哲学著作开始以中文出版，苏联、日本等国关于马克思主义哲学的出版物陆续被介绍到中国。

在中国革命的第二阶段，中国共产党人长期处于守势，严酷的现实迫使他们必须事事小心、处处谨慎。教条主义带来的惨重损失更是从反面告诉中国共产党人，客观规律是不以任何人的意志为转移的。毛泽东最早认识到这一点，在他的教育和影响下，把握中国社会和中国革命战争的客观规律成为全党的共同要求。这时的中国共产党人迫切需要一种能够为他们认识和把握中国实际情况、中国社会和中国革命的客观规律提供指导的哲学理论。而以斯大林为代表的苏联共产党人在20世纪30年代建立的辩证唯物主义和历史唯物主义体系，突出强调世界的物质性以及物质世界的运动性和运动规律的客观性、可知性，恰好满足了中国共产党人的上述理论需要。接受辩证唯物主义和历史唯物主义体系，是中国共产党人以俄国马克思主义者为中介对马克思、恩格斯哲学思想的选择。该阶段的马克思主义哲学中国化主要表现为毛泽东对苏联辩证唯物主义和历史唯物主义哲学的再选择和再表述。这一时期马克思主义哲学中国化的主要成果与集中体现就是毛泽东的《实践论》和《矛盾论》等哲学著作。因此，这个意义上的毛泽东哲学思想，是中国化马克思主义哲学的第一种形态。

2. 受唯意志论严重影响的毛泽东晚年哲学思想

1949年中华人民共和国的成立代表着马克思主义哲学中国化进入了第三个阶段，中国共产党成为执政党。随着地位的变化，共产党人面临的任务也由夺取政权变为利用政权改造旧中国，建设社会主义。但是在无比乐观与自信的心理作用下，有了生产资料所有制改造上的急性病，出现了1958年的“大跃进”和1959年的“反右倾”。由于想要超越历史客观规律建设社会主义，而夸大人的主观能动性，希望通过阶级斗争推动社会继续进步。该阶段中国政治经历了正确路线与“左”倾路线的激烈斗争，马克思主义哲学中国化的历史进程同样贯穿着唯物主义和唯心主义的较量。不论在政治领域、经济领域还是在文化领域，包括哲学领域，背离了马克思主义的错误倾向日渐占据了这场斗争的上风。马克思主义哲学中国化在这一阶段的最后成果，以及中国化马克思主义哲学的第二种形态，主要体现为毛泽东晚年的哲学思想，即脱离中国实际，带有严重唯意志论倾向的思想体系。它的产生是马克思主义哲学中国化进程中的一个重大曲折。

3. 以实践唯物主义为方向的中国化马克思主义哲学

改革开放以来中国社会的深刻变化，传统的辩证唯物主义和历史唯物主义因为没有突出人的主体性而备受批评，被认为是属于尚未反映马克思所完成的哲学革命的旧唯物主义。这时，人们惊喜地发现，马克思的早期著作是一座真正的哲学宝库。马克思的全部哲学与以往一切哲学的最大不同之处就在于把实践作为人所面对的现实世界的基础，提出了实践唯物主义。实践唯物主义突出人的主体性，也是对人道主义的弘扬。出于这样的认识，《1844年经济学哲学手稿》的中文新译本于1979年发表之后，中国在20世纪80年代初出现了前所未有的对马克思主义人道主义的解释。到80年代中期，形成了一场关于实践唯物主义的讨论热潮，虽几经曲折，至今依然不衰。

现在，实践唯物主义已经被中国大多数马克思主义哲学家所接受。虽然统一的以实践唯物主义为特征的马克思主义哲学体系还没有最终建立，但以此为方向已经日渐明确。就目前情况看，实践唯物主义是中国马克思主义者对马克思主义哲学的新选择，也是中国化的马克思主义哲学的第三种形态。这是适应社会主义市场经济建设的马克思主义哲学，它的基本精神是人的主体性。

上述三种形态之间互有不同，但它们都有充分的文本依据，都相信自己是马克思主义哲学。三种中国化马克思主义哲学的相继出现，充分说明了马克思主义哲学发展的特殊性，也充分展示了马克思主义哲学中国化进程的复杂性。

二、马克思主义哲学中国化的客观必然性分析

马克思主义哲学产生于 19 世纪 40 年代，是 19 世纪以来资本主义的社会矛盾和工人运动不断发展的结果，是近代社会科学和自然科学发展到一定阶段的产物，是马克思、恩格斯批判地吸取前人优秀思想成果而创立的超越前人的学说。在《德意志意识形态》中马克思主义哲学达到了成熟。此后，马克思主义哲学在指导无产阶级革命的实践中，经过马克思、恩格斯、列宁、斯大林、毛泽东、邓小平、江泽民、胡锦涛等经典作家和革命领袖的发展，马克思主义哲学的理论体系日臻完善。

在 1895 年恩格斯逝世以后，马克思主义哲学又经历了一百多年的传播和发展。作为世界无产阶级及其政党认识世界和改造世界的精神武器，马克思主义哲学是伴随着世界无产阶级政党领导的革命和建设实践的发展而发展的。马克思和恩格斯不可能为后人遇到的所有问题提供现成的答案，世界无产阶级及其政党只有在坚持马克思主义哲学的基本立场、观点、方法的同时，对遇到的新问题、新情况做出新分析、新总结和新概括，用新的观点和理论丰富、发展马克思主义哲学。只有这样才能正确地认识时代特征、社会矛盾、阶级力量和发展动力。通过制定正确的路线方针政策，才能在实践中赢得胜利。马克思主义哲学的发展历史，是一代又一代的马克思主义者在运用马克思主义哲学解决特定时代问题的过程中，用新的观点理论丰富和发展马克思主义哲学的历史。

近代以来，中国哲学发展史的主线是马克思主义哲学中国化与中国化的马克思主义哲学的发展。马克思主义哲学中国化的历史就是中国共产党的思想理论逐渐成熟的发展史，是马克思主义哲学与中国实际相结合、在解决中国重大问题过程中得到验证发展的历史，是中国化马克思主义哲学形成和发展的历史。对这一主线我们既可以从中国革命、改革开放和现代化建设的历史视角考察马克思主义哲学中国化的这一客观进程，也可以从理论与实践的交互作用中来把握中国化马

克思主义哲学的发展规律。

中国共产党90多年的历史证明，把马克思主义哲学原理与中国实际相结合，推进马克思主义哲学的中国化，经历了一个从不自觉到自觉、从不成熟到成熟的过程。中国共产党从成立起就开始了把马克思主义哲学与中国实际相结合的艰难探索。在经历了无数次挫折与成功后，全党对于马克思主义哲学原理与中国实际相结合的重要性的认识才逐步达到自觉。以毛泽东、邓小平和江泽民为核心的党的领导集体，在马克思主义哲学中国化进程中通过革命、改革和现代化建设的探索和实践，实现了马克思主义哲学与中国实际相结合的三次历史性飞跃，进而创造出中国化马克思主义哲学的新的理论成果。

中国共产党的思想发展史，从某种意义上来说，既是马克思主义哲学中国化的发展史，也是中国哲学现代化的发展史。近百年来，随着马克思主义哲学中国化的发展，中国哲学现代化在实践基础上的理论研究和理论创新出现了可喜的画面。考察马克思主义哲学中国化的历史进程，研究中国化马克思主义哲学的发展轨迹，把握马克思主义哲学中国化与中国化了的马克思主义哲学的发展规律，我们看到，马克思主义哲学中国化的过程既是马克思主义哲学在中国传播、运用和发展的过程，又是中国接受、实践和发展马克思主义哲学的过程，其目的是要解决中国革命、改革和现代化建设的实际问题。

马克思主义哲学中国化是由马克思主义哲学真理的普遍性本质和实践的具体性所决定的，马克思主义哲学中国化体现出了三大主题，即革命主题、改革主题和现代化建设主题。马克思主义哲学中国化的目的是要解决中国面临的时代课题。马克思主义哲学中国化要解决好这三大主题，也是中国共产党实现历史使命的客观需要。因此，把马克思主义哲学中国化与中国化马克思主义哲学看作一个整体来考察，是实现马克思主义哲学中国化的必然要求。

第二节　马克思主义哲学中国化的建构

一、马克思主义哲学中国化的理论核心

1. 实事求是思想路线的中国特色

实事求是包含着马克思主义哲学的唯物论、辩证法、认识论，集中体现了马克思主义哲学的辩证唯物主义。而中国的马克思主义哲学之所以特别关注辩证唯

物主义，主要与以列宁、斯大林为代表的俄国马克思主义者对马克思、恩格斯哲学思想的选择有关。恩格斯认为，马克思主义哲学是唯物辩证的世界观。俄国马克思主义者以及苏联哲学不仅接受了恩格斯的观点，并以之为基础建立了一个完整的马克思主义哲学体系——辩证唯物主义和历史唯物主义。之所以在苏联能够形成辩证唯物主义和历史唯物主义，是因为他们的革命和建设实践以马克思主义的科学社会主义为指导，需要有一个唯物辩证的世界观为其科学性、合理性和社会主义必然胜利作论证，而这实际上也是对共产党自己实践活动的科学性、合理性进行的论证。

1949 年以前，中国马克思主义者接受马克思主义哲学的主要渠道是俄国马克思主义者的著作和苏联哲学。因而自五四新文化运动以来，中国出现了对马克思主义哲学的宣传。那时，中国人对马克思主义哲学的理解与俄国人是一样的。马克思主义哲学虽然被理解为首先是辩证唯物主义，但相对而言，历史唯物主义在当时更受人们关注。因为它不仅给想要变革中国现实的人提供了理论上的支持，而且也是有史以来第一个具有科学性的社会历史理论。

那么马克思、恩格斯的辩证唯物主义世界观在中国化的进程中，产生的为什么不是像苏联哲学那样的理论体系，而是具有强烈方法论色彩的实事求是理论呢？这是一个非常复杂的问题。其最直接的原因就在于反对教条主义的斗争实践提出了这样的需要。此外还有一个更深层的原因就是它与中国的传统文化以及毛泽东本人的某些个性特点有关。首先，马克思主义哲学中国化，既是中国马克思主义者从自己的实践需要出发对马克思、恩格斯的哲学思想以及苏联哲学的选择，也是马克思主义哲学与中国传统文化的有机结合，而注重实际和实用正是中国传统文化的一个基本特点。作为中国化马克思主义哲学理论核心的“实事求是”恰好体现了这种务实精神。其次，马克思主义哲学中国化与中国马克思主义者的个性有很大关联，具体到实事求是思想路线的形成，自然与其创始人毛泽东密切相关。众所周知，毛泽东出身农家，对中国文化的务实传统感受分外深切。他既没有到欧洲寻求马克思主义，更没有到书本里寻求马克思主义，而是十分重视马克思主义基本原理在中国的运用，重视对中国实际情况的调查研究，直至在与教条主义的斗争中提出实事求是的思想路线，都与他的这种务实精神密切相关。

马克思主义哲学中国化，在 1949 年以前主要化为了一条实事求是的思想路线。这条路线具有十分鲜明的中国特色。它的形成和发展向我们生动地展现了马克思主义哲学中国化的具体过程。

2. 实事求是体现科学理性精神

实事求是成为马克思主义哲学中国化的理论核心，不仅是出于中国马克思主义者克服革命过程中本本主义、教条主义和经验主义的实践需要，也与中国传统文化的某些特点有关。

(1）实事求是的实用理性特征

务实精神在中国古已有之，数千年来早已深入人心。中国古代，具有实用性的天文、数学、农学、兵学、史学、文学高度发达，其中哲学主要关注人的伦理生活，魏晋玄学和宋明理学中虔于“性命”空谈的倾向受到批判。特别是到了清代，学者们明确提出“实事求是”，以实证精神对中国传统学术，从经学、史学、诸子学到自然科学，进行了大规模的整理。实事求是体现的正是这种务实的理性精神。毛泽东还在长沙湖南第一师范读书时便告诫自己：“不说大话，不好虚名，不行架空之事，不谈过高之理……实意做事，真心求学。”

自然经济在中国的传统农业社会中长期占有支配地位，由于它是一种以获得具体使用价值为目的并不断重复自身的简单再生产，这种狭隘的生产规模和简单的技术方式限制了人们的眼界和手脚，使许多人都只执着于眼前。大多数中国人有的只是非常功利地为了趋吉避凶、化灾解难、肉体成仙、获利图报而利用神灵，缺乏西方宗教那种赎罪得救、灵魂飞升、与主同在、获得永生的崇敬心理，也没有印度宗教那种苦修苦练、精神解脱、跳出轮回的不懈追求。费孝通曾在《美国与美国人》中对比东西方宗教信仰的差别时写道：“我们对鬼神也很实际，供奉他们为的是风调雨顺，免灾逃祸。我们的祭礼很有点像请客、疏通、贿赂，我们的祈祷是许愿、哀乞，鬼神在我们是权力，不是理想；是财源，不是公道。”因此，中国人一方面见菩萨就拜，另一方面又不见真神不烧香。而这里“真神”的标准，则是看它“灵不灵”，看它对己“是否有利”。总之，中国人很善于利用神灵或上级为自己谋利益。因此，在现实生活中，人们常常把拉关系、走后门、行贿赂、通关节等世俗行为称为“烧香拜佛”。这种被外国人视为无信仰的实用操作型“中国式智慧”不关心人生的终极意义，只执着于当前世俗的实然状态和自发倾向，是现实生活中实用理性的表现。

在1949年以前，马克思主义哲学中国化主要演化为一条实事求是的思想路线，这条思想路线带有明显的实用理性特点。实用理性是中国传统主流文化的基本特征之一，主要体现为重现实、重实践、重事实、重功效的思想方法和价值取向。此外，这条思想路线同时还渗透着科学理性的精神。

(2) 实事求是的科学理性精神

科学理性在西方有悠久的历史渊源。例如，古希腊文化是西方文化的源头，其实质上是一种奴隶主文化、贵族文化。除战争和政治活动之外，奴隶主们尽情享受生活，从来不事生产。因此，他们感兴趣的不是事实功利，而是人、自然和理性。出于好奇，他们执着于探索自然界和人的奥秘。古希腊哲学家常常表现出一种特有的理性固执，即他们宁愿相信事物应当遵循的道理，也不愿轻易向“眼见为实”的感官现象屈服。这正是科学理性精神的表现。

先哲们不满足于对事物现象的把握，竭力寻找事物构成和不断变化发展的原因，将经验观察和理性思考结合起来，构建了相当完备的关于世界的知识体系。被恩格斯称为古希腊“最博学的人物”的亚里士多德，在系统总结前人思想的基础上深入探讨了事物发展变化的原因，并对当时的各种知识进行了分类整理，建立了一系列学科，形成了人类第一个全面把握世界的理性知识体系，为人类认识世界和改造世界提供了重要的思想武器。到了18世纪，科学理性在西方国家的发展与各种封建迷信发生了严重冲突。例如，在法国表现为声势浩大的启蒙运动；在德国表现为德国古典哲学的兴起等等。此外，黑格尔哲学也是科学理性发展的一个极端，以致科学理性脱离了人而成为决定一切的绝对精神。马克思主义哲学源自对黑格尔和费尔巴哈哲学的改造，是对德国古典哲学的批判继承。因此，这同样体现了其鲜明的科学理性精神。

毛泽东所理解的实事求是注重发挥人的主观能动性，在实际存在的事物中探寻其客观规律。它包含三个层面：一是强调我们所面对的事物是客观存在的；二是强调事物是运动的，而且遵循着不以人的意志为转移的客观规律；三是强调我们应当积极主动地探求这些规律，并运用它来解决问题、改造世界。这种解释把世界看作是有规律的、合乎理性的，充满了科学理性精神，而且体现了人的主体性。实事求是思想路线的确立，就是科学理性的确立；实事求是思想路线的传播，就是科学理性的传播。

以毛泽东为代表的中国共产党人与教条主义的斗争，具有理性启蒙的意义。毛泽东说：“共产党不靠吓人吃饭，而是靠马克思列宁主义的真理吃饭，靠实事求是吃饭，靠科学吃饭。”显然，实事求是就是科学理性精神的体现。

总之，在中国长期的革命和建设实践中形成了具有中国特色的马克思主义哲学理论，马克思主义哲学中国化取得了巨大的成就。实事求是是马克思主义哲学中国化最重大的理论成果，也是中国化马克思主义哲学的理论核心。

二、马克思主义哲学中国化的建构——中国特色社会主义理论体系

中国特色社会主义理论体系，是邓小平理论、“三个代表”重要思想以及科学发展观等重大战略思想共同构成的科学理论体系。这个理论体系渗透和贯穿着马克思主义哲学的本质精神，具有坚实的哲学基础、丰富的哲学内涵和深刻的哲学意蕴，是对马克思主义哲学的重要贡献。其内容主要包括以下几个方面。

1. 以解放思想为主题的唯物论

1978 年夏天关于实践标准的讨论，批判了“两个凡是”，恢复了实事求是的思想路线。同年底，十一届三中全会否定了以阶级斗争为纲的指导思想，实现了工作重心的转移，我国进入了改革开放和社会主义现代化建设的历史新时期。可以说，是思想解放推动了改革开放。解放思想是建设和发展中国特色社会主义的一大法宝，改革开放的历程始终贯穿着以解放思想为主题的彻底唯物论。十一届三中全会以来，改革开放的实践证明，只有解放思想，勇于探索，才能不断开创中国特色社会主义建设的新局面。改革开放三十年来所取得的成绩有目共睹。我们强调新的历史起点上新的思想解放，就是要坚持解放思想、实事求是、与时俱进、勇于变革、勇于创新，不为任何风险所惧，不被任何干扰所惑，继续坚持改革、推进改革、深化改革，自觉地把继续解放思想落实到坚持改革开放，推动科学发展，促进社会和谐上来。

2. 以“以人为本”为核心的价值观

中国特色社会主义理论体系的精髓是解放思想，主线是改革开放，主题是发展，关键是党，而核心正是“以人为本”。“以人为本”是我党的执政理念，是科学发展观的核心，是构建和谐社会的基本价值取向，是社会主义的核心价值。因此，“以人为本”也是中国特色社会主义理论体系的核心。进一步说，改革开放最大的变化是什么？是执政理念。其间经历了以阶级斗争为纲、以经济建设为中心、“以人为本”的转换，这三个“以”反映了党执政理念的变化。当然情况各有不同，第二个“以”是对第一个“以”的全面否定；第三个“以”则是对第二个“以”的重大发展。在这样的历史进程中，我们就必须要重点认识和把握“以人为本”的重要性。

3. 以实践为基础的认识论

马克思主义认识论是以实践为基础的认识论，坚持这个认识论，就是要在思

想上坚持实践标准和实践第一，行动上敢于创，敢于试，善于总结经验。以实践是检验真理的唯一标准大讨论为契机的思想解放运动，打破了思想僵化、现代迷信的精神枷锁，开创了社会主义现代化建设的新局面。坚持实践标准就是坚持实践第一的观点。坚持实践第一的观点也就是坚持变化发展的观点。马克思主义是随着实践的发展而发展的，并在实践的检验中得以不断地修正和补充。离开不断发展的社会实践，抽象地谈论马克思主义，只能导致教条主义和思想僵化。要自觉地把思想认识从那些不合时宜的观念、做法和体制中解放出来；从对马克思主义错误的和教条式的理解中解放出来；从主观主义和形而上学的桎梏中解放出来。实践基础上的理论创新回答了一系列重大的理论问题和实际问题，为改革开放提供了体现时代性、把握规律性、富于创造性的理论指导，也开辟了马克思主义哲学发展的新境界。

4. 以结合为特征的辩证法

新时期最鲜明的特点是改革开放。从农村到城市，从经济领域到其他各个领域，全面改革的进程不可阻挡。在改革开放的进程中，我们党把坚持四项基本原则同坚持改革开放结合起来；把坚持马克思主义基本原理同推进马克思主义中国化结合起来；把尊重人民首创精神同加强和改善党的领导结合起来；把推动经济基础变革同推动上层建筑改革结合起来；把坚持社会主义基本制度同发展市场经济结合起来；把促进改革发展同保持社会稳定结合起来；把提高效率同促进社会公平结合起来；把发展社会生产力同提高全民族文明素质结合起来；把坚持独立自主同参与经济全球化结合起来；把推进中国特色社会主义伟大事业同推进党的建设新的伟大工程结合起来。胡锦涛在中共十七大报告中提出，并在纪念党的十一届三中全会召开30周年大会上的讲话中进一步系统展开和全面论述的“十个结合”，是对改革开放基本经验的科学总结和精辟概括，集中体现了改革开放以来马克思主义哲学的结合辩证法，彰显了马克思主义哲学的实践性本质、结合性特征、过程论特点和全面性要求。

5. 以人民为主体的唯物史观

改革开放是人民的要求和党的要求的内在统一，是亿万人民自己的事业。我们坚持一切为了群众，一切依靠群众，从群众中来，到群众中去，把党的正确主张转变为群众的自觉行动，坚持尊重社会发展规律与尊重人民群众历史主体地位的一致性，坚持为崇高理想而奋斗与为最广大人民谋福利的一致性，坚持完成党的各项工作与实现人民利益的一致性。把人民拥护不拥护、赞成不赞成、高兴不高兴、答应不答应作为制定各项方针政策的出发点和落脚点。贯彻和落实问政于民、问需于民、问计于民，把人民群众的利益实现好、维护好、发展好。在当前，切实改善民生，实现依靠人民谋发展与发展成果为人民的统一，让全体人民共享改革与发展的成果，是历史唯物主义的具体体现。

第三节　马克思主义哲学中国化的反思

一、马克思主义哲学中国化需要处理好的几重关系

（一）中国马克思主义哲学与苏联马克思主义哲学之间的关系

新中国成立以后，我国的马克思主义哲学教学主要采用的是苏联哲学家撰写的教科书。例如，亚历山大诺夫的《辩证唯物主义》、康斯坦丁诺夫的《历史唯物主义》、罗森塔尔和尤金的《简明哲学辞典》。即便是中国人自己编写的教材，也基本上是按照斯大林《论辩证唯物主义和历史唯物主义》这本小册子的模式写的，而且几十年都没有多大变化。随着时代的前进，这些教科书显得呆板、滞后和僵化，对广大人民群众缺少吸引力。而毛泽东对斯大林的哲学模式是持保留态度的，他还曾多次强调“不必抄斯大林”。斯大林哲学和苏联哲学教科书的一个重要缺陷，就是对实践和人的主体性的忽视。马克思在《费尔巴哈提纲》中突出地强调了人在实践中的主体性地位和作用。新中国成立后在相当长一段时间内，我国也忽略了对主体实践的重视，直到 1978 年中共十一届三中全会以后，才使马克思主义哲学的当代发展获得了新的生机。

（二）马克思主义哲学与毛泽东哲学思想之间的关系

新中国成立以后，毛泽东提出了许多哲学论断、概念、命题和新的提法、见解、构想等，也有不少哲学讲话、批注、笔记。例如，两个对子问题（唯物论与唯心论、辩证法与形而上学）、两变问题（物质变精神、精神变物质）、一分为二问题、部分质变问题、波浪式前进问题、辩证法规律问题等都曾产生过重大影响，引起了哲学界的广泛关注和研究。但是也应当指出，在研究毛泽东的哲学观点、见解时，曾出现过不切实际的任意拔高倾向。例如，认为毛泽东的“两个对子”论断揭示了全部哲学发展过程的基本矛盾，是对哲学基本问题的新概括，哲

学基本问题就是哲学的两个对子。还应当看到，随着“左”的错误倾向的不断发展，晚年毛泽东的哲学思维也越来越褊狭。例如，在个人与群众的关系上，越来越相信自己、突出自己。

（三）马克思主义哲学与阶级斗争、政治路线之间的关系

当代中国哲学的发展具有高度的政治化倾向，与阶级斗争和政治路线的关系也极为密切。例如，曾有一段时间，哲学的各个领域几乎都出现过关于阶级性的讨论。由于任意地拔高哲学的阶级性，甚至把哲学当作阶级斗争的工具，使得人们不敢讲哲学的科学性，不敢提“共同人性”，不承认“共同美”，甚至还搞出了“阶级真理”的谬论。思维与存在的同一性问题本是学术讨论，最终搞成了政治批判，严重妨碍了哲学的健康发展。历史表明，如果把哲学过分政治化，使之成为阶级斗争的工具，把本来许多不属于哲学的东西强加于它，使哲学非哲学化，注定是要遭受挫折、失败，甚至造成灾难的。

（四）马克思主义哲学与人民群众之间的关系

怎样使哲学被广大人民群众所掌握，成为人民群众认识与改造世界的工具，这是毛泽东一贯重视并致力于解决的重要课题。他不仅提出了“让哲学从哲学家的课堂上和书本里解放出来，变为群众手里的尖锐武器”的口号，还身体力行，为哲学的普及与解放做出了很大的努力。尽管我国是一个经济文化比较落后的人口大国，但是马克思主义哲学在中国人民中间却获得了广泛的普及。可以说，这与毛泽东的提倡与推动是分不开的。但是毋庸置疑，无论是在20世纪50年代工农兵学哲学中所谓“卖西瓜的辩证法”，还是所谓“活学活用，立竿见影”，都存在明显的简单化、庸俗化、形式主义的毛病。改革开放以后，党中央也多次倡导学哲学。客观地说，学哲学是有收获、有成效的。

（五）马克思主义哲学与社会主义实践之间的关系

20世纪中国的马克思主义哲学是和社会主义建设的实践息息相关的。无论是十年建设时期关于社会主义社会基本矛盾的研究、关于社会主义社会人民内部矛盾的研究、关于社会主义建设十大关系的研究等，还是改革开放时期关于实事求是与解放思想的研究，关于中国特色社会主义的研究，关于改革是解放和发展生产力、科学技术是第一生产力的研究等，都是和社会实践的步伐相一致的。当然，从历史上看，哲学与实践的联系具有两重性，即从消极方面看，如果处理不好，

哲学可能为错误的实践论证，错误的实践也可以发展错误的理论；从积极方面看，科学的世界观和方法论可以为社会主义建设实践提供指导，社会主义建设实践又进一步促进哲学的发展。因此，科学地处理好两者之间的关系，意义十分重大。

（六）马克思主义哲学与中国传统哲学、西方现代哲学之间的关系

马克思主义的唯物史观派、保守主义的现代新儒家和自由主义的西化派，是20世纪中国社会中的三大基本思想流派。这一态势早在“五四”新文化运动时期就已经形成，即以陈独秀、李大钊为代表的唯物史观派，主张实行社会主义；以梁漱溟为代表的文化保守主义，主张恢复中国固有精神；以胡适为代表的自由主义西化派，主张在中国实行资本主义。到了20世纪40年代末50年代初，由于战争的胜利，马克思主义哲学成为中国大陆的指导思想和意识形态。马克思主义哲学在和中国实际相结合的过程中，既取得了巨大的成就，也经历了曲折。20世纪70年代末，中国实行改革开放，情况又有了新变化，并且出现了20世纪80年代的文化热和20世纪90年代的国学热，使马克思主义哲学与西方现代哲学和中国传统哲学的关系又一次突出表现出来。关于中国哲学的未来走向，张岱年曾提出“综合创新论”。这为21世纪中国哲学的发展指出了一个正确的方向。

二、马克思主义哲学中国化的深刻启示

在反思、总结和吸取马克思主义哲学中国化的经验中，我们可以得到许多深刻的启示，主要可以概括为四个重要关系，认识和处理好这四个重要关系对于推进马克思主义哲学中国化的健康发展具有重要的指导和借鉴意义。

（一）坚持马克思主义哲学与发展马克思主义哲学的关系

坚持马克思主义哲学的根本是坚持马克思主义哲学的科学理论体系，坚持构成这个科学理论体系的基本原理，坚持贯穿于这些基本原理之中的立场、观点和方法。坚持马克思主义哲学就是运用马克思主义哲学来指导实践。中国社会的历史证明：中国共产党只有运用马克思主义哲学的立场、观点和方法观察和探索中国的前途与命运，才发现了中国革命和建设的正确道路，并引导中国革命和社会主义建设不断走向胜利。

坚持马克思主义哲学就要解放思想、实事求是、与时俱进、求真务实和开拓创新，不断发展马克思主义哲学。马克思主义哲学中国化的实现过程，就是在中国革命、建设和改革开放的实践中把坚持和发展统一起来，进而在坚持中发展，

在发展中坚持。具体地说，就是在面对否定马克思主义哲学的倾向时，要特别强调在坚持中发展，而在面对教条主义倾向时，要特别强调在发展中坚持。但不论什么时候都是坚持和发展的辩证统一。

（二）坚持马克思主义哲学与中国具体实际相结合的关系

马克思主义哲学中国化的基本经验在于，必须坚持独立自主地分析和解决中国的问题，找出适合我国实际情况的道路。正是由于中国共产党人坚持用马克思主义的立场、观点、方法独立自主地解决中国的具体实际问题，才产生了三次历史性飞跃，走出了“自己的道路”：一是有中国特色的农村包围城市、武装夺取政权的革命道路；二是有中国特色的社会主义改造的道路；三是有中国特色的社会主义建设的道路。

马克思主义哲学与中国实际相结合，是马克思主义哲学的精神实质、科学方法、基本原则在中国经济、政治、文化等具体实践中的运用。马克思主义哲学不是教条，而是认识世界、改造世界的方法和行动指南。马克思主义哲学中国化的实践本质决定了它的实际运用必须以具体的时间、地点和具体的历史条件为转移，同一定的历史阶段、一定的国家和民族的具体情况相结合。马克思主义哲学与中国革命、改革和建设的具体实际相结合要求具有鲜明的时代性，与具体的时代特点相联系；马克思主义哲学与中国革命、改革和建设的具体实际相结合还告诉我们，决不能把马克思主义哲学经典作家文献著作中的只言片语或个别结论当做教条，更不能用实用主义的态度对待马克思主义哲学。

（三）坚持以马克思主义哲学为指导与批判地继承中国传统哲学的关系

马克思主义哲学在中国传播、发展和发挥作用的过程，是与中国社会近现代历史的发展和中国传统哲学紧密相连的。在这个过程中，中国传统哲学发挥着“铺垫”“中介”和“桥梁”的作用，马克思主义哲学则起着“主导”“引导”和“根本”的作用。马克思主义哲学对中国社会和中国哲学的影响，必须从它的哲学内容、哲学思维、哲学使命、哲学功能、哲学价值、哲学方法、哲学语言和哲学意义中寻求共同点，并寻找到社会力量来发挥作用。中国传统哲学源远流长、博大精深，为马克思主义哲学作用的发挥提供了肥沃土壤和发展空间。

马克思主义哲学中国化要实现时代形态的提升，还必须不断地建构和完善自身的理论体系。对此，我们必须从新视角、新领域发掘当代马克思主义哲学所蕴含的问题、概念、范畴、方法、原理，并以此作为马克思主义哲学中国化和中国哲学现代化的发展路径。在新世纪、新阶段，确立、建构和完善马克思主义哲学中国化和中国哲学现代化，最重要的是遵循它发展的内在逻辑和规律，根据不断变化的实际，围绕马克思主义哲学中国化和中国哲学现代化的地位性质、范式特色、功能作用、学科分类和方法论等，探讨人与社会、人与自然、主观和客观、个别和一般、特殊和普遍、部分和整体、理论和实践、真理和价值、科学技术与生态环保、经济发展与政治运作、文化建设与社会进步等哲学问题。

（四）坚持以马克思主义哲学为指导与应对现代化挑战和发展创新的关系

马克思主义哲学中国化要应对现代化挑战，就必须始终坚持以发展的眼光看待马克思主义，这就既要继承前人，又要不断探索创新，在当代特别要用马克思主义眼光观察世界，把握时代脉搏和特征。在新世纪、新阶段，马克思主义哲学中国化和中国哲学现代化在应对现代化挑战中，必然会注入新的内容、拓展新的功能，还可能会改变传统的形态和风格，只有这样才能更深刻地反映现代中国社会发展和中华民族的根本利益，才能获得现代科学最新成果的支撑，才能更大程度地获得现代社会发展的强大动力。这也是新世纪增强马克思主义哲学生命力和战斗力的根本途径。

在当今，我们推进马克思主义哲学中国化和中国哲学现代化，都需要中国化的马克思主义哲学作为具有时代性和前瞻性的指导。随着改革开放的不断深入，我国社会的生产组织形式，人们的行为方式、生活方式和价值追求等都呈现出前所未有的多样化，这些都强烈地影响和冲击着人们的思想认识和价值观念。因此，要适应中国社会的多样化及其发展变化的规律，就需要从马克思主义哲学中国化进程中去探究和解答。

第四章　政治学视角下马克思主义的中国化

第一节　马克思主义政治学说概要

一、马克思主义政治学的基本原理

政治学是一门以研究政治生活、政治现象、政治行为关系、政治体制及其发展规律和政治相关领域为主的社会科学学科。以辩证唯物主义和历史唯物主义为基础的马克思主义政治学说，从现实生活的社会生产方式和交换方式出发，科学地揭示了社会政治现象的本质特征，提出了实现全人类解放的远大理想。马克思主义政治思想是人类政治文明发展的积极成果，也对政治做出了科学的解释。可以说，马克思主义政治学说的出现开创了政治学发展的新时代。马克思主义政治学说科学地运用马克思主义的立场、观点和方法对国家和与国家密切相关的各种政治活动及其他政治规律进行了研究。

（一）国家是阶级统治的政治组织

根据社会发展规律，马克思主义揭示出国家是阶级矛盾不可调和及社会生产力发展到要突破现存生产关系、上层建筑的时候的产物和表现。它是一个历史范畴，而政治正是围绕着这个历史范畴展开的全部活动，包括国家的各种管理活动和被统治阶级、社会各个阶层以及公民围绕国家而展开的各种活动。由此可知，政治必然与一定的国家政权紧密相连，而且是围绕和通过国家政权而展开的各阶级、阶层、权力体系各部分全部活动的总和。这就指出了国家的本质是统治阶级内部实行民主和对被统治阶级实行专政的统一，也即国家的本质是阶级专政。而统治阶级为了维持和发展现有的生产方式和社会形式，势必会运用国家政权在政治上施行统治。马克思、恩格斯曾在《共产党宣言》中提出："从大工业和世界市场建立的时候起，它在现代的代议制国家里夺得了独占的政治统治。现代的国家政权不过是管理整个资产阶级的共同事务的委员会罢了。"可以说，国家机构是政治统治体系的核心环节，而政治统治体系内部的各个机构、组织的活动基本上都是围绕着国家机构进行的，这就驳斥了剥削阶级关于国家是社会组织，是超阶级的社会联合体的观点，也使得马克思主义政治学说的国家观同剥削阶级政治学的国家观划清了界线。

（二）政权问题是政治的根本问题

马克思主义政治学说指出了阶级斗争的历史是从有文字记载以来的人类历史开始的，政权问题是阶级斗争、社会革命的根本问题。马克思也曾形象地指出："革命是历史的火车头。"在阶级社会中，先进阶级反对落后阶级的阶级斗争构成了解决社会基本矛盾的直接动力。依据《共产党宣言》的说法：人类几千年的文明史，就是阶级斗争的历史。人民群众赖以推翻反动统治的革命斗争是政治斗争的最高形式，对人类社会的发展发挥着巨大的推动作用。由此可见，社会革命的实质是革命阶级推翻反动阶级的统治，用先进的社会制度代替腐朽的社会制度。列宁也正是在这个意义基础上指出："一切革命的根本问题是国家政权问题。"政治斗争归根到底是要解决政权问题，阶级关系和阶级斗争就构成了政治关系的基本内容。十月革命正是列宁领导的、建立在坚实理论基础之上的伟大革命，其根本问题就是政权问题。在二月革命之后，列宁根据俄国不断变化的实际情况及时调整策略，变和平夺取政权发展为武装夺取政权。在十月革命胜利后，列宁始终捍卫布尔什维克党的领导和执政地位，同时根据革命实践又提出了多党合作原则。十月革命前后，列宁围绕国家政权问题进行的一系列实践和探索，为我们留下了宝贵的经验和财富。此外，《共产党宣言》也运用阶级分析方法，透过错综复杂的政治现象，找出了一些规律性的东西，即阶级斗争始终是围绕着夺取、建立、巩固和维护政权而进行的，从而进一步揭示了政治中的最本质问题就是国家政权问题。这就从根本上同剥削阶级政治学的"国家三要素说"划清了界线。马克思和恩格斯对阶级、阶级斗争、社会革命与国家问题关系的规律性论述，奠定了马克思主义国家学说的理论基础。

（三）无产阶级专政理论

马克思主义政治学说提出了无产阶级专政的理论，阐明了无产阶级专政的内涵，即无产阶级的政治领导和政治统治。作为无产阶级革命的第一步，无产阶级专政本身不是目的，其真正目的是要达到消灭剥削阶级和过渡到无阶级的社会，进而实现共产主义。1848年，马克思和恩格斯就在《共产党宣言》中对无产阶级专政思想做了表述："工人革命的第一步就是使无产阶级上升为统治阶级，争得民主"；"无产阶级将利用自己的统治，一步一步地夺取资产阶级的全部资本，把一切生产工具集中在国家即组织成为统治阶级的无产阶级手里，并且尽可能快地增加生产力的总量。"因此，可以理解为《共产党宣言》阐明了无产阶级专政在政治方面的历史使命的同时，也指出了无产阶级专政在经济方面的历史任务。1850年，马克思在《法兰西阶级斗争》中第一次明确地提出了无产阶级专政及其历史任务，这标志着无产阶级专政学说的形成。马克思本人认为资本主义大工业生产发展到一定程度时，无产阶级和资产阶级的矛盾将会达到不可调和的状态，进而迫使无产阶级最终推翻资产阶级统治，建立无产阶级民主专政，也就是社会主义性质的政党政权，无产阶级专政与以往任何专政都有根本的不同。例如，无产阶级专政的本质是多数人对少数人的统治，这就与少数人对多数人的剥削阶级专政区别开来。因为剥削阶级专政是少数人统治多数人，所以国家的暴力职能只能加强，这就需要设常备军、暴力机构、官吏、警察、特务、法庭和监狱等国家机器。而无产阶级专政是多数人对少数人的统治，因此，要不断削弱国家的暴力职能，就需要打碎旧的国家机器，用民兵替代常备军，用群众机构替代国家暴力机构，用公仆替代官吏，用无产阶级民主制替代资产阶级民主制。而无产阶级专政的根本任务就是解放生产力和发展生产力，增加社会生产力的总量。无产阶级专政的前途就是消灭阶级、消除两极分化，最终实现国家的自行消亡。不断发展、完善的无产阶级专政学说指出了无产阶级专政是从资本主义社会向共产主义社会过渡，实现无产阶级历史使命的工具，也是建设社会主义社会和实现共产主义社会的工具。

（四）经济基础决定上层建筑

马克思主义政治学说指出了无产阶级革命不仅仅是在政治上用共和制代替君主制，不是单纯地要求国家形式的改变，更不是一般地改变现存的生产关系，而是要同传统的经济所有制关系和观念实行最彻底的决裂，即从根本上消灭私有制和剥削制度。在政治上首先争得无产阶级民主，有利于在经济上建立社会主义公有制的经济基础，也有利于在文化上树立共产主义的思想和观念，最终促进实现以个性全面发展为条件的联合劳动的自由人的联合体。无产阶级不同于历史上的其他任何一个阶级，它代表着新的生产方式，是最有前途、最有革命彻底性的阶级。无产阶级反对资产阶级的斗争，是以消灭私有制、消灭剥削制度和最终解放全人类为最终目的的，其历史推动作用是其他阶级斗争无法比拟的。无产阶级反对资产阶级和一切剥削阶级的斗争，也被称为阶级斗争史上“最后的斗争”。这种斗争必然导致无产阶级专政不过是达到消灭一切阶级和进入无阶级社会的过渡。马克思主义政治学说认为国家的历史类型是由经济基础决定的，它随着经济基础的变化而变化，这同其之前的避而不谈国家历史类型、以国家的形式掩盖国家本质的政治学说有着本质的不同。

（五）无产阶级政党理论

马克思主义政治学说从政党的阶级实质着眼，系统地阐述了无产阶级政党理论，并指出政党是阶级组织，是阶级斗争的产物，代表着一定阶级、阶层的根本利益，是实现阶级政治统治的工具。前面已论述一切政治活动的根本问题都是国家政权问题，政党活动也不例外，其目的就是要掌握国家政权，行使国家权力。马克思和恩格斯在致力于把科学社会主义理论与工人运动结合起来的过程中，在同各种非无产阶级和空想社会主义思潮的论战和斗争过程中，创立了世界上第一个无产阶级政党——共产主义者同盟。他们在为之起草的《共产党宣言》中，鲜明地指出了共产党的性质，即“共产党人不是同其他工人政党相对立的特殊政党。他们没有任何同整个无产阶级的利益不同的利益。”指出了共产党的宗旨，即“在无产阶级和资产阶级的斗争所经历的各个发展阶段上，共产党人始终代表整个运动的利益。”指出了共产党的目标，即“共产党人的最近目的是和其他一切无产阶级政党的最近目的一样的：使无产阶级形成为阶级，推翻资产阶级的统治，由无产阶级夺取政权”。此后，“无产阶级将利用自己的政治统治，一步一步地夺取资产阶级的全部资本，把一切生产工具集中在国家即组织成为统治阶级的无产阶级手里，并且尽可能快地增加生产力的总量”，进而为实现共产主义这一最终目标准备条件。然而，在未来的共产主义社会，“代替那存在着阶级和阶级对立的资产阶级旧社会的，将是这样一个联合体，在那里，每个人的自由发展是一切人自由发展的条件。”上述所有这些关于无产阶级政党的基本理论和观点为马克思主义的建党学说奠定了理论基石。

总之，我们要坚持和发展马克思主义政治学说，不断地改革和完善我国的社会主义政治体制，加快中国特色社会主义民主政治建设的步伐。

二、马克思主义政治学说的特点

（一）科学性

马克思主义政治学说把政治现象理解为一种客观存在的、按照一定规律发展的社会现象，同时把它看作一种受各种物质条件限制的、能够反映一定经济基础状况的、相对独立的现象。因此，马克思主义政治学说研究的不是从现象到现象，而是以决定政治现象的社会生活内在规律和社会经济基础为基点研究和把握政治现象的本质，从而科学地揭示出人类社会政治活动的基本规律。

（二）阶级性

马克思主义政治学说把对政治现象的研究与人类的彻底解放密切结合在一起，为无产阶级和全人类的解放利益而服务。马克思主义政治学说认为，只有通过在资本主义社会下失去“自主活动”的无产阶级和无产阶级的革命，人类的彻底解放才能实现。

（三）革命性

马克思指出：“哲学家们只是用不同的方式解释世界，而问题在于改造世界。”因此，马克思主义是一种改造世界的学说，而这种改造世界的思想则赋予了马克思主义政治学说以革命性的特点。例如，马克思主义政治学说公开宣布废除私有制，消灭人剥削人的社会现象。

（四）实践性

马克思主义政治学说不是抽象的教条，而是对历史和社会进行了科学考察的结果，也是无产阶级革命斗争实践的理论总结。马克思主义政治学说的实践性，一方面体现为理论和实践相统一的原则，即马克思主义政治学说对无产阶级的政治实践具有巨大的指导意义；另一方面还体现在通过具体的实践检验和完善自己的理论与学说。

（五）发展性

马克思主义政治学说的历史使命决定了它不是从静态层面上研究各种政治现象，而是动态地从人类社会发展的必然规律透视和把握政治现象，并用发展的观点分析和判断一切政治现象。马克思主义政治学说的实践性决定着它的内容必将随着时代的发展和实践的开展而不断丰富，从而使它能够更好地指导社会实践活动。

第二节　中国化的马克思主义政治学说

一、中国化马克思主义政治学说的形成与发展

中国化马克思主义政治学说的形成与发展过程，是马克思主义政治学说同中国具体政治实际紧密结合的历史过程。毛泽东政治学说是马克思主义政治学说中国化的重要里程碑，它标志着中国化马克思主义政治学说的形成。邓小平、江泽民、胡锦涛的政治学说是对中国化马克思主义政治学说的丰富与发展。

（一）中国化马克思主义政治学说的内涵

中国化马克思主义政治学说是毛泽东、邓小平、江泽民、胡锦涛等党的领导人建立的科学政治学说。毛泽东的革命政治学说、邓小平民主政治理论、江泽民政治文明思想、胡锦涛和谐政治理念，是马克思主义政治学说中国化的历史成果和升华，既体现了马克思主义政治学说的基本原理，又包含了中华民族的优秀政治文明和中国政治发展的丰富经验，是马克思主义政治学说中国化的重大理论成果。

（二）中国化马克思主义政治学说的形成

中国化马克思主义政治学说形成于毛泽东。毛泽东政治学说是以毛泽东为主要代表的中国共产党人，把马克思主义的政治学说与中国革命和建设的具体实践相结合的产物，适应了中国半殖民地半封建社会变革的需要和中国无产阶级及其政党领导中国革命的迫切需求。毛泽东政治学说把马克思主义同中国革命和建设的实践紧密地联系在一起，不仅在理论上回答了中国革命和建设实践中提出的一系列政治课题，揭示了中国社会和政治发展的客观规律，而且在实践中开辟了符合中国国情的新民主主义革命道路，确立了具有中国特色的社会主义制度，开创了建设社会主义的伟大事业。

（三）中国化马克思主义政治学说的发展

邓小平、江泽民、胡锦涛的政治学说丰富和发展了毛泽东创立的中国化马克思主义政治学说。

第一，在和平与发展成为时代主题的新的历史条件下，邓小平同志提出了民主政治理论。这是在我国改革开放和社会主义现代化建设的实践过程中，在认真总结我国社会主义建设正反两方面历史经验教训并借鉴其他国家社会主义兴衰成败历史经验的基础上逐步形成和发展起来的，同时标志着我党对社会主义建设规律的认识有了一个新的飞跃，我国社会主义政治发展、社会主义政治制度的建设和完善都进入了一个新的历史时期。

第二，面对新世纪正在发生重大转折的国际、国内形势，以江泽民为核心的党中央，以世界的眼光、战略的思维、求实的作风、创新的精神，团结和带领全国各族人民，高举邓小平理论伟大旗帜，提出了反映时代特色的政治文明思想，准确地把握了中国社会发展和政治发展的根本问题，把执政党建设提到了前所未有的重要地位，使中国化马克思主义政治学说的内容更加丰富。

第三，在我国进入全面建设小康社会和加快社会主义现代化建设的新阶段，胡锦涛强调要“紧紧抓住并切实用好重要战略机遇期”，“把构建社会主义和谐社会摆在全局工作的重要位置”，实事求是地解决我国在新世纪社会发展的现实问题，又提出了建设和谐世界的理念，这一和谐政治思想为我国的政治发展开辟了广阔道路。

二、中国化马克思主义政治学说的主要内容

（一）革命政治学说

毛泽东作为党的第一代领导核心，在领导中国革命和建设的过程中，丰富和发展了马克思主义政治学说，为中国化马克思主义政治学说的形成奠定了基础。其主要贡献不仅在于对人民民主专政理论以及正确处理人民内部矛盾问题进行了充分论述，更重要的是构建了中国政治制度的框架。

1. 人民民主专政的思想

在长期革命过程中，以毛泽东为主要代表的中国共产党人把马克思主义关于无产阶级专政理论与中国的具体实际相结合，创立了人民民主专政的思想，建立了人民民主专政的国家政权。人民民主专政主要包含两方面的要点：第一，人民民主专政是民主和专政的辩证统一。马克思主义认为，任何形式的国家制度都包含着民主与专政两方面内容。毛泽东指出，对人民内部的民主方面和对反动派的专政方面互相结合起来，就是人民民主专政，这也表明了我国国家政权的阶级本质和民主性质。第二，人民民主专政是中国特色的无产阶级专政。以毛泽东为主

要代表的中国共产党人坚持马克思主义基本原理，从中国国情出发，创立了具有鲜明中国特点的人民民主专政思想。人民民主专政是中国特色的无产阶级专政。总之，毛泽东关于人民民主专政的思想是马克思主义国家学说在中国的运用和发展，它为我国实现无产阶级的历史使命提供了强大的思想武器，也为我国的革命、建设和改革提供了重要的思想政治保证。

2. 正确处理人民内部矛盾的思想

在马克思主义发展史上，毛泽东第一次提出“敌我矛盾”和“人民内部矛盾”概念并进行了系统的阐发。毛泽东还明确指出，讨论我国社会两类矛盾，要说到敌我矛盾的问题，但重点是讨论人民内部的矛盾问题。正确处理人民内部矛盾已经上升为社会主义国家政治生活的主题。这不仅指明了人民内部矛盾是社会主义社会在人与人关系上的主要矛盾，揭示了社会主义社会发展的主要动力，还指出了社会主义社会党和国家的根本任务，即已由解放生产力转变为在新的生产关系下保护和发展生产力。此外，毛泽东还指出，民主的方法是解决人民内部矛盾的基本方法。但是人民内部的矛盾是一个极为复杂的矛盾系统，民主的方法需要具体化。毛泽东根据人民内部矛盾的各种具体情况，提出了许多具体方针和办法。例如，对于人民内部思想政治领域的矛盾，毛泽东提出要利用“团结—批评—团结”的方法；对于人民内部物质利益上的矛盾，毛泽东提出要采用“统筹兼顾、适当安排”的原则；对于科学艺术领域上的矛盾，毛泽东提出“百花齐放、百家争鸣”的方针；等等。

3. 社会主义政治制度基本框架的构建

社会主义政治制度基本框架的构建，主要包括三个方面的内容：第一，建立人民代表大会制度。马克思主义认为，无产阶级专政的国家只能实行民主共和制的政体，各个国家可以根据本国实际选择民主共和制的具体形式。以毛泽东为主要代表的中国共产党人在革命实践中逐步建立了人民代表大会制度。第二，建立中国共产党领导的多党合作和政治协商制度。马克思主义认为，共产党人需要努力争取全世界的民主政党的团结和协作。中国共产党把马克思主义基本原理运用于中国革命和建设实践中，建立了中国共产党领导的多党合作和政治协商制度，它是我国一项基本政治制度。第三，实行民族区域自治制度。民族区域自治是中国共产党运用马克思主义理论并且结合我国的实际情况所采取的解决民族问题的一项基本政治制度。

（二）民主政治理论

邓小平作为党的第二代领导核心，领导全党深刻地总结了我国社会主义经济建设的经验教训，开创了我国社会主义建设的新时期。他从我国国情出发，在把党和国家工作重点从“以阶级斗争为纲”转移到社会主义现代化建设上来的同时，继承和发展了毛泽东政治学说方面的正确思想，并根据我党面临的国内外形势和根本任务，提出了“没有民主就没有社会主义，就没有社会主义现代化”的命题，丰富和发展了马克思主义政治学说。

1. 没有民主就没有社会主义，就没有社会主义现代化

中共十一届三中全会后，邓小平在总结社会主义民主政治建设正反两个方面经验教训的基础上，第一次明确提出了“没有民主就没有社会主义，就没有社会主义现代化”的科学论断。这个论断是对我国社会主义历史经验的一个科学总结，是符合社会主义本质要求的重要命题，体现了邓小平具有中国特色的社会主义民主政治思想。第一，民主是社会主义制度优越性的一个重要体现。邓小平指出，正如贫穷不是社会主义一样，没有民主也没有社会主义，民主是社会主义本质的要求，也是社会主义重要的政治特征。第二，民主是社会主义现代化的一个重要目标。邓小平指出：“我们过去对民主宣传得不够，实行得不够，制度上有许多不完善。因此，继续努力发扬民主，是我们全党今后一个长时期的坚定不移的目标。”第三，民主是实现社会主义现代化的一个重要保证。社会主义现代化的完成必须依赖最广大的人民群众。从这个意义出发，邓小平提出，调动积极性就是最大的民主。也就是说，没有社会主义民主，就没有最广大人民群众建设社会主义的积极性，从而也就没有社会主义现代化。

2. 民主必须有制度化和法律化的保障

邓小平对促进我国社会主义民主健康发展所做出的一个突出贡献是积极推进民主的制度化、法律化。第一，制度问题带有根本性、全局性、稳定性和长期性。早在 1978 年 12 月，邓小平就指出必须使民主制度化、法律化，使这种制度和法律不因领导人的改变而改变，不因领导人的看法和注意力的改变而改变；必须从制度上保证党和国家政治生活的民主化、经济管理的民主化、整个社会生活的民主化，促进现代化建设事业的顺利发展。第二，为了保障人民民主，必须加强法制。邓小平说，民主和法制这两个方面都应该加强。没有广泛的民主不行，没有健全的法制也不行。这好像两只手，任何一只手削弱都不行。离开社会主义法制，

社会主义民主就没有保障。因此，加强社会主义法制建设，是完善社会主义制度的根本保证，也是胜利进行社会主义物质文明和精神文明建设的根本保证，更是国家长治久安的根本保证。

3. 维护稳定是社会主义民主政治的重要目标

邓小平认为，一心一意搞建设，一心一意地维护社会稳定，形成一个安定团结、生动活泼的政治局面是中国社会主义民主政治所追求的最重要的目标。第一，稳定是中国实现社会主义现代化发展战略的必要前提。早在1979年，邓小平就反复说，安定团结的政治局面是我们社会主义现代化建设事业必不可少的条件和保证，没有这一局面，搞“四个现代化”就不行。第二，稳定是维护国家主权和安全的需要。邓小平说，国家的主权、国家的安全要始终放在第一位。因此，他要求，今后如有需要，动乱因素一出现，我们就采取严厉手段加以消除，以保证我国不受任何外来干涉，维护国家的主权。第三，中国的稳定是世界和平与发展的需要。在与世界各国联系日益密切的今天，中国的稳定和发展同整个世界的和平与发展密不可分，一方面中国有赖于世界，但同时世界也需要中国。邓小平认为，中国的发展是和平力量的发展，是制约战争力量的发展；中国还是个巨大的市场，只有稳定，外国投资者和商家才有来此赚取利润的机会。因此，中国保持稳定，不仅是对自己负责，也是对全世界、全人类负责。第四，稳定更是历史经验教训的总结。邓小平曾多次说过，我们之所以能在20世纪70年代末和80年代初提出现行的一系列政策，就是总结了“文化大革命”的教训，而“稳定压倒一切”的政策无疑也是这一总结的结果。

（三）政治文明思想

1. 社会主义政治文明是社会主义现代化建设的重要目标

政治文明是具有中国特色的词语，从其历史沿革和核心内容上也是指社会主义民主政治。在中国共产党的历史上，最早提出“政治文明”概念的是江泽民，他对政治文明的直接论述主要有四次。第一，2001年1月，在全国宣传部长会议上，江泽民首次提出了“政治文明”的概念，并指出：“法治属于政治建设、属于政治文明，德治属于思想建设、属于精神文明”；第二，2002年5月，在中共中央党校省部级干部进修班毕业典礼上，江泽民首次提出“建设社会主义政治文明是社会主义现代化建设的重要目标”；第三，2002年7月，江泽民在中国社会科学院考察时，首次将“物质文明、政治文明、精神文明”相提并论；第四，2002

年11月，中国共产党第十六次全国代表大会报告首次将建设社会主义政治文明列为“全面建设小康社会的重要目标”。把社会主义物质文明、政治文明、精神文明一起确立为社会主义现代化全面发展的三大基本目标，进一步完善了中国特色的社会主义理论与实践。

2. 坚持党的领导、人民当家做主和依法治国相统一

发展社会主义民主政治，建设社会主义政治文明最根本的是要把坚持党的领导、人民当家做主和依法治国有机统一起来。这是我国社会主义民主政治最根本的特点。第一，党的领导是人民当家做主和依法治国的根本保证。中国共产党始终代表中国先进生产力的发展要求，代表中国先进文化的前进方向，代表中国最广大人民的根本利益。在一个拥有13亿人口的发展中大国，共产党的领导地位是推进中国社会主义现代化建设和实现人民根本利益的要求。第二，人民当家做主是社会主义民主政治的本质要求。社会主义政治文明建设包含着丰富的内容，其核心和精髓是人民民主。没有人民民主的政治制度，人民的各种权利就没有制度保障，现代化建设就无法顺利进行。第三，依法治国是党领导人民治理国家的基本方略。发扬民主必须同加强法治有机结合起来。实行依法治国，就是广大人民群众在党的领导下，依照宪法和法律规定，通过各种途径和形式，管理国家事务，管理经济和文化事业，管理社会事务，保证国家各项工作都依法进行，逐步实现社会主义民主的制度化、法律化。

3. 社会主义政治文明建设保证和促进了人的全面发展

第一，政治文明建设保证和促进了物质文明建设。物质文明建设的本质特征和突出标志是全体劳动者思想道德素质和科学文化素质的增强，劳动技能和创造才能的提高，积极性、主动性和创造性的发挥。因此，在中国社会主义现代化建设的新阶段，创造更加发达的物质文明，建设更加富裕的小康生活，都离不开社会对广大劳动者民主权利的确认和劳动者在民主政治上的觉醒，这也就是政治文明建设的最现实价值。第二，政治文明建设保证和促进了精神文明建设。代表中国社会前进方向的先进文化的最本质特征是以人为主体，肯定人的主体地位，尊重人的个性发展，以中国先进文化全面提高中国人的素质。促进精神文明建设的核心问题是增强人们的自主意识、自立意识、民主法制意识和开拓创新精神，这也是社会主义政治文明的内涵和重要任务。第三，政治文明建设保证和促进了人的全面发展。努力促进人的全面发展是马克思主义关于建设社会主义新社会的本质要求，也是社会主义文明高于其他社会文明的突出标志。而实现人的全面发展

包括了三个层次的任务：一是要使人变成自主的人，这是实现人的全面发展的前提和基础；二是要使人变成自觉的人，这是实现人的全面发展的更高一层意义；三是要使人变成自由的人，这是实现人的全面发展的最高形态。

（四）和谐政治理念

新世纪新阶段，胡锦涛提出坚持走和平发展的道路、构建社会主义和谐社会与推动和谐世界建设的政治理念，进一步发展了中国化的马克思主义政治学说。

1. 构建社会主义和谐社会

社会和谐是中国特色社会主义的本质属性。构建社会主义和谐社会是我党从中国特色社会主义事业总体布局和全面建设小康社会全局出发提出的重大战略任务，反映了建设富强、民主、文明、和谐的社会主义现代化国家的内在要求，体现了全党全国各族人民的共同愿望。我们要构建的社会主义和谐社会是经济建设、政治建设、文化建设、社会建设协调发展的社会，是人与人、人与社会、人与自然整体和谐的社会。构建社会主义和谐社会是贯穿中国特色社会主义事业全过程的长期历史任务。在实际工作中，我们需要做到：第一，提高认识，抓住机遇，应对挑战，把构建社会主义和谐社会摆在更加突出的地位。第二，突出重点，统筹兼顾，着力解决好人民群众最关心、最直接、最现实的利益问题。第三，深化改革，完善体制机制和制度体系，建立健全促进社会和谐的制度保障。第四，加强党的领导，有重点、分步骤地持续推进社会主义和谐社会建设。我党提出构建社会主义和谐社会，既是对我国改革开放和现代化建设经验的科学总结，也是在新的国内外形势下提高党的执政能力、贯彻落实科学发展观、更好地推进我国经济社会发展的战略举措。这充分反映了我党对中国特色社会主义事业发展规律的新认识，对执政规律、执政能力、执政方略、执政方式的新认识，为我们紧紧抓住和用好重要战略机遇期，实现全面建设小康社会的宏伟目标提供了重要的指导思想。

2. 坚持走和平发展的道路

中共十六大以来，以胡锦涛为总书记的党中央，以宽广的眼光观察世界，统筹国际国内两个大局，贯彻科学发展观，在对国际环境和国际战略的重大问题进行理论创新的基础上提出：中国将始终不渝走和平发展道路。和平发展道路的精髓包括：第一，中国既通过争取和平的国际环境来发展自己，又以自身的发展来促进世界和平；第二，中国主要依靠自身力量和改革创新实现发展，同时坚持对外开放；第三，中国在平等互利的基础上同世界各国开展交流与合作，实现互利共赢、共同发展。中国的发展是和平的发展、开放的发展、合作的发展。坚定不移地走和平发展道路，既是中国的必然选择，也是中国政府和人民根据时代发展潮流和自身根本利益做出的战略抉择。中国选择和平发展道路，不仅妥善应对了国际上对中国发展的种种议论和猜测，有力地驳斥了“中国威胁论”等谬论，进而大大改善了中国的国际舆论环境，而且科学地回答了日益发展的中国在国际上走什么路、举什么旗、实现什么目标、承担什么责任、执行什么政策等一系列重大战略问题。中国坚持和平发展道路，顺应了当今的时代发展潮流，开创了一条民族国家发展的崭新道路。

3. 构建和谐世界

2005 年 4 月，在亚非峰会上，胡锦涛倡导共同构建一个和谐世界。同年 7 月，胡锦涛出访俄罗斯，“和谐世界”被写入《中俄关于 21 世纪国际秩序的联合声明》。这是“和谐世界”第一次被确认为国与国之间的共识，标志着这一全新理念逐渐进入国际社会的视野。9 月，胡锦涛在联合国总部发表的演讲指出：坚持包容精神，共建和谐世界。构建和谐世界的思想理念，适应了新世纪时代发展的潮流和趋势，充分体现了胡锦涛与时俱进、放眼世界的战略思维。2006 年 8 月，在中央外事工作会议上的讲话中，胡锦涛指出：推动建设和谐世界，是我们坚持走和平发展道路的必然要求，也是我们实现和平发展的重要条件。2007 年 10 月，在中共十七大上的报告中，胡锦涛指出：我们主张，各国人民携手努力，推动建设持久和平、共同繁荣的和谐世界。和谐世界思想的产生有其自身的时代背景。一方面，和平与发展仍是当今时代的主题，世界多极化和经济全球化的趋势不可逆转，“要和平、促发展、谋合作”已成为时代发展的潮流，这给世界的和平与发展带来了机遇和有利条件。另一方面，“中国威胁论”在世界上仍有一定市场，然而中国将和谐世界的构建作为追求和平发展的最终目标，解决的是整个世界的和平与发展的问题。此外，改革开放 40 多年来，伴随着综合国力的逐步上升，中国外交日益成熟、自信。和谐世界的提出是中国适应国际角色转变、承担大国责任的表现，是中国外交日益成熟自信、应当有所作为的产物。

综上所述，从和平崛起到和谐社会再到和谐世界，胡锦涛先后提出的三个具有特定内涵的政治理念，并不是孤立存在的，而是密切相连、内在统一的。中国要想和平地成长为一个现代化的强国，需要良好的内部条件和外部环境的保障与支持。构建一个和谐世界可以为现代化建设创造和平的国际环境和良好的周边环境，也可以使我们在错综复杂的国际环境和日益激烈的国际竞争中牢牢掌握主动权。

第三节　马克思主义政治发展观与当代中国

一、马克思主义政治发展观与当代中国社会

运用马克思主义政治学来分析当下的社会现实，就是要把马克思主义政治学中国化，即必须结合中国社会的现实。特别是在当代中国社会主义市场经济体制改革和社会转型的大背景下，社会主义和谐社会的建设既是人们关注的热点问题，也是关系到国家转型成功与否的关键。

（一）社会转型的大背景

从其字面意义出发，“社会转型”是指人类社会由一种存在类型向另一种存在类型的转变。它意味着社会系统内在结构的变迁，也意味着人们的生产方式、生活方式、心理结构、价值观念等方面的革命性变革。在当代，对于包括中国在内的所有发展中国家来说，社会转型是指在特定国际环境下，由某种非市场经济社会向市场经济社会的转变，或者用当代发展理论的术语来说，就是指由传统社会向现代社会的过渡。20 世纪八九十年代以来的中国社会变革，虽然是近代以来中国社会变化趋势的继续，但是在深度和广度上已经达到了前所未有的水平，社会变革已经触及社会深层结构，社会已经进入了重要的转型期。

马克思主义认为，现代化社会转型在宏观上是从“人的依赖”的社会转变为“物的依赖”的社会，在微观上曾经采取了从封建社会向资本主义社会过渡的形式，当然还可以通过社会主义改革开放的实践来实现。之所以强调实践，是因为“全部社会生活在本质上是实践的”。当代中国的社会转型正是要在实践中探索出一条具有中国特色的社会主义市场经济的道路，尽管取得了巨大的成绩，但也出现了不少问题，其中最主要的问题是社会阶层的分化以及由此产生的其他社会问题。

中国社会的转型过程也是社会主义市场经济建立的过程。市场开始在社会资源配置中扮演重要角色，资源配置方式和劳动产品分配方式的改变导致了社会中利益格局的变化。由于社会成员在转型过程中的地位、社会角色、能力的不同，他们获得财富的多寡出现了较大差距。伴随着社会转型和利益格局的分化，过去处在同一经济状态和社会地位的人的贫富差距正在逐渐拉大。一部分人通过合法或不合法手段成为社会中的富裕阶层，另一部分人则开始滑入社会底层，成为相

对贫困的阶层。在社会转型过程中，出现了不同的利益群体，社会产生了分化。可以说，社会分化是社会发展的一种方式。它是指社会系统中原来承担多种社会功能的某一社会结构的要素逐渐发展为承担单一社会功能的多个社会结构要素的过程。社会分化存在于人们生活的所有领域，其中最重要并发挥决定作用的是社会经济领域的社会分化。随着社会生产力的发展，社会分工也越来越精细，从事不同职业的人形成了不同的生活习惯和价值观念，而这些将会进一步加剧阶层间的差距。社会分化还表现在其他社会领域，如政治领域的权力结构、社会生活领域的生活方式结构、精神生活领域的文化价值结构等，这些都反映了社会成员的差异性。

社会不平等是社会分化的必然结果，是社会地位和等级垂直分布的表现。马克思认为，经济关系的不平等是一切社会不平等的根本原因。经济关系的平等主要体现在三个方面：生产资料的占有关系、生产劳动过程中的地位和作用、劳动产品分配方式。以上三方面的差异形成了不同阶级的利益关系格局。社会分化以及社会不平等是社会转型期必然会产生的结果，那么我们如何对待它便成为关键。第一，要认识到社会分化是由社会分工引起的，而社会分工是生产力发展到一定阶段的产物，不因人的意志而转移。因此，我们只能去适应它，而不是与之相对抗。第二，社会分工有利于社会整合，社会分工越深化，意味着人与人之间的依赖程度越加深，或者说越来越离不开社会，人成为社会中的一个有机组成部分的同时，也依赖于社会为他提供给养。因此，我们必须在一定程度上服从于社会的制度安排；第三，虽然社会分工导致了社会不平等，但合理范围内的差距有利于形成一种良性竞争机制，进而激励人们去奋斗，去竞争，争取向上流动，取得较好的社会地位，也促使社会形成一种强大的动力机制，有力地推动社会发展。因此，社会分化以及由此而产生的社会不平等有其存在的合理性，我们不能否定社会分化的作用。

要解决目前由社会分化引起的社会不平等问题，需要注意保障合理的社会流动的实现。合理的社会流动具有质和量的双重规定性。从质的角度出发，合理的社会流动就是要坚持机会均等的原则，即所有符合条件的人具有相等的机会，而且这些条件应该可以通过社会成员自身的努力获得；从量的角度出发，应该根据社会的需要和承受力为社会流动创造机会，努力增加社会流动量，加快社会流动的速度。同时合理的社会流动还具有以下几个方面的优点：一是形成开放、动态的分层结构以取代封闭、固定的分层结构，有助于消除人与人之间的不平等；二是合理流动能够拓宽社会各层次之间的接触界面，有助于各层之间的相互了解和相互联系，加强社会整合程度；三是合理流动能有效激发人的积极性和开拓进取精神，给社会系统注入活力，从而推动实现社会良性运行。

马克思曾在《德意志意识形态》中研究了分工与异化的问题，并指出：正是现代社会的分工导致了人的异化。而他设想的解决方案是从问题出发，极大限度地提高劳动生产率，从而把人从劳动中解放出来。当劳动不再是谋生手段，而成为人们生活的第一需要时，人才能真正成为自由人。而能实现这一目标的就是共产主义社会。

当代中国社会的转型，不仅是为了理顺生产力和生产关系的关系，还是为了发挥社会主义制度的优越性。在以这种目标为指引的并且没有经验可以借鉴的实践中，由社会转型所引发的社会分化、社会不平等以及其他社会问题，大部分都是无法避免的，我们除了要理性地对待它们之外，还需要用马克思关于社会分化及人的发展等思想来指导我们的实践，在建立完善制度体系的同时，以人为本，促进社会的合理流动和人的全面发展，从而推动社会的不断进步。

（二）和谐社会

社会主义和谐社会是人类千百年来追求的理想境界，也是马克思、恩格斯始终孜孜以求的社会理想，同时还是马克思主义追求的社会发展目标。马克思是在批判资本主义不和谐的同时，论证了建立社会主义和谐社会的历史必然性。他认为，资本主义创造的文明成果虽然超过了以往一切社会，但资本主义是在种种不和谐的矛盾中产生和运行的，它仍然是片面发展和严重失调的社会。资本主义社会仍然充斥着社会不平等和两极分化，存在着尖锐的阶级对抗，其社会发展是以牺牲工人阶级和其他劳动人民的利益为代价的。资本主义本身具有不可调和的矛盾，而且人类社会是由低级向高级不断发展、由不和谐向和谐不断发展的，所以人类社会发展的必然命运是实现和谐社会。

和谐社会不仅意味着人与自然之间的和谐共处，还意味着人与人、人与社会之间的和谐相处。在人与自然关系方面，马克思认为，在人类确定了自身在人与自然的关系中的主体地位的同时，并不能够否认自然对于人的优先地位，毕竟“人是自然界的一部分”，“人靠自然界生活”。虽然人类已经能够认识并且利用自然规律，但并不是说作为主体的人就可以为所欲为。当人类为了生存、利益而破坏自然时，都会遭到大自然无情的报复。我们要对人类与自然的关系进行重新思考，同时还要反思所谓人类“主体性”地位的合理性。只有当我们充分认识和了解了自然对人类的意义之后，我们才能够与自然和谐共处。

人是社会的主体，社会是人类的存在方式。作为社会的人，其与人自身、与社会之间的关系是人类存在所具有的最重要关系。并且，人与自然之间的关系也是通过人与社会之间的关系所表现出来的。马克思认为："只有在社会中，自然界对人来说才是人与人联系的纽带，才是他为别人的存在和别人为他的存在；只有在社会中，自然界才是人自己的人的存在的基础，才是人的现实的生活要素；只有在社会中，人的自然的存在对他说来才是自己的人的存在，并且自然界对他说来才成为人。因此，社会是人同自然界的完成了的本质的统一，是自然界的真正复活，是人的实现了的自然主义和自然界的实现了的人道主义。"自然、人与社会的和谐统一就是和谐社会的本质所在。

关于和谐社会的目标，马克思认为和谐社会应该是人的发展与社会发展的辩证统一。这是因为未来社会将使人能够更充分地实现自由全面发展，同时也只有自由全面发展的人，才能掌握和驾驭生产力、科学技术、交往形式等的巨大进步，因为现存的交往形式和生产力是全面的。因此，只有自由全面发展的个人才有可能占有它们。而生产力与交往形式的全面发展，正是推进社会趋向和谐发展的动力。因此，推进人的全面发展与实现社会的和谐发展是互为前提和基础的，两者相互促进、相辅相成、共同提高，并且统一于人类社会发展进程之中。

关于和谐社会中人的发展程度，马克思认为人应当得到"全面而自由的发展"。它主要是指人的各种能力和潜能充分发挥，人的多样性需求不断得到满足，人的社会关系日益丰富，人与自然实现和谐共处，人的自由个性得以充分发展。这既需要经济的发展，也需要制度的保障。

2002年，我党首次提出了建设"社会主义和谐社会"的目标。此后的几年里，社会主义和谐社会的建设力度年年加大，在2006年秋天召开的中共十六届六中全会上，我党进一步明确了构建社会主义和谐社会的任务。构建社会主义和谐社会目标的提出，表明我党领导的中国特色社会主义事业的总体布局由社会主义经济建设、政治建设、文化建设的"三位一体"发展为社会主义经济建设、政治建设、文化建设、社会建设的"四位一体"。因此，构建社会主义和谐社会，同建设社会主义物质文明、政治文明、精神文明是有机统一的。我们要通过发展社会主义社会生产力来不断增强和谐社会建设的物质基础，通过发展社会主义民主政治来不断加强和谐社会建设的政治保障，通过发展社会主义先进文化来不断巩固和谐社会建设的精神支撑，同时还要通过和谐社会建设来为社会主义物质文明、政治文明、精神文明建设创造有利的社会条件。

和谐社会还应该是一个以人为本的社会，即一切活动的根本目的都是为了人的生存、享受和发展。可以说，和谐社会应该是一个经济繁荣、政通人和、人民安居乐业、社会福利不断提高的社会。

综上所述，和谐社会的实现，不仅要从经济入手，调整生产关系、大力发展生产力，即从物质层面解决和满足人的需求；同时还要注重社会制度层面的变革，以尊重作为主体的人的基本权利为出发点，逐步完善和落实各项制度措施，保证每个人能够有获得公平发展机会的权利。只有作为社会主体的人得到了尊重和满足，个人的创造潜能才会被激发，社会的活力也才能彰显。此外，保障人权得以实现的制度也要处理好人与自然的关系，用制度约束和规范人的行为，使之最终形成好的行为习惯，实现人与自然的和谐相处。总之，构建和谐社会，不仅是为了实现经济发展，社会稳定，国家强盛，人民富足，人与社会、自然界和谐相处，从根本上说，还是为了实现人的自由全面发展。

二、中国化马克思主义政治学说的当代意义

中国化马克思主义政治学说是对马克思主义政治学说的丰富与发展，不仅改善了中国政治发展的政治文化基础，还为中国政治发展提供了具体的发展目标和战略选择依据。

（一）中国化马克思主义政治学说的理论意义

马克思主义政治学说是由马克思、恩格斯以及列宁在揭示社会主义代替资本主义的必然性，揭示无产阶级的历史使命，全面阐述科学社会主义原理的过程中确立的。而中国化马克思主义政治学说则以理论为依据，以实践为向度，实现了对马克思主义政治学说的继承与创新。

1. 中国化马克思主义政治学说实现了马克思主义政治学说的继承与创新

中国化马克思主义政治学说在新的历史实践基础上丰富了马克思主义政治学说的理论体系和理论内涵。马克思主义政治学说是实践的、发展的理论，从其形成之初就带有鲜明的实践性与发展性。马克思主义政治学说的创始人正是将无产阶级的革命运动作为其理论的实践基础，并始终以革命实践的历史进程作为马克思主义政治学说的价值导向和目标依归，才保证了马克思主义政治学说的革命本质和实践属性。

当代中国共产党人以马克思主义政治学说为根本指导，遵循马克思主义基本原理来建设社会主义新中国，也必然要在深入了解中国政治实践的特殊性的基础上来把握马克思主义政治学说的科学内涵，进而形成符合中国政治实践特殊性的新的政治理论形态。经典马克思主义政治学说形成于特定的历史年代，是马克思、恩格斯等人对欧洲无产阶级发展状况及其革命运动规律的一般性把握和科学预测，因而无法对当代中国社会主义的具体政治实践做出细致明确的指示与阐释。随着

中国社会主义革命与建设事业的不断推进，中国社会的特殊性与中国实践的复杂性逐渐显现出来，这就必然要求中国共产党人在对当代中国政治进程重大问题做出科学回应和理论阐释的基础上，要对经典马克思主义政治学说进行创新与发展。中国化马克思主义政治学说正是马克思主义普遍真理和中国政治实践的历史进程与具体要求紧密结合而形成的当代马克思主义政治理论体系。它凝结了中国共产党人对中国政治革命、政治改革、政治建设及政治发展等不同历史阶段的实践本质和实践规律的积极探索和科学把握，体现着中国马克思主义者的政治理性和政治智慧，形成了经过实践与历史考验的科学的政治话语和理论范式，产生了根本性的政治意义和历史价值，并对马克思主义政治学说的国际化发展提供了重要的理论支持和实践示范，进一步提升了马克思主义的实践影响力和历史科学性。

2. 中国化马克思主义政治学说指引着当代中国政治的发展进程

当代中国政治发展进程是中国人民在中国共产党领导下寻求民族独立解放、实现国家繁荣富强的伟大历史进程，关系着中国人民的根本福祉与中华民族的历史命运，需要科学的理论对其发展规律进行把握，并对未来的发展方向做出正确指引。20 世纪 50 年代末，以美国为代表的西方国家开始广泛研究亚洲、非洲和中东新独立国家的政治变化，并逐步形成了一套关于政治发展的独特理论与研究方法，这些理论和研究方法甚至对发展中国家的政治发展产生了一定的影响。但由于其理论带有明显的“西方中心主义”色彩，所以根本无法满足发展中国家的政治需求，更无法真正为发展中国家的政治前途提供理论支持。因此，面对当前中国政治发展过程中需要解决的实际问题，必然需要一个本土化的政治发展理论体系做其理论指引。可以说，中国化马克思主义政治学说就是以当代中国政治发展进程为其理论主题和实践基础的。在探索中国特色社会主义政治发展道路内在规律的过程中，对于如何选择中国政治发展的根本战略与具体路径、如何认识中国政治发展的历史环境与现实条件、如何设定中国政治发展的阶段目标与长远目标、如何把握中国政治发展的历史时机与现实契机等重大问题，给予了必要的理论参照和科学的价值指引，保证了当代中国政治发展沿着正确的方向前进。

3. 中国化马克思主义政治学说实现了对当代中国政治文化的整合与统领

政治文化是国家在漫长的政治实践过程中不断积淀形成的政治心理和政治思想的综合，是特定国家政治实践的价值沉淀与观念凝聚。政治文化具有多样性和民族性等特征。在中国社会的历史进程中，传统政治文化形成了一种稳定的价值体系，弥散于社会政治生活的各个领域，在人们的观念、意识和心理之中根深蒂固，凭借着各种文化形式和社会渠道，一代代地传延下来。新中国成立后，很多消极的政治文化因素不但没有被清除，反而在某些方面还得到了强化。当前，中国的政治文化发生了一些变化，表现出先进性与落后性并存、传统性与现代性并存、一元主导与多元并存等特点，政治文化在一定程度上出现了从非参与性政治文化向参与性政治文化变迁的趋势。然而应当明确的是，迄今为止，显见的政治文化转型在很大程度上仍然仅仅局限于政治文化的表层方面，而传统政治文化的核心价值等深层因素依然表现出了顽强的生命力，对当代中国的社会主义政治实践产生了明显的消极影响。中国化马克思主义政治学说是以马克思主义科学真理为指导的理论体系，是对中国政治实践科学规律的系统把握与科学阐发，集中体现了中国共产党人崇高的理想信念和睿智的理论智慧，是当代中国先进政治文化的集中凝练和最高代表。只有通过确立中国化马克思主义政治学说的指导地位，充分发挥中国化马克思主义政治学说的理论感召与价值牵引作用，才能对当代中国兼容并包的政治文化进行权威性的整合与统领，也才能凝聚人心、统一意志，为建设中国特色社会主义的伟大实践提供根本的精神动力和观念支持。

马克思主义政治学说的内容是不断充实、发展和完善的。毛泽东把马克思主义政治学说与中国具体实践相结合，构建了社会主义政治制度的基本框架。毛泽东思想是马克思主义政治学说与中国实际相结合的第一次历史性飞跃的理论成果，是创造性地运用马克思主义的普遍原理，把它同中国革命和建设的具体实践相结合的产物；邓小平结合中国改革开放的实际，做出了社会主义现代化建设是中国最大的政治、没有民主就没有社会主义等科学论断；江泽民面临复杂的国际形势和国内改革的重任，提出了建设社会主义政治文明是社会主义现代化建设的重要目标的命题；新世纪新阶段，胡锦涛提出坚持走和平发展的道路、构建社会主义和谐社会与构建和谐世界的政治理念。邓小平、江泽民、胡锦涛的政治思想是中国特色社会主义理论体系的重要组成部分，实现了马克思主义政治学说与中国实际相结合的第二次飞跃。所有这些理论构成了中国化马克思主义政治学说，这是对马克思主义政治学说的丰富与发展。

（二）中国化马克思主义政治学说的实践意义

1. 中国化马克思主义政治学说为中国的政治发展制定了具体的发展目标

1985 年，邓小平总结中国在十一届三中全会以来取得的发展时，指出：中共十一届三中全会以来提出的一系列政策中，“就国内政策而言，最重大的有两条，一条是政治上发展民主，一条是经济上进行改革，同时相应地进行社会其他领域的改革”。显然，民主化是改革开放后中国政治发展的核心目标。围绕这个目标，我国展开了政治体制改革。1980 年，邓小平在题为《党和国家领导制度的改革》的讲话中，为中国政治体制改革指明了原则和方向。在这个文件的指导下，中国开展了积极稳妥的政治体制改革，如党政分开、政企分开、完善选举制度、加强人大制度建设、决策民主、建立国家公务员制度、健全监督体系、完善社会协商对话制度、加强基层政权建设、发展社会主义法制、反对腐败等。1986 年前后，为了把政治体制改革进一步具体化并全面提上议事日程，邓小平提出了三大改革目标和三大改革内容。他认为政治体制改革要比经济体制改革更复杂和艰难，需要认真研究，这些目标和任务还必须具体化，以便使改革做到有计划、有步骤。中共十三大报告在法制建设方面给出了十分具体化的发展目标，主要包括：党、政权组织同其他社会组织的关系制度化，中央、地方、基层之间的关系制度化，国家政权组织内部活动制度化，基层民主生活制度化，人员的培养、选拔、使用和淘汰制度化，社会协商对话制度化。

2. 中国化马克思主义政治学说为中国政治发展的战略选择提供了理论依据

中国政治发展是与中国全面改革和现代化发展紧密联系在一起的，是其中的有机组成部分。政治发展，尤其是体现为政治体制改革的政治发展，直接关系着改革和现代化发展的全局。而在中国这样一个大国，政治改革面临的问题十分复杂、任务也相当艰巨，这就决定了合理的发展战略选择对中国政治发展至关重要。如果战略失误，我们所要付出的代价，不仅是政治上的，还是整个社会的。我们干的事业是全新的事业，因此，我们的政治发展同经济发展一样，只能在不断的实践、探索和总结中逐步形成我们的发展战略。中国的经济体制改革是这样走过来的，同样，中国的政治改革和政治发展历程也应该是这样的。尽管中国的政治体制改革和政治发展还面临着许多需要解决的问题，但是中国能以自己的国情和社会性质为出发点，准确把握和推进政治体制改革的政治发展战略，在总体上是成功的。

3. 中国化马克思主义政治学说推动了当代中国政治文明的历史提升

一方面，马克思主义政治学说为当代中国政治文明的发展指明了方向。坚持党的领导，是实现社会主义政治文明的根本保障和实践前提；维护国家主权，实现和平发展，是建设社会主义政治文明的时代需要；发展社会主义民主政治，是实现人民当家做主的法治保障，是社会主义政治文明建设的根本目标；完善社会主义政治制度，加快社会主义政治体制改革，是社会主义政治文明发展的必由之路；维护政治稳定，构建和谐政治秩序，是实现社会主义政治文明的必要条件和现实保障。从某种意义上来说，中国化马克思主义政治学说正是当代中国社会主义政治文明建设实践的理论反映。另一方面，中国化马克思主义政治学说体现了当代中国社会主义政治文明开放包容的内在品质。在其宏观指引下，当代中国社会主义政治文明的建设是一个兼容并蓄的过程，是既立足中国国情，又顺应历史潮流的过程；是既注重总结社会主义国家政治建设经验和教训，又勇于借鉴西方国家政治文明优秀成果的过程。资本主义国家的政治文明，一方面在本质上是维护资产阶级政治统治和根本利益的，另一方面也在一定程度上包容、传承和发展了人类政治文明的有益成果。正是由于它的这种二重性，一些人类政治文明发展的有益成果，如在政治实践中行之有效的具体制度、体制、规定和做法等，就可以被社会主义政治文明大胆地吸收和借鉴，这样既丰富了社会主义政治文明的时代内涵，又提升了社会主义政治文明的时代品质。

第五章　生态学视角下马克思主义的中国化

第一节　马克思主义生态学概要

一、马克思、恩格斯的生态思想

（一）人与自然进行合理的物质变换

1. 人与自然的关系就是人与其自身的关系

马克思、恩格斯的伟大贡献之一就是将自然观与历史观相结合，实现了自然史与人类史的统一，从而揭示了人类社会发展的必然趋势。因此，正确理解人与自然的关系是解读人与人自身关系以及开启社会发展之门的钥匙。人与自然的关系制约着人与人之间的关系，人与自然的关系又体现了人与人的关系，其实质上是社会关系。

马克思将自然界规定为人的一种身体。在他看来，人“不但是有机体，而且还是这种作为主体的无机自然”。人与动物具有某种相同性，即人永远不能脱离自然界而独立生存。自然界作为人的无机身体，是人生存的基础。“所谓人的肉体生活和精神生活同自然界相联系，不外是说自然界同自身相联系，因为人是自然界的一部分。”人既然是自然界的一部分，就肯定成为自然界所规定的对象，这是认识人、理解人的前提。不仅人的物质生活受自然界的规定，人的精神生活同样也要受自然界的规定。作为物质生活和精神生活的统一体，人类的活动体现着自然界与自身相联系的过程。因此，自然对人来讲不再是外在的存在，而是同人和人的活动不可分割的、紧密相连的另一种存在。从实践的领域来说，自然是人的生活和人的活动的一部分，人生活于自然之中，自然也存在于人的生活之中。人与自然之间存在的持续不断的交互作用是人的身体之间的交互作用，它的目的不是为了满足单方面的需要，而是为了双方的互依互存、共同发展。一方面，自然首先满足了人的物质需要，为人的生存提供必不可少的物质资源；其次满足了人的精神需要，成为满足人们好奇心和探索欲望的认识对象，为人们提供展示其本质力量的舞台，满足人的审美需求。另一方面，人的活动方式也改变着自然的面貌，自从有了人，自然就不再是自在的自然，而成为人化的自然。

2. 自然生产力是社会生产力的基础

马克思认为在社会生产中“人和自然是同时起作用的”，进而提出了自然生产力和社会生产力这两个概念。所谓自然生产力，是“不需要代价的……未经人类加工就已经存在的”，如气候、水分、土壤、森林、矿藏等；社会生产力是在自然生产力的基础上人类通过劳动制造出来的，是“制造出来的生产力”，包括社会改造自然的能力及人类的劳动产品。人类的社会生产力必须维持在资源和环境的承受能力的范围之内。这是因为“经济的再生产过程，不管它的特殊的社会性质如何，在这个部门（农业）内，总是同一个自然的再生产过程交织在一起。”自然生产力是社会生产力的基础，它制约着社会生产力。马克思指出：“撇开社会生产的不同发展程度不说，劳动生产率是同自然条件相联系的。这些自然条件都可以归结为人本身的自然（如人种等）和人周围的自然。外界自然条件在经济上可以分为两类：生活资料的自然富源，如土壤的肥力、渔产丰富的水等；劳动资料的自然富源，如奔腾的瀑布、可以航行的河流、森林、金属、煤炭等。”在马克思看来，自然生产力对社会生产力的影响，既包括作为“生活资料的自然富源”对社会生产力的影响，也包括作为“劳动资料的自然富源”对社会生产力的影响。

自然生产力是社会生产力的基础，自然生产力条件对社会生产有着巨大的制约作用。一般来说，自然环境良好的地方，社会生产力就相对发达。如欧洲、北美大陆有宜人的气候、广袤肥沃的土地、丰富的矿藏、既可灌溉又可航运的大河，所以社会生产力发达。自然生产力条件对社会生产的制约作用表现在两个方面：一是自然生产力是社会生产力的前提和基础，离开了自然条件，社会难以存在，更无法实现发展；二是自然环境可以加速或延缓社会发展。但自然环境不是社会发展的决定因素，以欧洲为例，具有优越自然条件的欧洲在中世纪发展缓慢，只有近代资本主义制度建立以后，比封建社会先进的资本主义生产方式解放了生产力，欧洲的社会发展才领先于世界。综上所述，从马克思的自然生产力和社会生产力关系的理论可以得到两点结论：第一，人类的社会生产力受到自然生产力的制约，后者是前者必不可少的前提，人类的社会生产力必须维持在资源和环境的承受能力的范围之内。第二，社会生产力的发展不能单纯依靠自然生产力，解决人与自然关系问题的关键还在于解决人自身的问题，落后的生产关系和社会制度是造成人与自然关系紧张的根本原因，反之，先进的生产关系和社会制度是缓解人与自然紧张关系的根本出路，自然的“解放”依赖于人的彻底解放。

（二）资本主义生产方式破坏了人与自然之间合理的物质变换

1. 资本主义生产方式造成对环境的破坏

资本主义生产方式相对于封建社会的生产方式来讲，是人类生产方式的巨大进步，但由于资本主义生产以营利为目的，资本家组织生产只考虑获得利润，而对生产所造成的其他后果毫不关心，所以，资本主义生产方式必然造成对环境的破坏。恩格斯在《致尼古拉·弗兰策维奇·丹尼尔逊》中指出：“所有已经或者正在经历这种过程的国家，或多或少都有这样的情况。地力耗损——如在美国；森林消失——如在英国和法国，目前在德国和美国也是如此；气候改变、江河淤浅在俄国大概比其他任何地方都厉害，因为给大河流域提供水源的地带是平原，没有像为莱茵河、多瑙河、尼罗河及波河提供水源的阿尔卑斯山那样的积雪。”

资本主义生产不仅造成了自然环境的污染，也给城市带来了拥挤、脏乱。恩格斯对 19 世纪英国城市的描述给我们留下了工业革命后城市状况的真实资料，“除普累斯顿和奥尔丹外，位于曼彻斯特西北 17.70 千米的波尔顿算是这些城市中最坏的了。我到那里去过好多次，就我所看到的来说，这个城市只有一条大街，而且很脏，这就是第恩斯盖特街，这条街同时也是市场；即使在天气最好的时候，这个城市也是一个阴森森的讨厌的大窟窿，虽然这里除了工厂就只有一些一两层的矮房子。这里也像其他地方一样，城市中较老的一部分是特别荒凉和难看的。一条黑水流过这个城市，很难说这是一条小河还是一长列臭水洼。这条黑水把本来就很不清洁的空气弄得更加污浊不堪。”

虽然 20 世纪 80 年代以后，发达国家和地区随着生活质量的提高，公众生态环境意识觉醒，国家环境法律体系日益完善、执法日益严格，自然环境和城市面貌大大改善，但资本主义生产追逐利润的本性并没有改变，为了追求利益，发达资本主义国家仍然生产高污染的产品，并源源不断地倾销到人民生态觉悟较低、环境控制能力不强的发展中国家。或以投资、经济援助的名义把会对生态环境造成严重破坏和威胁的工业项目如石化、冶金、化工等迁移到发展中国家。利用当地廉价劳动力、丰富的自然资源和环境法规不完善或执行不利等情况进行生态殖民主义行为，污染那里的环境，将那里的人民推到生态灾难第一线去承担其经济发展的外部影响，而在本国大力发展绿色产业、第三产业和高新技术产业。因此，资本主义生产对环境的破坏只不过换了一种新形式，其本质并没有改变。“劳动生产了宫殿，但是给工人生产了棚舍。劳动生产了美，但是使工人变成畸形。劳动用机器代替了手工劳动，但是使一部分人回到野蛮的劳动，并使另一部分工人变成机器。劳动生产了智慧，但是给工人生产了愚钝和痴呆。”资本主义劳动损害了工人的身体，而工人恶劣的居住环境更加重了这一损害。

恩格斯对资本主义生产给工人身体造成的损害进行了真实的揭露，恶劣的工作环境使大量的工人患上了职业病，他们由于得不到医治而过早地死亡。据恩格斯记述，从事磨刀叉工作的工人由于吸入了大量金属屑，不可避免地得了肺病，干磨工平均很难活到三十五岁，湿磨工也很少能活到四十五岁。而磨光陶器的工作有着同样的处境，“在磨光陶器的工房里，空气中充满了微细的矽土尘埃，把这种尘埃吸到肺里并不比设菲尔德的磨工把钢屑吸进去的害处小些。工人们患着喘病，要静静地躺一回都不可能，喉咙溃烂，咳嗽得很厉害，说话的声音小得几乎听不见。他们也都是得肺结核死掉的。”

2. 资本主义生产方式破坏了人与自然之间合理的物质变换

物质变换是自然界中的普遍现象，是物种之间共生共存的前提。马克思把人与自然之间的关系看作物质变换的关系。而合理的物质变换至少表现为两个方面：一是人们为了维持自己生存所消耗的自然物以某种形式回到自然，以维持自然的物质循环；二是劳动者占有自然界，为提高劳动者的身心健康提供必需的物质条件。资本主义的生产方式正是在这两个方面破坏了人与自然的物质变换。马克思指出：“资本主义生产使它汇集在各大中心的城市人口越来越占优势，这样一来，它一方面聚集着社会的历史动力，另一方面又破坏着人和土地之间的物质变换，也就是使人以衣食形式消费掉的土地的组成部分不能回到土地，从而破坏土地持久肥力的永恒的自然条件。这样，它同时就破坏城市工人的身体健康和农村工人的精神生活。”所以，资本主义生产造成了双重的破坏，既破坏自然环境，又损害工人的健康，人与自然的物质变换以破坏的形式表现出来。随着生产规模的增大，科学技术越进步，这个破坏过程越迅速。

（三）解决生态问题的措施和途径

1. 革新观念，重新认识人与自然的关系

马克思和恩格斯一贯主张人与自然之间是不可分割的关系，人是自然界长期发展的产物，人作为一种自然存在物，是大自然的组成部分之一。所以，人是存在于自然“之中”，而不是存在于自然“之上”或“之外”。传统人类中心主义的错误就在于颠倒了人与自然的位置关系，使二者对立起来，把人视为凌驾于自然之上的主人，去统治自然、主宰自然，从而导致人类对地球自然资源的贪婪索取和无情掠夺，结果既破坏了自然界，也破坏了人类自身的生存环境。恩格斯曾经告诫过人类，在与大自然打交道的时候，我们每走一步都要记住：我们统治自然界，绝不像征服者统治异族人那样，绝不像站在自然之外的人似的。恰恰相反，我们连同我们的血肉和头脑都是属于自然界的。马克思认为人与自然界的关系是对象性的关系，这也意味着对“极端人类中心主义”观点的批判，既然是对象性关系，就要考虑到对象的存在、对象的状况，如果对象性的东西丧失了，那么人与自然之间的对象性关系也就不复存在了。

2. 利用科技实现生产过程的物质循环

应该说，马克思是最早提出利用科学技术手段实现生产过程的物质循环，减少工业废物，减少工业污染的伟大的思想家，是环境保护理论的先驱。“马克思富有预见性地指出，随着社会化大生产的展开，原料日益稀缺与昂贵，在大规模的劳动条件下，生产排泄物数量越来越大，提供了废物再利用的必要；同时，机器的改良，使那些在原有形式上本来不能利用的物质，获得了一种在新的生产中可以利用的形态。”科学的进步，特别是物理和化学的进步，使建立一种保护环境的新型社会制度成为不可避免的趋势。马克思和恩格斯在批判资本主义社会的基础上，从当时科学技术发展的水平以及他们对科学技术发展的社会作用的认识水平出发，极具开创性地探索了减少环境污染的基本途径以及如何达到人与自然的和谐发展。

在依靠科学技术对工业废料进行综合利用、生态利用的同时，马克思和恩格斯还认识到，我们应该利用科学技术手段发明和采用新的“绿化”生产工具，改进和革新工艺方法，这样可以有效地减少生产中的废物的产生，从而消除或减少对自然环境的污染。马克思和恩格斯还阐发了生态农业的初步设想。他们认为，依靠农业科学技术改良耕作方式，如采用革新的排灌法、实行合理的轮作制、施用骨粉等有机肥料等，可以保持和改良土质，保持和提高土地的肥力。此外，合理地开发和利用闲置土地、沙地和荒地，使之变成适合种植的良田。这样一方面增加了谷物的产量，另一方面也为家畜提供了极好的饲料，促进了畜牧业的发展，进而又能为农业的发展提供更多的有机肥料。此外，这种做法在客观上保护和优化了自然生态环境。这些观点证明："马克思、恩格斯是绿色生态农业发展战略的倡导者。"

3. 对科学技术应用的深层认识

马克思、恩格斯还从人的解放、人对自身行为的预见性角度赞扬了科学技术的进步作用。他们认为，"现代自然科学和现代工业一起变革了整个自然界，结束了人们对于自然界的幼稚态度和其他的幼稚行为。"这样，既提高了我们认识和改造自然界的能力，又使我们在技术和知识保障的前提下去估计、调整和控制我们自己行为的长远的自然影响。同时，随着新生产力的获得，人们改变自己的生产方式和生活方式，逐渐学会了预测、调控自身行为的长远的社会影响，使我们社会生活的预期目标与实际后果逐渐趋向一致，也使人与社会环境的关系逐渐趋向一致。所以，马克思进一步指出，自然科学通过工业日益在实践上进入人的生活，改造人的生活，并为人的解放做准备。为了达到这个目的，人类"就要探索整个自然界，以便发现物的新的有用属性……采用新的方式（人工的）加工自然物，以便赋予它们以新的使用价值……要从一切方面去探索地球，以便发现新的有用物体和原有物体的新的使用属性。"

同时，马克思和恩格斯也强调在利用科学技术成果的时候，要把它所产生的最近的经济效益与长期的自然影响和社会后果结合起来考虑，把科学技术的应用所产生的经济效益、社会效益和环境效益统一起来。所以，没有当代科学技术的发展，人类就不可能真正从自然物质进程中获得自身的解放。人类所创造的物质生产力和当代科学技术是人类智慧的成果和证明。

4. 改革不合理的社会制度，实现自然环境与社会环境的统一

马克思恩格斯从更加宏伟的目标和终极价值的意义上看到了，生产方式和社会制度既以人与自然的关系为基础，又反映着人与人之间的社会关系，同时也制约和规定着人与自然的关系。因此，要重新规范人与自然的关系，其根本的措施在于改变生产方式和社会制度。马克思指出，资本主义使人与自然的关系以一种异化的形式表现出来，只有在共产主义社会才能实现人与自然之间的和谐一致。他说："这种共产主义，作为完成了的自然主义，等于人道主义，而作为完成了

的人道主义等于自然主义，它是人和自然之间、人和人之间矛盾的真正解决，是存在和本质、对象化和自我确证、自由和必然、个体和种类之间的斗争的真正解决。”其中，“自然主义”就是遵循“人与社会和谐”的原则。实施自然主义，要求人类的全部活动遵从生态规律，具有较强的生态意识和环境意识，并在实践上保护地球上的生命和自然环境。“人道主义”是指所有的人都享有公正和平等的权利与义务。实施人道主义应对人及人以外的生命给予必要的关怀。马克思认为“共产主义”是“人同自然界的完成了的本质的统一”。在共产主义社会，应将人的“自然的存在方式”与“人的存在方式”统一起来。马克思主义关于“自然主义、人道主义、共产主义”相统一的生态思想是其强大生命力之所在，也是其本质特征。

马克思和恩格斯指出，人类生存与发展所依赖的外部环境包括自然环境和社会环境两个组成部分。因为我们不仅生活在自然界中，还生活在人类社会中，所以这两个组成部分是相互关联和统一的。自然是社会赖以存在和发展的前提和基础，而社会是自然进化的产物，社会本身也是自然的一部分。自然与社会是不可分割的，人与自然之间的不协调实质上是人与人的问题、人与社会的问题。不改变社会环境，就不可能解决生态环境问题。因此，实现人与自然协调发展的一个重要途径就是改变不合理的社会制度。在一个崭新的、合理的社会里，“社会化的人，联合起来的生产者，将合理地调节他们和自然之间的物质变换，把它置于他们的共同控制之下，而不让它作为盲目的力量来统治自己；靠消耗最小的力量，在最无愧于和最适合于他们的人类本性的条件下来进行这种物质变换。”

二、马克思主义生态学的发展

（一）列宁的生态思想

列宁是伟大的无产阶级革命家和马克思主义者，他全面继承和发展了马克思、恩格斯的观点与学说，其中自然也包括马克思和恩格斯的生态思想。列宁的生态思想可以归结为以下几点：

1. 尊重自然

19 世纪末 20 世纪初，俄国某些资产阶级经济学家为了贬低马克思的劳动价值论，贬低工人在劳动中的作用，主张农业生产的进步是用人的劳动（实际指机器的力量）代替自然力量（人的体力），不是人借助机器进行工作，而是机器借助人进行工作。针对这一错误观点，列宁指出：“一般说来，人的劳动是无法代替自然力的，就像普特不能代替俄尺一样。无论在工业或农业中，人只能在认识到自然力的作用以后利用这种作用，并借助机器和工具等以减少利用中的困难。”任何夸大机器的作用或是贬低自然力的作用都会导致两种错误：一是抬高拥有机器的资本家的地位，贬低拥有自然力的劳动者的地位；二是主张“用生产的人工因素代替生产的自然因素”，无限夸大人工因素的作用，忽视自然因素，从而导致忽视自然规律。列宁认为，自然规律是客观的，人们只能认识、运用而不能违背或取消客观规律。因此，人们必须正确地面对自然，友好地处理与自然之间的关系。

2. 资源的循环利用

在列宁生活的时代，人造肥料已经应用于农业生产之中。由于广泛使用人造肥料，原来施用于农田的天然肥料（厩肥和人的排泄物）被排放到河中，既造成了资源的浪费，又污染了环境。列宁指出，“十分明显，人造肥料代替天然肥料的可能性以及这种代替（部分地）的事实丝毫也推翻不了下述事实：把天然肥料白白抛掉，同时污染市郊和工厂区的河流和空气，这是很不合理的。”在对未来社会的预测中，列宁把废弃物（生活垃圾）的处理、资源的循环利用当作消灭城乡对立的一个目标。他说：“最后（最后但不是最不重要），为了合理地利用对农业十分重要的城市污水特别是人的粪便，也要求消灭城乡对立。”列宁通过将资源的循环利用作为消灭城乡对立目标的角度，阐述了加强环境保护的必要性。这方面的思想无疑对我们今天发展循环经济具有启发意义。可以说，列宁是最早倡导绿色农业的思想家之一，也是最早倡导循环经济的思想家之一。

3. 资本主义生产方式对环境造成破坏

同马克思和恩格斯一样，列宁也认为资本主义生产方式要对人类大规模破坏自然环境负主要责任。首先，资本主义生产方式污染了城乡环境。他在《土地问题和“马克思的批评家”》中引述了恩格斯对资本主义大城市糟糕状况的描述，“在大城市中，用恩格斯的话来说，人们都在自己的粪便臭味中喘息，所有的人，只要有可能，都要定期跑出城市，呼吸一口新鲜的空气，喝一口清洁的水。”在乡村，城市的排泄物污染了河流和空气，危害着当地居民的健康。其次，资本主义生产方式使工人的生存环境恶化。工人的贫困、居住环境的肮脏和有害健康不是自然条件造成的，而是资本家对工人的剥削造成的，“说工人生活日益困难是由于自然界减少了它的赐物，这就是充当资产阶级的辩护士”。再次，帝国主义的对外扩张造成了殖民地环境的破坏。列宁在他的帝国主义理论中批判了垄断资本主义为了追求超额利润而毫无顾忌地对殖民地原料的破坏性掠夺。

（二）斯大林的生态思想

斯大林继承和发展了马克思、恩格斯、列宁的生态思想，并付诸实践活动。他领导的俄国社会主义生态建设实践，既给我们提供了宝贵的经验，又留下了深刻的教训。

斯大林关于人与自然关系问题的论述主要集中在人如何对待自然规律方面。有些人把反映自然界或社会中不依人们意志发生的种种客观过程的科学法则与由政府颁布的依照人们意志创制出来只有法律效力的法则混为一谈。斯大林针对这一错误观点，在《苏联社会主义社会经济问题》一书中指出，绝不能把这两者混为一谈，马克思主义认为不论是自然科学方面的法则也好，或是政治经济学方面的法则也好，是不依赖人们意志而发生的种种客观过程的反映。人们能发现这些法则，能认识这些法则，能领会这些法则，能在自己的行动中顾及这些法则，能运用这些法则为社会谋利益，但人们不能改变或废除这些法则，尤其不能规定或创立科学新法则。自然规律作为科学法则的基础，既不是由人创立的，又不能被人改变和消除。人们只有尊重和遵守自然规律，依照规律办事，才能达到预想的效果。但这是否意味着人在自然面前只能顺其自然，无所作为呢？在这里，斯大林区分了自然力量作用的两种方向：一是有利于人的积极的建设性方向，二是不利于人的消极的破坏性方向。人在自然力量面前不能束手无策、无所作为，而是在尊重自然规律的前提下，充分发挥人的主观能动性，积极地改造自然，利用自然的力量。特别是对自然力量的破坏性方向要通过人的努力使之改变方向，化消极因素为积极因素，为人类社会服务。

人类社会取得了巨大进步，人类干预自然的能力大大加强，这是不是说人们因此就废除了自然界的法则，废除了科学的法则，而创立了自然界的新法则，创立了科学的新法则呢？回答是否定的，人类取得的进步都是依据自然界法则，即依据科学法则来实现的，因为任何一种违反自然界法则的举动，即使是稍微违反这种法则的举动，都只会使事业受到破坏，只会使工作遭到失败。斯大林还提醒人们，人类的力量再强大，也不能创造自然法则，而只能是认识、掌握、利用自然规律，对于这一点，人类始终要保持清醒的认识，否则就会犯重大的错误，最终给人类自身带来灾难。

在人与自然的关系问题上，斯大林坚持唯物主义立场，承认自然界是不依赖人的客观存在，即承认自然规律的客观性，并主张人必须遵循而不能改变客观规律。同时，人要在遵循客观规律的前提下改造自然，创造更适合人类居住的自然环境，造福于人类社会。在这一点上，斯大林与马克思的人道唯物主义是一脉相承的。但是，我们应该看到，斯大林的自然观具有片面性。由于对恩格斯存有偏见，他没有继承恩格斯的辩证自然观，即轻视了自然是个整体，轻视了自然界中各种因素的相互作用，只看到人对自然的改造，忽视了自然的自我生长、自我修复能力；只看到改造自然所带来的眼前的变化，忽视了人的活动给自然带来的长期影响；只看到自然的人化，没有看到自然的反人化。

第二节　中国化的马克思主义生态学

一、毛泽东对马克思主义生态学说的继承和发展

（一）绿化祖国，建设美好家园

绿化祖国，建设美好家园是毛泽东青年时期就有的理想，即使是在残酷的战争年代，毛泽东也没有忘记这一理想，一旦局势稍缓，革命政权有了短暂的稍微安定的建设环境，毛泽东就紧紧抓住时机部署绿化工作。例如，1928 年，毛泽东于江西永新倡导百姓造林；1932 年，以毛泽东为主席的中华苏维埃共和国临时中央政府颁布《中华苏维埃共和国临时中央政府人民委员会对于植树运动的决议》；1938—1942 年，在毛泽东的倡议下，陕甘宁边区政府发动群众植树 260 万余株；1943—1946 年，在陕北张家畔荒滩植树 500 余万株；等等。

从 1840 年鸦片战争开始到中华人民共和国成立，中国战乱不断，致使中华大地呈现出千疮百孔、满目疮痍的破败景象，生态环境也受到了严重的破坏。中华人民共和国的成立彻底改变了中国的历史，为中国人民建设美好家园开启了新的道路。基于在青年时代就形成的消灭荒山、实行绿化、加强水利工程建设、促进农业生产发展等生态环境保护和建设的理想，中华人民共和国成立之初，毛泽东指出："天上的空气，地上的森林，地下的宝藏，都是建设社会主义所需要的重要因素。"他认为，自然资源是进行社会主义建设必不可少的条件，所以必须保护自然资源。

（二）农林牧副渔综合平衡，重点强调林业发展

农业、林业、牧业、副业、渔业并称五业，这五业生产既关系到经济发展和人民生活，又与改善环境有直接的关系。毛泽东主张这五业要综合发展、平衡发

展，认为要努力发展粮、棉、油、麻、丝、茶、糖、菜、烟、果、药、杂等生产，要实行农、林、牧、副、渔五业并举的方针。他还十分形象地描述了农、林、牧三者之间的辩证关系，“农、林业是发展畜牧业的祖宗，畜牧业是农、林业的儿子。然后，畜牧业又是农、林业（主要是农业）的祖宗，农、林业又变为儿子了。这就是三者平衡地互相依赖的道理。”毛泽东还用系统论的观点考察五业之间的关系，指出它们是相互联系、相互影响，共同构成一个大的生产系统、生态系统的。他还说：“所谓农者，指的是农、林、牧、副、渔五业综合平衡。蔬菜是农，猪、牛、羊、鸡、鸭、鹅、兔等是牧，水产是渔，畜类、禽类要吃饱，才能长起来，于是需要生产大量精粗两类饲料，这又是农业，牧放牲口需要林地、草地，又要注重林业、草业。由此观之，为了副食品，农、林、牧、副、渔五大业都牵动了，互相联系，缺一不可。”五业的综合平衡发展既可以发展经济，满足人民的生活需要，又可以改善生态环境。

毛泽东特别强调林业建设的重要意义，认为林业是一个大事业，每年都为国家创造财富，为国家做出很大贡献，指示一定“要发展林业……林业以后才是牧业、渔业，蚕桑、大豆要加上。林业是化学工业、建筑工业的基础”。毛泽东曾在《关于加强山林保护管理，制止破坏山林、树木的通知》的批语中对森林资源给予高度肯定：“森林是社会主义建设的重要资源，又是农业生产的一种保障。积极发展和保护森林资源，对于促进我国工、农业生产具有重要意义。”森林被誉为“地球之肺”，是地球生态系统的重要一环，重视林业生产、保护森林资源对保护生态环境具有十分重要的意义。

（三）重视水利建设，治理大江大河

在中国历史上，历朝历代尤其是明清两代都很重视治理江河的事情，并设有专门的机构负责治河工程。中华人民共和国成立后，毛泽东也非常重视大江大河的治理工作。1950 年 6 月至 7 月，淮河发大水，灾情严重。毛泽东提出把目前防救和根本治淮结合起来，除防救外，还须考虑根治办法。在他的主张下，苏、皖、豫三省在当年秋天同时动工，共同治理淮河。毛泽东还根据淮河灾情，借鉴历史经验，从政治高度出发，强调了根治淮河水患的重要性。在抗美援朝财政困难的情况下，仍然开展了对灾情最重的淮河的大规模治理。“一定要把淮河修好”，这是毛泽东在淮河大水后发出的战略号召。治淮是中华人民共和国成立后第一个大型治水工程。

在兴修水利的同时，毛泽东主张坚持治水与改土相结合，狠抓水土保持工作。对于垦荒工作，毛泽东要求全民在垦荒的时候，“必须注意水土保持工作，绝不可

以因为开荒造成下游地区的水灾”，尤其要避免水土流失。实际工作中要坚持治水与改土相结合的原则。对水土流失地区要有步骤、有计划地开展水土保持工作，对山水田林进行综合治理，不能只抓治水而不抓改土，应该通过深耕改良土壤的性状。

二、邓小平对马克思主义生态学说的继承和发展

（一）提出“植树造林，绿化祖国，造福后代”

20世纪60年代初至70年代末，有667万公顷土地沙漠化，有1 300多万公顷农田遭受风沙危害，有1 000多万公顷草场由于沙化、盐渍化，牧草严重退化，有数以百计的水库变成沙库。据调查，三北地区沙漠化土地在20世纪五六十年代，每年扩展1 560平方千米；20世纪七八十年代初，每年扩展2 100平方千米。三北防护林工程的建设范围包括西北、华北、东北13个省（区、市）的551个县（旗、市、区），总面积406.9万平方千米，占全国陆地总面积的42.4%；建设周期为1978—2050年，分三阶段八期工程进行建设；规划总造林3 508万公顷，使三北地区的森林覆盖率由5.05%提高到14.95%，有效地控制风沙危害和水土流失，从根本上改善生态环境和人民群众的生产生活条件。邓小平为该工程亲笔题词“绿色长城”。1978—2008年，三北防护林工程建设取得了举世瞩目的成就，累计完成造林保存面积2 446.9万公顷，建设区森林覆盖率由工程建设前的5.05%提高到10.51%，改善了生态环境，在国内外都产生了广泛而深远的影响，大大提高了我国在国际生态环保领域的地位，成为我国生态建设的标志性工程。

除此之外，邓小平还非常关心全国范围的绿化工作。1981年夏天，四川发生特大水灾，邓小平说：“最近发生的洪灾涉及林业问题，涉及森林的过量采伐。看来宁可进口一点木材，也要少砍一点树。报上对森林采伐的方式有争议。这些地方是否可以只搞间伐，不搞皆伐，特别是大面积的皆伐。中国的林业要上去，不采取一些有力措施不行。是否可以规定每人每年都要种几棵树，比如种三棵或五棵树，要包种包活，多种者受奖，无故不履行此项义务者受罚。国家在苗木方面给予支持。可否提出个文件，由全国人民代表大会通过，或者由人大常委会通过，使它成为法律，及时施行。”在他的倡导下，1981年第五届全国人民代表大会第四次会议通过了《关于开展全民义务植树运动的决议》，使植树造林、绿化祖国成为公民的法定义务。

邓小平不仅是义务植树运动的倡导者，更是义务植树运动的实践者。他身体力行，每年都要抽空参加植树造林活动。他认为植树造林、绿化祖国是造福子孙

后代的大事，是改善生态环境的重要举措。对于林业建设工作，邓小平还强调要“坚持一百年，坚持一千年，要一代一代永远干下去”。由此可见，林业发展在邓小平心目中具有举足轻重的地位，这句话也充分表达了他对改善生态环境的迫切心情。

（二）提倡人与自然的协调、可持续发展

邓小平还以战略的眼光考虑中国经济社会的长远发展问题，对中国的可持续发展做了前瞻性的思考。联合国 1989 年通过的《关于可持续发展的声明》指出：可持续发展，是指满足当前需要而又不削弱子孙后代满足其需要的能力的发展。邓小平虽然没有明确提出“可持续发展战略”，但对这一问题做过深入的思考。1989 年 6 月，邓小平在同几位中央负责同志谈话时曾经指出：“我建议组织一个班子。研究下一个世纪前五十年的发展战略和规划……要采取有力的步骤，使我们的发展持续、有后劲。”经济的良性持续发展需要良好生态环境的支撑。邓小平主张，经济必须要走可持续发展的道路，其核心思想是经济发展应当建立在社会公正和资源可持续利用的前提下，既满足人民生活的需要，又要保护资源和生态环境，并且不对后代人的生存和发展构成威胁。因此，可持续发展强调了经济、社会和环境的协调统一发展。在邓小平关于经济走可持续发展道路思想的指导下，我国积极参与联合国主持的国际环保运动，并于 1992 年签署了与可持续发展有关的两个国际公约，编制了《中国 21 世纪议程》，制定了可持续发展战略。

可持续发展与生态保护的内在联系就在于经济效益和生态效益的统一、当前发展和长远发展的统一。这两个“统一”是邓小平关于“两手抓，两手都要硬”思想在人与自然协调发展思想中的体现。它强调既要注重经济效益又要注重生态效益；既要注重当前发展又考虑长远发展。正是在邓小平的这一思想指导下，我国的现代化建设的实践统筹人与自然的发展，正确处理经济发展同人口、资源、环境的关系，加强对环境污染的治理，植树造林，搞好水土保持，大大改善了生态环境。

（三）加强生态环境建设方面的法制建设工作

邓小平在 1978 年提出：“应该集中力量制定刑法、民法、诉讼法和其他各种必要的法律，如工厂法、人民公社法、森林法、草原法、环境保护法、劳动法、外国人投资法等，经过一定的民主程序讨论通过，并且加强检察机关和司法机关，做到有法可依、有法必依、执法必严、违法必究。”在邓小平的高度重视下，先后制定、颁布了相关的法律法规，这对保护、利用、开发和管理整个生态环境及其

资源提供了强有力的法律保障。

以邓小平为核心的第二代中央领导集体着力推进了生态环境建设方面的法制化工作。国务院曾多次要求基本建设和环境保护部门认真审查在建工程项目，属于布局不合理，资源、能源浪费大，对环境污染严重，又无有效治理措施的项目，要坚决停止建设。各级人民政府在制定国民经济和社会发展计划时，必须把生态环境及其资源的保护作为一项重要内容，纳入计划，加强管理。尤其要把防治工业污染作为头等大事，抓紧抓实抓好。

三、江泽民对马克思主义生态学说的继承和发展

（一）将生态良好作为全面建设小康社会的目标之一

随着我国经济建设的不断发展，许多问题和矛盾不断地凸显出来，生态环境被破坏的问题十分突出，如能源浪费、工业污染、土地沙漠化等。不断恶化的生态环境严重制约了经济发展。江泽民对此发表了多次重要讲话，也做出了许多重要指示。早在 1995 年江泽民就指出："人口、自然资源、生态环境等对经济持续发展的压力在增大。" 1996 年他又指出："我国的可持续发展还受着国民经济整体素质比较低，以及资源、人口、环境等方面问题的严重制约。" 1998 年他再次指出："生态环境恶化，水旱灾害频繁，是制约我国农业发展的最大障碍。要实现农业持续稳定增长，必须切实加强农业基础建设，大力改变生产条件，改善生态环境。这要作为一项长期的战略任务，坚持不懈地抓下去。" 正是基于对中国环境问题的严重性、重要性、紧迫性具有的清醒而深刻认识，以江泽民为核心的党的第三代领导集体才把生态良好列入了全面建设小康社会的奋斗目标。

生态良好与可持续发展具有内在的联系。可以说，生态良好就是可持续发展，这两者实际上是一个问题的两种表述。提出生态良好的目标，体现了江泽民对邓小平可持续发展思想的继承和创新。我国人口众多，人均耕地面积不足，自然资源短缺，许多城市面临缺水的困境。因此，实施可持续发展战略，对我国来说更具重要性和紧迫性。江泽民继承并发展了邓小平的可持续发展思想，在新时期的实践中强调：要坚持不懈地增强全党和全民族的环境意识，实施可持续发展战略，努力为中华民族的发展创造一个美好的环境，并多次提出要保持社会经济发展的协调性和可持续性。江泽民在中国共产党第十四届中央委员会第五次全体会议闭幕时所做的《正确处理社会主义现代化建设中的若干重大关系》报告中指出："不仅要安排好当前的发展，还要为子孙后代着想，绝不能吃祖宗饭，断子孙路，走浪费资源和先污染、后治理的路子。" 同时强调："在现代化建设中，必须把实现

可持续发展作为一个重大战略。”此外，他在《坚定不移地贯彻计划生育的基本国策》提出：“所谓可持续发展，就是既要考虑当前发展的需要，又要考虑未来发展的需要，不要以牺牲后代人的利益为代价来满足当代人的利益。实现可持续发展，是人类社会发展的必然要求，已经成为世界许多国家关注的一个重大问题。中国是世界上人口最多的发展中国家，这个问题更具紧迫性。”在中国共产党第十六次全国代表大会上的报告中，江泽民进一步用“生态良好”阐释可持续发展，并将其上升到“文明发展道路”的高度，为“社会主义生态文明”概念的提出奠定了思想基础。

（二）多策并举，推动生态环境建设

生态环境建设是个系统工程，其中包含许多重要的因素，诸如人口因素、科技发展、市场完善、法制建设等，这些因素都对生态环境建设具有重要的影响。江泽民对做好方方面面的工作以促进生态环境建设进行了深入思考，并做出全面部署。

1. 正确处理人口增长与经济发展的关系

我国人口众多，致使环境承载压力过大。因而，控制人口增长极为紧迫。1997 年 3 月，江泽民在中央计划生育和环境保护工作座谈会上说：“计划生育和环境保护都很重要，都关系到我国经济和社会发展的全局……邓小平同志在确定我国改革开放和现代化建设总体布局的过程中，很重视计划生育和环境保护问题。”江泽民继承了邓小平关于通过计划生育以减轻环境压力的思想。在这个基础上，他进一步指出：“我们必须把控制人口、节约资源、保护环境放在重要位置，使子孙后代的可持续发展有一个良好的环境。”并将其上升到关乎国家整体发展的战略高度，指出：“控制人口增长，保护生态环境，是全党全国人民必须长期坚持的基本国策。”江泽民多次强调，要从可持续发展的战略高度认识人口问题的重要性，他指出：“严格控制人口增长，是关系到国家富强、民族繁荣、子孙后代幸福的根本大计。”

2. 充分发挥科教在生态环境建设中的作用

科学技术是第一生产力，解决环境问题离不开科学技术的进步。江泽民十分重视科技进步在环境保护和可持续发展中的作用。1989 年 12 月，江泽民在全国科学技术奖励大会上的讲话中指出：“全球面临的资源、环境、生态、人口等重大问题的解决，都离不开科学技术的进步。”1998 年 3 月，江泽民在同全国政协科

技界委员座谈时又说："在环境保护、资源和能源的高效洁净利用等方面，也要广泛采用世界先进技术，以免重蹈工业化国家先污染、后治理的老路，真正实现可持续发展。"2000年6月，江泽民还在为美国《科学》杂志撰写的社论《科学在中国：意义与承诺》中提出："中国正处于发展的关键时期，面临着优化经济结构、合理利用资源、保护生态环境、促进地区协调发展、提高人口素质、彻底消除贫困等一系列重大任务。完成这些任务，都离不开科学的发展和进步。"发展科学技术要有重点，江泽民指出："要十分重视解决环境保护、资源合理开发利用、减灾防灾、人口控制、人民健康等社会发展领域的科技问题，为改善生态环境、提高人民的生活质量和健康水平做出贡献，促进经济和社会的持续协调发展。"实施科教兴国战略是邓小平提出的战略设想，江泽民继承和发展了这一战略思想，他主张实施科教兴国战略和可持续发展战略。在中共十五大报告中，江泽民就"实施科教兴国战略和可持续发展战略"进行了深刻论述，指出科教兴国战略不仅支持国民经济高速增长，更密切关联着支持经济、社会的可持续发展。在经济发展中，要依靠科技降低资源消耗，依靠科技减少环境污染，依靠科技治理已形成的环境污染。

3. 在资源环境保护方面加强立法，严格执法

江泽民十分重视环境方面的立法、执法工作，强调生态环境保护要纳入依法治理的轨道，要对那些破坏生态环境的人加以严惩。他指出："坚持计划生育和保护环境的基本国策，正确处理经济发展同人口、资源、环境的关系……严格执行土地、水、森林、矿产、海洋等资源管理和保护的法律。"根据江泽民的指示精神，国家相继颁布了《环境保护法》《森林法》《大气污染防治法》《水污染防治法》《海洋环境保护法》等多部法律，为做好生态环境建设提供了有利的法律支持。尽管我国出台了一系列有关资源利用、环境保护方面的法律法规，但在执法方面还存在着有法不依、执法不严、违法不究的现象。广大干部群众对资源和环境方面的法律意识淡薄。一些领导干部地方保护主义严重，片面追求经济效益。对此，江泽民强调，"加大对资源保护和合理利用的执法监察力度。对于违法审批、处置、占用土地和其他资源的，都要依法查处。""既然立了法，就要坚持有法必依、执法必严、违法必究。"

4. 运用国内国际"两种资源、两个市场"，搞好生态环境建设

当今的世界是开放的世界，全球化进程的加快使世界愈益成为一个整体。在全球化的背景下，生态环境建设已成为世界各国、国际社会的共同责任。当今环

境领域的挑战是全球性的，需要世界各国人民的通力合作和长期努力。全球化对我国的经济发展和生态环境建设既是挑战又是机遇。全球化使我国经济发展和生态建设面临巨大的外部压力，反过来说，这一压力也是动力。针对全球化背景下我国经济发展和环境建设出现的新形势，江泽民提出：在资源开发利用上，必须充分利用国内国际“两种资源、两个市场”，必须加大利用国外资源的工作力度。要采取多种方式利用国外资源，实行多元化经营利用战略，以弥补我国重要资源的短缺，增强我国持续发展的能力。江泽民提醒我们要注意“既扩大资源领域的对外交流又防止珍稀资源流失”，“既要充分利用国外资源又不过分依赖国外资源”，并强调“对重要战略资源实施国家战略储备”。江泽民还强调我国的经济发展要“走出一条适合我国国情的资源节约型的经济发展新路子”。

（三）绿化祖国，再造秀美山川

江泽民继承了毛泽东、邓小平的绿化祖国的思想，始终高度重视绿化工作。1990 年，江泽民、李鹏在致全国绿化委员会第九次全体会议的信中提出了全社会办林业、全民搞绿化思想。1999 年，江泽民在参加首都全民植树活动时指出：“只有全民动员，锲而不舍，年复一年把植树造林工作搞下去，才能有效地遏制水土流失，防止土地沙漠化，为人民造福。”他强调，“这是关系到中华民族下个世纪和千秋万代的大事，必须充分重视，抓紧抓好。”

江泽民认为，西部地区的环境保护不仅是一个区域问题，还关系到全国的生态建设问题，甚至是关系中华民族命运和前途的大问题。他指出：“西部地区是保障国家生态安全的要害地区，但目前生态环境十分脆弱。搞好西部地区特别是长江、黄河源头和上游重点区域的生态建设，对于改善全国生态环境，实施可持续发展战略具有重要作用。”对于西部大开发，江泽民明确提出，既要发挥资源优势，又要保护环境，退耕还林，植树种草，搞好绿化工作。他说：“西部地区资源丰富，要把那里的资源优势转变为经济优势，必须坚持合理利用和节约能源的原则。要抓紧开展西部地区土地、矿产、水等自然资源的调查评价和规划。抓紧制定西部地区矿产资源的勘察开发政策，加大西部地区找水工作的力度，为西部大开发提供水源保障。要把加强生态环境保护和建设作为西部大开发的重要内容和紧迫任务，坚持预防为主，保护优先，搞好开发建设的环境监督管理，切实避免走‘先污染后治理、先破坏后恢复’的老路。退耕还林还草，要有计划有步骤、因地制宜地实施，并从实际出发，注意与当地经济发展和脱贫致富紧密结合。特别要把长江、黄河作为环境保护的重点，统筹规划源头地区的保护、上中游地区的生态环境治理与流域污染治理，实施综合整治。”

四、胡锦涛对马克思主义生态学说的继承和发展

胡锦涛把马克思主义生态学说与中国当前国情相结合，创造性地提出了以人为本，全面、协调、可持续的科学发展观，突出表现了尊重自然、保护环境、关心人类、着眼当前、思考未来的生态文明新理念。

（一）实现人与自然的和谐发展

由于传统经济发展方式的高投入、高产出和高污染，使我国的工业化过程伴随着大量废水、废气、废渣的排放而造成了严重的环境污染问题，不合理的自然资源开发导致了森林锐减、生物多样性减少、水土流失和土地的荒漠化等问题，再加上人口增加、资源紧张等问题，严重制约着经济质量的提高，加剧了环境与发展之间，区域发展之间，人口、资源和环境之间的矛盾。因此，走出一条科技含量高、经济效益好、资源消耗低、环境污染少、人力资源优势得到充分发挥的新型工业化之路，是经济健康发展的客观要求，也是全面建设小康社会，加快经济社会又好又快发展的必然选择。

自然生态环境是人类社会赖以生存和发展的重要物质基础，社会的和谐建立在人与自然和谐的基础之上。社会主义和谐社会应该是人与自然和谐相处的社会。2008 年 4 月，胡锦涛在海南考察时强调，把建设生态文明、保护生态环境放在经济社会发展的首要位置，做到在保护中发展、在发展中保护。

（二）发展循环经济

按照马克思主义生态学原理，经济发展走工业生态化之路就必须实行循环经济，发展清洁的生产方式，节能减排，进而实现人与自然、经济与环境、发展与健康、当代人与后代人利益的协调和共赢。

中共十六大之后，胡锦涛指出，要加快转变经济增长方式，将循环经济的发展理念贯穿到区域经济发展、城乡建设和产品生产中，使资源得到最有效的利用。循环经济在生态学上体现为可持续的经济，主要表现为污染低排放，甚至污染零排放。循环经济把清洁生产、资源综合利用、生态设计和可持续消费等融为一体，运用生态学规律指导人类社会的经济活动，是追求更大经济效益、更少资源消耗、更低环境污染和更多劳动就业的先进模式。中共十六届四中全会、中共十六届五中全会决议均明确提出要大力发展循环经济，把发展循环经济作为调整经济结构和布局，实现经济增长方式转变的重大举措。具体来说，发展循环经济就是要达到经济发展和环境保护的双赢。

（三）建设生态文明

生态文明是继工业文明之后，人类又兴起的一种先进的文明形式。生态文明是人类遵循人与自然和谐发展规律，推进社会、经济和文化发展所取得的物质成果与精神成果的总和，是以人与自然、人与人和谐共生、全面发展、持续繁荣为宗旨的社会形态。生态文明是绿色文化，标志是绿色环境，是建立在先进生产力基础之上的文化追求，是一种让人民群众普遍感到舒适、感到幸福的文明形式。

2008 年 1 月 14 日，胡锦涛在安徽考察工作时指出："建设生态文明，实质上就是要建设以资源环境承载力为基础、以自然规律为准则、以可持续发展为目标的资源节约型、环境友好型社会。"中共十七大第一次把建设生态文明作为一项战略任务提了出来，并在报告中指出："建设生态文明，基本形成节约能源资源和保护生态环境的产业结构、增长方式、消费模式。"倡导生态文明建设，不但对中国自身发展影响深远，而且是中华民族对全球日益严峻的生态环境问题做出的承诺。

（四）完善环境保护的法治体系

环境保护法治体系是国家制定的合理开发利用自然资源、保护改善环境的各种法律、规范共同构成的相互联系、相互补充、内部协调一致的有机整体。它把人类的生存环境作为保护对象，把人们在生产、生活中所产生的同保护和改善环境有关的社会关系作为其调整社会关系的特定领域。胡锦涛在中共十七大报告中明确提出："要完善有利于节约能源资源和保护生态环境的法律和政策，加快形成可持续发展体制机制。落实节能减排工作责任制。"把完善环境法律法规作为实现经济社会又好又快发展的手段和重要保障，有利于从源头上制止环境污染蔓延和生态破坏，有利于资源的优化配置，有利于降低发展成本，减少污染处理的费用，是实现可持续发展的基本条件和重要保证。

第三节　中国化马克思主义生态学的当代意义

中国化马克思主义生态学是当代中国马克思主义者把马克思主义关于人与自然关系的合理思想与中国的具体实践相结合，形成的具有时代背景和民族特色的关于人与自然关系的观点，对丰富和发展马克思主义生态学具有重要的理论意义，对指导中国的社会主义现代化建设、实现可持续发展具有重要的实践意义。

一、中国化马克思主义生态学的理论意义

人类社会文明发展的历史是人与自然关系发展变化的历史，它始终围绕着生存与发展这一永恒的主题。例如，在渔猎时代，人是自然的奴隶；在农业时代，人依赖于自然；在工业时代，人是自然的主宰；在现代社会，自然影响着人；到了未来社会，人与自然将实现和谐相处。因此，人类与自然之间一直是相互依赖、相互制约、相互作用，既对立又统一，既冲突又协同。

马克思主义生态学揭示了人与自然关系的本质，人是自然生态系统中的一个组成部分，人对自然环境既直接依赖，又能动地改造。但这并没有解决人应该在何时、何地、何种情况下顺应自然，在何时、何地、何种情况下能动地改造自然，在改造自然的时候选择何种道路、何种方式等一系列的问题。

在人与自然的关系中，人是主体，自然是客体，人处于中心位置。换句话说，如何正确地认识和处理人与自然的关系，一方面取决于时代背景、生态环境条件，另一方面取决于人的认识能力和科学技术水平。在中华人民共和国成立初期，毛泽东针对国内不断发生的自然灾害，号召走自力更生之路，改造自然，利用自然。如果把世界看作一个大系统，对外开放的中国则是个小系统，中国人应抓住和平机遇。邓小平强调“发展才是硬道理”。江泽民认定了可持续发展的目标，把发展作为执政兴国的第一要务，协调人口、资源和环境的关系。胡锦涛在总结传统发展模式得与失的基础上，站在时代角度，抓住人类与环境这一社会发展过程中的基本矛盾，科学地构建了人与自然和谐共处的观念和价值目标，并在实践中不断丰富、发展了马克思主义的人与自然关系的生态学说。

二、中国化马克思主义生态学的实践意义

中国是人口大国，处于资源相对短缺、生态环境脆弱、环境容量有限的现状，面对大规模的工业化、城市化和日益激化的人与自然关系的矛盾、环境与经济发展的矛盾，如何避免历史上曾出现的西域楼兰古国消失和美洲玛雅文化中断的危险，实现以人为本、全面、协调、可持续的发展，这不但是摆在中国人面前的重要历史课题，而且是攸关中华民族生存和发展命运的重大问题。中国化马克思主义生态学与时俱进地回答了在中国的国情下发展与自然的关系，指导中国创造了发展与自然关系的奇迹。

邓小平经济优先的生态学思想回答了经济文化落后的东方大国在人口多、资源少的情况下经济发展与环境保护的问题，明确走可持续发展道路的必然选择。江泽民回答了处理人与自然关系的目标问题，提出了可持续发展战略。胡

锦涛回答了在人类改造自然能力不断增强的时代背景下，如何把握人与自然的关系，并指出了人与自然和谐相处、走新型工业化道路、发展循环经济、建设生态文明，为我国的可持续发展提供了理论指导，对全球的可持续发展具有重要意义。

第六章　经济学视角下马克思主义的中国化

第一节　马克思主义经济学在中国的形成与发展

一、马克思主义经济学在中国的形成

中国化马克思主义经济学的形成既是马克思主义经济学自身丰富和发展的内在要求，又是解决中国经济问题的客观需求。对于中国来说，对“如何建设社会主义”“如何巩固和发展社会主义经济关系”等基本理论问题做出解答是中国化马克思主义经济学的研究主题。在中国社会主义建设的不同历史时期，中国共产党的历代领导集体都对我国的经济建设问题进行了不同的探讨，提出了许多富有创造性的思想，形成了中国化马克思主义经济学的中心思想。

（一）中国化马克思主义经济学的内涵

中国化马克思主义经济学是对马克思主义经济学理论与中国经济建设实践正确结合的科学概括，也是被实践证明了的关于中国建设和改革的正确理论原则和经验总结。

1. 中国化马克思主义经济学是马克思主义经济学在当代中国的发展

中国化马克思主义经济学是马克思主义经济学理论与中国经济建设具体实际相结合的产物。首先，毛泽东把马克思主义的普遍原理同中国革命的具体实际相结合，创立了新民主主义革命理论，丰富和发展了包括马克思主义政治经济学在内的马克思主义理论体系。其次，以邓小平、江泽民和胡锦涛为主要代表的中国

共产党人把马克思主义同中国改革开放和现代化建设的实践相结合，成功开辟和开拓了中国特色社会主义道路，创立了包含社会主义经济理论在内的中国特色社会主义理论体系，使马克思主义政治经济学得到进一步发展。

2. 中国化马克思主义经济学是被实践证明了的关于中国建设和改革的正确的理论原则和经验总结

中华人民共和国成立后，中国共产党领导全国各族人民努力探索适合中国国情的社会主义建设道路。在这一过程中，对在中国这样一个经济文化落后的国家如何建设社会主义、如何巩固和发展社会主义等问题进行了一些重要的探讨，形成了中国特色的马克思主义经济学。中国化马克思主义经济学是被实践证明了的关于中国建设和改革的正确的理论原则和经验总结。具体来说，中国化马克思主义经济学取得的理论突破主要包括承认现阶段的社会主义处于初级阶段；承认公有制可以有多种实现形式；明确社会主义初级阶段的基本经济制度是以公有制为主体、多种所有制经济共同发展，分配制度是以按劳分配为主体、多种分配方式并存的制度；承认社会主义条件下存在商品关系，并确认社会主义经济也是市场经济；提出社会主义的根本任务是发展生产力，发展生产力必须坚持科学发展观。由此可见，中国化马克思主义经济学发展了马克思主义政治经济学的社会主义经济理论，解决了当代中国经济建设中面临的新情况、新问题。

（二）中国化马克思主义经济学的形成

1956 年，我国进入了全面建设社会主义的历史时期。面对摆在全党面前的社会主义经济究竟应该怎样建设和发展这个全新而重大的课题，毛泽东进行了如下思考：能否像中国式的社会主义改造一样，也找到一条适合我国国情的社会主义建设道路。他还在借鉴苏联和东欧社会主义国家的建设经验、总结我国已有经验并进行大量调查研究的基础上，撰写了《论十大关系》，提出了我国自己的经济建设思想。这本书也成了马克思主义经济学与中国经济建设实际相结合的初步探索，是中国化马克思主义经济学形成的标志。

毛泽东根据当时我国社会主义革命和建设的实际在《论十大关系》中主要论述了：重工业和轻工业、农业的关系；经济建设和国防建设的关系；国家、生产单位和生产者个人的关系；革命和反革命的关系；沿海工业和内地工业的关系；中央和地方的关系；是非关系；汉族和少数民族的关系；党和非党的关系；中国和外国的关系。这“十大关系”涉及当时我国社会主义建设中的经济、政治等各方面的主要关系。因此，对这“十大关系”的论述实际上构成了中国共产党对走中国特色社会主义经济发展道路的最初探索。

中国化马克思主义经济学是对马克思主义经济学与中国经济建设发展实际正确结合的科学概括，是中国共产党历代领导集体在探索建设社会主义道路过程中形成和发展起来的经济思想和经济理论，是马克思主义政治经济学在当代中国发展的最新成果。

二、马克思主义经济学在中国的发展

（一）邓小平对马克思主义政治经济学的发展与创新

1. 关于社会主义初级阶段的理论

马克思主义是不断革命论与革命阶段论的统一，而无论革命还是建设，正确区分历史阶段都具有决定性的意义。毛泽东在领导中国革命时，既批判了放弃领导权的右倾错误，又批判了“毕其功于一役”的“左”倾错误，顺利地进入了社会主义建立和建设中来。在社会主义改造完成后，由于把阶级斗争看作整个社会主义时期的主要矛盾，否认发展生产力是中心任务，从而导致一系列的“左”倾错误。对于主要矛盾认识错误主要是因为对发展阶段的认识错误，没有看到社会主义初级阶段的必然性和特殊性。邓小平正确分析了失误根源，科学地提出了社会主义初级阶段理论。邓小平指出，我们目前已经进入了社会主义社会，但由于生产力比较落后，因而还只是处于社会主义的不发达阶段，社会主义在这个阶段的根本任务是发展生产力。这是对中国基本国情的正确判断，是制定党的路线、方针、政策的客观依据，也是社会主义建设时期政治经济学研究的出发点。

2. 关于社会主义本质的理论

邓小平在领导中国人民改革开放，全面建设社会主义现代化的过程中，不断思考和反复提出“什么是社会主义，怎样建设社会主义”这一基本问题。他从社会主义的优越性出发，反思社会主义的本质，目的是在坚持社会主义基本制度的基础上，进一步弄清社会主义的本质和要求，从而建设一个充分体现社会主义优越性的、让人民满意的、合格的社会主义社会。经过改革开放过程中的长期思考，邓小平对社会主义的本质做了科学地概括，指出“社会主义的木质，是解放生产力，发展生产力，消灭剥削，消除两极分化，最终达到共同富裕。”总体来说，社会主义本质包括两个基本方面：一是“解放生产力，发展生产力”；二是“消灭剥削，消除两极分化，最终达到共同富裕”。这两个方面既讲了社会主义的根本任务，又讲了社会主义社会的根本目标；既讲了社会主义生产力，又讲了社会主义生产关系和社会关系；既讲了社会主义在客观运动规律上的本质要求，又讲了社会主义在主体价值目标上的本质要求；既讲了社会主义社会的发展过程，又讲了社会主义的最终目的。这就摆正了社会主义公正与效率的关系，找到了社会主义本质与社会主义经济发展的契合点，发展了社会主义概念，即由对社会主义特点及原则的概括升华为对其本质的归纳。这是在深层次上对社会主义本质做出的新概括，也是在马克思主义发展史上对社会主义本质观的重大发展。

3. 关于社会主义市场经济的理论

中国共产党在较长时期内实行苏联的计划经济模式，把市场经济看作滋生资本主义的土壤，反对把粮、棉、油、煤等主要产品作为商品来生产。邓小平根据商品、价格、市场和价值规律本身的基本属性及其在社会主义初级阶段对发展生产力的重要作用，吸取了社会主义经济建设的经验教训，鲜明地提出了“社会主义也可以搞市场经济”的思想。这样不仅把市场经济与资本主义区分开了，还认识到了社会主义与市场经济之间的必然联系，并且看到了价值规律和价值增值规律仍然是生产力发展的动力和形式。实践证明，否定市场经济，生产力发展就步履艰难；恢复市场经济，生产力就蓬勃发展。随着经济体制改革的不断深化，我国形成了较为完善的社会主义市场经济理论体系，为我国经济体制改革指明了正确的方向。

4. 关于改革与判断改革开放根本标准的理论

改革是邓小平理论和实践的一个重要组成部分。围绕社会主义现代化这一中心任务，邓小平对改革的目标、内容、对象、原则和方法等进行了论述，提出了系统的改革构想，是我国改革开放和社会主义现代化建设的总设计师。改革是社会主义制度的自我完善，不同于传统意义上的革命，它不是改变社会主义的基本制度，而是对各种具体体制进行的自觉的变革。改革是中国的第二次革命：改革不是对旧体制的修修补补，而是全面的变革，就其广度和深度而言，是一场新的革命；改革是相对于第一次革命，即新民主主义革命而言的，其目的就是要通过改革把一个经济、文化比较落后的中国建设成为一个富强、民主、文明的社会主义现代化国家；改革是为了解放和发展生产力，是社会主义发展的直接动力。改革开放中既有思想解放、观念更新的问题，又有战略设计、措施选择的问题，还会触及一些更深层次的矛盾。这就使不同的人从不同的角度对改革的是非得失有了不同的评价。邓小平深感这个问题的重要性，于 1992 年明确提出了判断改革开放是非曲直的“三个有利于”标准，即“是否有利于发展社会主义社会的生产力，是否有利于增强社会主义国家的综合国力，是否有利于提高人民的生活水平”。

这个根本标准不但为人们解放思想提供了强有力的武器，而且也是社会主义政治经济学评判真理与谬误的标准。

5. 关于发展战略的理论

邓小平认为“发展是硬道理”，而中国发展的宏伟目标就是实现现代化，建设社会主义强国。他还为我国实现社会主义现代化制定了发展战略及实施这一战略的基本纲领、政策和实施步骤等。邓小平提出了从政治高度认识四个现代化的新思路，正确揭示了社会主义初级阶段政治与经济的关系及其表现形式。他还提出了分“三步走”基本实现社会主义现代化的发展战略。这个坚持以人的现代化为核心的发展战略把解决人的生存与发展问题作为现代化建设的出发点和归宿，是对马克思主义发展理论的重大贡献。

6. 关于社会主义初级阶段所有制结构和分配制度的理论

建立合理的分配制度对促进社会生产力的加速发展有着极其重要的意义。改革开放以来，邓小平带领全党认真总结了以往我国在所有制关系和分配制度上“穷过渡”和“大锅饭”的经验教训，通过调整所有制结构和分配关系不断地解放和发展生产力。他还提出了所有制结构多样化的思想，并指出既要坚持公有制经济为主体，又要适当地发展非公有制经济成分。在公有制实现形式方面，他认为“在生产关系上不能完全采取一种固定不变的形式，看用哪种形式能够调动群众的积极性就采用哪种形式”，这就突破了传统理论认为公有制只有国家经营和集体经营两种形式的僵化认识。邓小平经济理论使马克思主义经济理论在当代中国的发展进入了一个新境界，形成了一个崭新的政治经济学理论结构。

（二）中国共产党第三代领导集体对马克思主义政治经济学的新发展

中国共产党第三代领导集体在建设中国特色社会主义的思想路线、发展阶段、发展战略、国际战略、根本任务、发展道路、发展动力、依靠力量、领导力量和根本目的等重大问题上勇于实践探索，提出了一系列紧密联系、相互贯通的新思想、新观点和新论断，进一步回答了“什么是社会主义、怎样建设社会主义”的问题，创造性地回答了“建设什么样的党、怎样建设党”的问题，形成了“三个代表”重要思想。“三个代表”重要思想是对马克思主义经济理论的重大发展。

1. 发展了马克思主义的生产力理论

马克思主义经济学对生产关系的研究始终是以一定的生产力水平为基础的。

同样，马克思主义关于各种经济规律的认识也是在生产力和生产关系的矛盾运动中把握的。马克思主义认为，生产力是人类社会发展的最终决定力量。邓小平进一步指出，社会主义就是解放和发展生产力。“三个代表”重要思想中的“始终代表中国先进生产力的发展要求”既体现了对马克思主义生产力与生产关系基本原理的坚持和继承，又体现了对马克思主义生产力理论的补充和拓宽，使马克思主义在新的历史条件和实践层面上有了一种新的思想内涵。

2. 发展了马克思主义的劳动和劳动价值理论

马克思主义经济学中的劳动价值理论揭示了当时资本主义生产方式的运行特点和基本矛盾，对今天我国社会主义现代化建设仍有重要的指导意义。但马克思主义经济学是随着实践的变化而不断发展的，我们也应着眼于已经变化了的新情况，根据新的实践和新的实际深化对社会主义条件下的劳动和劳动价值问题的认识，为社会主义市场经济的发展提供科学的理论依据。“三个代表”重要思想要求我们必须在坚持马克思主义的前提下，根据我国的实际情况与时俱进，不断创新，丰富和发展马克思主义经济学的劳动和劳动价值理论。

随着科技的迅速发展和社会生产力的提高，自改革开放以来，工人阶级队伍发生了显著变化，出现的新社会阶层主要有民营科技企业的创业人员和技术人员、受聘于外资企业的管理技术人员、个体户、私营企业主、中介组织的从业人员、自由职业人员。如何看待作为工人阶级一部分的知识分子和新社会阶层中的广大人员的劳动；社会主义条件下的商品价值是由哪些劳动创造的；管理、科研、技术开发、服务等是否属于生产劳动以及是否创造价值，等等。这些问题都是我们必须要解决的新问题。江泽民指出：“马克思主义经典作家关于资本主义社会的劳动和劳动价值的理论揭示了当时资本主义生产方式的运行特点和基本矛盾。现在，我们发展社会主义市场经济，与马克思主义创始人当时所面对和研究的情况有很大不同。我们应结合新的实际，深化对社会主义社会劳动和劳动价值理论的研究和认识。”这一新论断既表明了马克思的劳动和劳动价值理论并未过时，仍然具有强大的生命力，又表明了马克思的劳动和劳动价值理论也要随着实践的发展而不断丰富。中共十六大报告提出了必须尊重劳动、尊重知识、尊重人才、尊重创造的重大方针，这就把劳动放在了诸生产要素的首位，充分肯定了劳动在经济发展中的主体地位和作用，强调了科技劳动和管理劳动在经济发展中的作用。这是对马克思劳动价值论的新发展。

3. 发展了马克思主义的社会主义经济理论

“三个代表”重要思想对马克思主义经济学的丰富和发展突出表现在提出了建立适应我国生产力发展要求的经济制度和建立社会主义市场经济体制的理论，使马克思主义的社会主义经济理论更加完善和成熟。

第一，在社会主义基本经济制度方面，邓小平提出了社会主义基本经济制度和公有制实现形式多样化理论，并指出两条根本原则：“在改革中，我们始终坚持两条根本原则，一是以社会主义公有制经济为主体，一是共同富裕。”江泽民对这一重大理论和实践问题展开了系统的论述，首先，提出了以公有制为主体、多种所有制经济共同发展的基本经济制度。其次，提出了公有制实现形式可以而且应当多样化，要努力寻找能够极大促进生产力发展的公有制实现形式的理论，并对股份制和股份合作制等资本组织形式为社会主义所运用的理论问题做出了具体论述。他还指出：“我们干的是社会主义，国家经济的主体必须是公有制，这要坚定不移。同时，我国现阶段的生产力水平决定了必须坚持多种所有制经济的共同发展，鼓励、引导非公有制经济健康发展，这也要坚定不移。如果不把这两个坚定不移地统一起来，只讲一面，就会脱离社会主义初级阶段的实际，就建不成中国特色的社会主义。”

第二，“三个代表”重要思想的创造性还表现在提出了社会主义市场经济模式。在多年的改革开放实践中，党对新经济体制理论的研究和探索日趋成熟。我国的社会主义市场经济体制是和社会主义基本经济制度结合在一起的，其目的在于要充分发挥市场经济在国家宏观调控下对资源配置的基础性作用。市场机制和宏观调控都是社会主义市场经济体制的重要内容。一方面，充分发挥市场的积极作用，使经济活动遵循价值规律，适应供求变化，体现竞争原则。另一方面，还要努力加强和完善宏观调控，促进经济总量平衡和结构优化，保持国民经济持续快速健康发展，等等。社会主义市场经济体制的理论是“三个代表”重要思想对马克思主义关于社会主义经济理论的创造性发展。

第三，江泽民提出了“坚持按劳分配为主体，多种分配方式并存的制度，把按劳分配和按生产要素分配结合起来”的理论。分配制度作为经济制度的重要内容，是所有制关系在分配领域的贯彻和体现。以公有制为主体、多种所有制经济共同发展的基本经济制度决定了必须实行按劳分配为主体，多种分配方式并存的分配制度。把按劳分配和按生产要素分配结合起来是社会主义分配理论的新突破，也是党的第三代领导集体对多年来分配体制改革实践认真总结的结晶，更是对“坚持按劳分配为主体，多种分配方式并存的制度”的具体化。

第四，江泽民在十六大报告中明确提出："坚持以信息化带动工业化，以工业化促进信息化，走出一条科技含量高、经济效益好、资源消耗低、环境污染少、人力资源优势得到充分发挥的新型工业化路子。"发达国家都是在工业化之后才开始推进信息化的，而我国是发展中国家，工业化还没有完成就迎来了信息化的时代。在我国，只有大力推进信息化，以信息化带动工业化，才能顺利完成工业化的任务。走中国特色的新型工业化道路就必须把控制人口、节约资源、保护环境放在重要位置，突破传统工业化过程中以破坏环境为代价、先发展后治理的经济发展误区，从而进一步发展马克思主义经济学。

第二节　马克思主义经济学中国化的基本经验

一、社会主义经济战略的确立与发展

经济发展战略是指根据对经济发展多种制约因素的分析，从全局出发制定的较长时期内经济发展所要达到的目标以及为实现这一目标而选择的根本途径和方法，具有根本性、全局性、长期性、系统性的特征，是制订经济社会发展计划的基础，是国家经济建设、立法和决策的基本依据。

（一）战略目标的合理化

第一，以毛泽东为代表的中国共产党人曾对社会主义中国的经济发展提出许多宏伟设想，尽管当时没有用到"战略"这个词，但是他们关于实现四个现代化、建立完整的国民经济体系和实现共产主义的目标的思想都是具有一定指导意义的战略规划。例如，1964 年，周恩来在全国人大三届一次会议上，根据毛泽东的提议提出了中国经济发展"两步走"的设想。

第二，邓小平在总结历史经验的基础上指导并主持制定了新时期的经济发展战略，提出了一系列切实可行的合理战略目标，不但符合我国社会经济发展现实，而且更加具有可操作性和易实现性。例如，1979 年，邓小平提出 20 世纪末实现中国式四个现代化的目标。"我们的四个现代化的概念……到本世纪末（20 世纪末）……达到第三世界中比较富裕一点的国家的水平，比如国民生产总值人均一千美元……那时也还是一个小康的状态。"随后他又提出了"三步走"的阶段目标。这标志着我国从过去急于求成的经济发展战略转变为有步骤地实现现代化的战略上来了。

第三，江泽民和胡锦涛秉承了邓小平的务实精神，不断提出和修正我们的经济发展战略。例如，以江泽民为核心的第三代中央领导集体将“三步走”的目标进一步具体化与明确化，提出到2000年实现人均国民生产总值翻两番，基本消除贫困现象，人民生活达到小康水平；加快现代企业制度建设，初步建立社会主义市场经济体制，要加大改革力度，理顺经济关系，推动科技进步，调整产业结构，提高经济效益，增强发展后劲，为下世纪实施第三步战略部署奠定更好的物质技术基础和经济体制基础，到2010年实现人均国民生产总值比1980年再一番，形成比较完善的社会主义市场经济体制。在中共十五大上，又将“三步走”战略中的第三步进一步具体化，提出了三个阶段性目标。正是这一系列行之有效的合理战略目标，才使我们能够确定合理的战略指导思想，制定合理的战略步骤，确定合理的战略重点，形成并制定合理的战略规划，选择合理的战略手段，采取合理的战略措施。

（二）战略步骤的具体化

根据国家的经济实力和人民的生活水平，邓小平把社会主义初级阶段划分为若干个发展阶段，进一步凸显了社会主义初级阶段所要经历的“贫穷—温饱—小康—富裕”的发展过程。

1.“三步走”的战略步骤

1987年4月，邓小平全面阐述了“三步走”发展战略的内涵，中共十三大也正式确认了这一战略部署，即第一步是从1981年到1990年，实现国民生产总值比1980年翻一番，解决全国人民的温饱问题；第二步是从1991年到20世纪末，使国民生产总值再翻一番，人民生活达到小康水平；第三步到21世纪中叶，我国人均国民生产总值达到中等发达国家水平，人民生活比较富裕，基本实现四个现代化，并把我国建设成富强、民主、文明的社会主义现代化国家。这一战略步骤是建立在对我国经济现象进行了深入分析和对未来发展趋势进行了科学预测的基础之上的，是实事求是的奋斗目标和前进步骤。

2. 国民经济发展的战略平衡

《论十大关系》体现了毛泽东对经济发展各种比例关系的高度关注，他还强调要注意国民经济的全面均衡发展。邓小平也十分关注国民经济的发展状态，强调国民经济要按照比例协调发展，要理顺各部门、各地区、社会生产各环节之间的比例关系。“对于我们这样发展中的大国来说，经济要发展得快一点，不可能总是那么平平静静、稳稳当当。要注意经济稳定、协调地发展，但稳定和协调也是相对的，不是绝对的。”邓小平在认识到比例协调重要性的同时，十分重视经济效益，“讲求经济效益和总的社会效益，这样的速度才过得硬”。

3. 循序渐进的梯级对外开放战略

邓小平认为，“改革开放是很大的试验”“沿海地区要加快对外开放，使这个拥有两亿人口的广大地带较快地先发展起来，从而带动内地更好地发展，这是一个事关大局的问题，内地要顾全这个大局。反过来，发展到了一定的时候，又要求沿海拿出更多力量来帮助内地发展，这也是个大局。那时沿海也要服从这个大局。”之后中国形成了全方位、多层次、宽领域、多渠道开放的新格局。一方面，对外开放战略理论改变了我国原有的封闭式建设模式；另一方面，多年的对外开放实践也证明，对外开放战略对促进我国经济发展起了重大作用。

二、马克思主义经济学中国化的基本经验

（一）正确认识和对待马克思主义经济学，坚持主流经济学地位

马克思主义经济学在现实中遇到了许多挑战。例如，“过时论”认为马克思主义经济学理论是革命的理论，是为了证实资本主义必然灭亡，社会主义必然胜利。既然社会主义革命已经成功，就没有必要继续深入学习了；“替代论”认为西方经济学全面研究了当代资本主义的发展，社会主义也要发展市场经济，因此学习西方经济学对建设和发展社会主义市场经济有用，并试图用西方经济学取代马克思主义经济学；“经典论”认为马克思主义经济学是经典理论，只可以进行深入研究，而不能进行变动和发展，其后果必然是理论与实践相脱节。

“过时论”和“替代论”只是理论不同而已，本质都是反对坚持学习马克思的经济学理论。而“经典论”则是要坚持学习马克思经济理论的，而且不允许有一点变动和发展，这种教条主义的做法使马克思主义经济学理论失去了生命力。马克思主义经济学的发展历程已经表明，马克思主义经济学具有与时俱进的内在本质属性，它是深深植根于实践并在实践中不断发展的科学。恩格斯也曾指出：“我们的理论是发展着的理论。”因此，作为发展的理论，马克思主义经济学不可能在现实中停滞。也正如邓小平指出的：“真正的马克思列宁主义者必须根据现在的情况，认识、继承和发展马克思列宁主义。”由此可见，对待马克思主义经济学的正确态度就是坚持与时俱进，把坚持与发展、继承与创新相统一，立足于建设中国特色社会主义伟大实践的现实，在探索中不断研究新情况，解决新问题，总结新

经验，在坚持中发展，在继承中创新。

（二）正确处理好继承和发展的关系，弘扬与时俱进的理论品质

马克思主义政治经济学内在的本质属性可以概括为三个方面：第一，马克思主义政治经济学理论体系具有科学性。在马克思和恩格斯创立他们的经济学说的时期，资本主义的特征、矛盾已经显露和展开，无产阶级作为独立的政治力量已经登上历史舞台。他们自觉地站在无产阶级的立场上，运用科学的唯物辩证法并将其贯穿于矛盾分析法、历史与逻辑统一法、分析与综合法等具体方法中，使马克思主义经济学不但产生了严整的体系，而且使内容具有正确性。可以说，马克思主义经济学的科学性是其最根本的本质属性。第二，马克思主义经济学理论体系具有开放性。马克思主义经济学是不断地进行创新的理论，它的产生和发展过程无不显示出开放性的特征。例如，在马克思主义经济学创立的过程中，马克思、恩格斯继承了资产阶级古典政治经济学中的劳动价值理论、利润理论、社会总资本再生理论等方面的思想精华。更为可贵的是，他们始终坚持在实践中不断深化自己的认识。第三，马克思主义经济学理论体系具有发展性。马克思主义经济学理论体系的开放性决定了马克思主义经济学随着时代、实践和科学的发展而不断发展，而其发展性也就决定了马克思主义经济学与时俱进的理论品质。

马克思主义需要根据时代、实践和科学的发展而不断发展、创新，扬弃那些被实践证明不符合客观实际的观点和论断。坚持和继承是发展和创新的基础，离开了坚持和继承，发展和创新就失去了正确的方向，也就会走上歧路；发展和创新是目的，离开了发展和创新，马克思主义经济学就会过于僵化而失去生命力。因此，坚持和发展马克思主义经济学，必须贯彻理论联系实际的方针，着眼于马克思主义理论的应用，着眼于对实际问题的理论思考，着眼于新的实践和新的发展。

（三）正确处理好与西方经济学的融合，发展马克思主义经济学

在对待马克思主义经济学与西方经济学的关系的问题上，目前主要存在两种倾向：一是把两者完全割裂开来和对立起来；二是把两者简单地混合或调和起来，否认它们的本质区别。在马克思主义经济学研究中，我们必须要避免和克服以上两种错误倾向，具体地分析马克思主义经济学与西方经济学的个性与共性以及在此基础上产生的继承性、互补性和借鉴性。

第一，马克思主义经济学与西方经济学有不同的个性，主要表现在：从阶级性上讲，马克思主义经济学代表无产阶级的利益和要求，而西方经济学则代表

资产阶级的利益和要求。从科学性上讲，马克思主义经济学建立在辩证唯物主义认识论的基础之上，而西方经济学建立在唯心主义和形而上学的基础之上。从内容上讲，马克思主义经济学更注重本质分析、定性分析和规范分析，而西方经济学则更注重现象分析、计量分析和实证分析，因此它们在内容上的差别性也是明显的。

第二，承认马克思主义经济学与西方经济学有共性，并不否认它们都是在研究社会化大生产和市场经济基础上产生的，这是它们具有共性的客观前提。例如，马克思《资本论》的研究对象是生产方式，即生产力与生产关系的统一。《资本论》在论述资本主义的经济形式（生产关系）的同时，把它的物质内容（生产力）的发展规律完整地揭示出来。而西方经济学则从维护资本主义制度的需要出发，不仅回避资本主义生产关系的本质，还侧重于生产力研究，把资源配置作为中心任务。因此，马克思的《资本论》与西方经济学在利用市场机制配置资源和发展生产力方面具有内在统一性和外在互补性。

因此，对于马克思主义经济学与西方经济学的关系，既要重视理论创新与发展，又要借鉴与汲取西方经济学中可为我所用的理论与方法，在马克思主义经济学的指导下研究和掌握西方经济学的理论体系和基本内容，进一步发展马克思主义经济学，巩固其主流经济学地位。

第三节　马克思主义经济学与当代和谐社会构建

一、与时俱进的马克思主义经济学能够指导当代和谐社会构建的实践

与时俱进的马克思主义经济学应该如何创新与发展，才能满足构建社会主义和谐社会实践提出的理论需求？

（一）必须满足当代和谐社会实践提出的两个基本要求

其一，是马克思主义经济学的创新与发展必须坚持社会主义。坚持和强调社会主义性质是对包括经济、政治、文化和社会在内的中国特色社会主义事业所有方面进行改革与发展的基本要求。因此，当代和谐社会的构建也必须坚持和强调其社会主义性质。这就要求马克思主义经济学的创新与发展要警惕与坚决反对在创新与发展的名义下偏离或背离社会主义。

其二，是马克思主义经济学的创新与发展必须以增强分析和解决对社会和谐

构成严重冲击、比较紧迫的经济社会问题的能力为目标，而不能仅停留在理论争讨与空谈上。因此，面对一些越来越严重的社会不和谐问题和构建社会主义和谐社会的艰巨任务，马克思主义经济学的创新与发展就必须与实践相结合，真正地解决当代和谐社会构建中不断出现的经济社会问题。

（二）必须是马克思主义经济学整个学科体系的创新与发展

长期以来，马克思主义经济学仅被认为是马克思主义政治经济学。然而，马克思主义经济学作为一个学科体系，既包括马克思主义政治经济学这一学科基础，又包括马克思主义应用经济学的庞大学科群，如马克思主义区域经济学、马克思主义产业经济学、马克思主义劳动经济学、马克思主义金融学等。

近年来，随着全球化和文化多元化的发展，由于过分强调经济学科教育与国际接轨，马克思主义经济学教学与研究出现了萎缩和被边缘化的现象。如果这一势头得不到及时、有效的遏制，那么以这样的经济理论为指导，当代和谐社会的构建必将因事实上失去社会主义性质规定而成为一句空话。因此，马克思主义经济的创新与发展必须是整个学科体系的创新与发展。

（三）马克思主义经济学的创新与发展必须是中国化的

中国化是指马克思主义经济学的创新与发展必须要立足于中国的国情，以解决中国问题为己任，与中国的优秀文化传统和经济传统紧密结合在一起。准确地说，当代和谐社会是中国特色社会主义初级阶段的和谐社会。在我国，如果脱离社会主义初级阶段的基本国情，就不能有效解释和破解中国改革与发展中出现的重大课题；如果脱离甚至反中国历史文化传统与经济传统，任何政策方案在中国都将失去其应用价值。因此，马克思主义经济学作为当代和谐社会构建的经济理论基础，其创新与发展必须是中国化的。从我国革命与建设的实践看，每一次重大成功也无不是马克思主义中国化实现“飞跃”的结果。总之，马克思主义经济学的创新与发展是要在马克思主义经济学的指导下，充分地批判与吸收人类经济思想的一切积极成果，立足于中国国情，在当代和谐社会的构建中实现马克思主义经济学的中国化。

二、马克思主义经济学对当代和谐社会构建提出的要求

（一）全面落实科学发展观，实现经济发展、人的发展与环境可持续发展的逻辑互动

马克思主义经济学理论对社会主义和谐社会的经济制度基础进行深入的分析和探索，认为必须要努力建设一套适合社会主义和谐社会要求的经济生态制度，具体包括经济发展与社会发展之间生态联动的制度建设、经济发展与自然界之间生态联动的制度建设、经济发展与个体发展之间生态联动的制度建设。这就要求当代和谐社会的构建必须全面落实科学发展观，既要坚持把发展作为我党执政兴国的第一要务，又要坚持统筹兼顾以及全面协调可持续发展，还要坚持以人为本，始终把实现好、维护好、发展好最广大人民的根本利益作为党和国家一切工作的出发点和落脚点，最终实现经济发展、人的发展与环境可持续发展的逻辑互动。

（二）正确区分公有制与公有制的实现形式，积极探索符合当代和谐社会构建要求的公有制实现形式

马克思主义经济学理论深入探讨了与生产力高度发展基础上的社会主义和谐社会相适应的基本经济制度是生产资料的社会主义公有制，这是确保社会主义根本前进方向的经济制度基础，但也存在与基本经济制度相适应的经济体制具有多样性、易变性的特征，即公有制可以有多种实现方式与之相适应，如计划经济体制、市场经济体制、混合型经济体制（股份制、合作制以及租赁制）。马克思主义经济学的这些探索要求当代和谐社会的构建必须要正确区分公有制与公有制的实现形式，积极探求符合社会主义和谐社会建设要求的公有制实现形式。

因此，我党提出："一切反映社会化生产规律的经营方式和组织形式都可以大胆利用。要努力寻找能够极大促进生产力发展的公有制实现形式"。以此为指导，要"毫不动摇地巩固和发展公有制经济，毫不动摇地鼓励、支持、引导非公有制经济发展，坚持平等保护物权，形成各种所有制经济平等竞争、相互促进新格局。"

（三）高举中国特色社会主义伟大旗帜，不断推进与当代和谐社会发展相适应的经济制度创新

马克思主义经济学理论还科学论证了资本主义社会终将被社会主义社会所取

代的历史必然性，认为社会主义和谐社会的构建必须有一套与之相适应的经济制度做基础。这就要求我们必须高举中国特色社会主义伟大旗帜，坚定科学社会主义的理想信念，不断推进与社会主义和谐社会发展要求相适应的经济制度创新。

中共十七大指出，由于“构建社会主义和谐社会是贯穿中国特色社会主义事业全过程的长期历史任务，是在发展的基础上正确处理各种社会矛盾的历史过程和社会结果。要通过发展增加社会物质财富、不断改善人民生活，又要通过发展保障社会公平正义、不断促进社会和谐”。因此，当代和谐社会的构建必须要按照民主法治、公平正义、诚信友爱、充满活力、安定有序、人与自然和谐相处的总要求，不断推进与社会主义和谐社会发展要求相适应的经济制度创新。

第七章　其他学科视角下马克思主义的中国化

第一节　中国特色的马克思主义法学

一、中国特色马克思主义法学的确立与发展

（一）中国特色马克思主义法学的确立

十月革命一声炮响，为中国送来了马克思主义，也送来了马克思主义法学思想。毛泽东、周恩来、刘少奇和朱德等中国共产党的杰出代表纷纷把马克思主义法学思想与中国具体实践结合起来，在批判剥削阶级法律制度的同时，创造性地提出了有中国特色的马克思主义法学思想。

在新民主主义革命的过程中，以毛泽东为代表的中国共产党第一届中央领导集体在创立人民民主专政国家理论的同时，创立了有中国特色的马克思主义法学理论，这是对马克思主义法学思想的丰富和发展。由于当时党的中心任务是领导人民夺取政权而不是进行法制建设，因此毛泽东有关法制的思想往往包含在国家学说中，如《新民主主义论》《论政策》《论人民民主专政》等。

1949 年 10 月，中华人民共和国的成立意味着马克思主义、毛泽东思想指导中国革命的成功。从此，一种新型的社会主义法学在中国应运而生了。与中华人民共和国成立初期的历史形势相适应，中华人民共和国成立后的马克思主义法学思想强调对国民党反动派的六法全书及其一切的法律观点的批判，并断然拒绝法律服从党的领导和司法机关是国家专政的工具等思想，他们坚信马克思主义法学的真理性。

（二）中国特色马克思主义法学的发展

以 1978 年 12 月中共十一届三中全会为标志，我国社会主义法制建设进入了一个全新的历史时期。以邓小平、江泽民和胡锦涛为主要代表的中国共产党领导集体在开辟中国特色社会主义道路的过程中，先后形成了邓小平法制观、江泽民法治观和胡锦涛人本法治观，形成了马克思主义法学中国化的第二次飞跃。马克思主义法学中国化的第二次飞跃以马克思主义法学和毛泽东法律思想为理论渊源，以改革开放和法制建设为实践基础，以和平与发展为时代背景，以中国特色社会主义为主题，丰富和发展了中国特色的马克思主义法学。

首先，邓小平认真总结了我国法制建设方面的经验教训，阐明了社会主义民主法制建设的基本问题，形成了发展社会主义民主，健全社会主义法制的“法制观”。其次，江泽民在深化改革，扩大开放的实践中确立了依法治国的治国方略，形成了依法治国、建设社会主义法治国家的“法治观”。再次，胡锦涛强调以人为本，弘扬社会主义法治理念，将民主法治作为社会主义和谐社会的首要特征，要求把“立党为公，执政为民”的执政理念贯穿立法、执法、司法、守法和法律监督的全过程，强调法律同社会、经济、环境等协调发展，法制的每一个环节都要尊重人格、保障人权，形成了以人为本、和谐发展的“人本法治观”。

二、社会主义市场经济条件下中国化马克思主义法学思想的重要意义

（一）关于建立社会主义市场经济法律体系的思想

现在学术界普遍认为，社会主义市场经济法律体系既包括直接调整社会主义市场经济的法律规范，又包括间接调整市场经济关系的法律规范。对于这个概念，我们应从两方面加以认识：其一，它是应中国经济体制改革的特殊需要而产生的。在一定程度上，市场经济就是法治经济，因此要想建立完备的市场经济，就必须有与之相适应的完备的法律体系。其二，社会主义市场经济需要有直接调整经济关系的法律（如民商法等），也需要有间接调整经济关系的法律（如行政法等）。由此可见，社会主义市场经济关系不是孤立存在的，它与其他非经济方面的法律也有密切的联系。因此，在法律制定方面，我们不仅需要制定经济方面的法律，还要制定政治、行政、文化等方面的法律，只有这样才能建立完整的社会主义市场经济法律体系。

具体而言，社会主义市场经济法律体系是一个多层次、多侧面、多门类的法律体系。联系我国的实际情况，一般根据社会主义市场经济体制的特点将市场经

济法律体系确定为六个方面的内容：其一，关于市场经济经营主体的法律规范。市场经济经营主体是指在市场经济条件下，以营利为目的，直接参加生产经营活动的人和组织。其二，关于物权的法律规范。物权是直接支配物的权利，它的实质就是权利人可以对物进行直接支配而享有其利益。其三，关于市场秩序的法律规范。在市场经济条件下，为了使商品等要素交换有序安全、公正的进行，必须有一些共同遵循的规则，否则就没有市场交易的秩序。在有关市场交易的法律中，债权法起着十分重要的作用。其四，关于宏观调控的法律规范。其五，关于产业管理的法律规范。其六，关于社会保障的法律规范。建立社会主义市场经济法律体系对深化国企改革，保障社会的稳定，顺利实施社会主义市场经济建设都有十分重要的意义。

当前，为了进一步推进我国社会主义市场经济法制化建设，应着眼于以下几方面的工作。

首先，大力推进政府行政管理体制的改革，切实提高执法机关的执法水平和执法效率。其一，推进政府行政管理体制改革的核心任务是通过明确的法律法规把政府与企业、政府与事业组织、政府与中介组织分开，把与政府性质及职能不符的事务一律交给企事业单位和市场中介组织。让政府管好应该管的事，分解不好管的事，放开管不好的事，并按照“精简、统一、效能”的原则和“决策、执行、监督相协调”的要求，以科学界定政府职责、完善政府组织结构、创新政府管理方式、全面推进依法行政为关键点，建立行为规范、运转协调、公正透明、廉洁高效的行政管理体制，加快责任政府、服务政府、法治政府的建设。其二，我国当前正处于经济发展的关键期，经营行为市场化，经济关系复杂化，经济利益多样化，各种问题丛生，矛盾异常复杂。对此，执法机关要坚持与时俱进，善于发现问题和用法律手段解决市场经济秩序混乱的问题。如果诸多市场混乱的问题不能有效解决，就会使人们产生社会主义条件下能否发展市场经济的疑问，从而影响党和政府的形象，因此这不是一个简单的经济和法律问题，而是一个政治问题。

其次，建立健全与社会主义市场经济体制相适应的、完备的法律体系，做到有法可依。根据我国市场经济发展的客观需要，借鉴发达国家的市场经济法治经验，主要应从以下方面入手：一是进一步完善包括市场经济活动主体制度、物权制度、债权制度、知识产权制度、人身权制度等在内的民法和商法。二是制定和完善国家对市场运行进行干预和宏观调控、对市场秩序予以维护和管理的经济法。三是进一步完善民事立法，加快制定一部系统的民法典。经过多年的实践和理论探索，我国已具备制定民法典的需要与能力，这也是实行依法治国战略，完善社会主义市场经济法律体系的重要标志。四是建立和完善社会保障法，保护劳动者权益，提供社会保障，对失业者、老人、丧失劳动能力的人以及其他需要辅助的社会弱者给予救济，这也是现代社会的一个显著特征。

再次，努力培养全体公民法律至上的现代法治意识。现代市场经济的一个显著特点在于其经济秩序主要是通过科学合理的法律制度维持的。建设现代市场经济，必须切实提高全体公民的法治意识。当前，在我国经济活动中，经营者和消费者因不懂法而违法或因不懂法而不知如何保护自身权益的现象还广泛存在，这些现象的出现不利于我国社会主义市场经济的发展。因此，必须废除旧法统，强化对人们的法治宣传教育，强化法律对经济活动的调整。另外，要大力提升法官素质，提高法官审理案件的质量。特别是我国加入 WTO 的过渡期结束后，政府对具体经济行为的干预应大为减少，司法解决的途径也将大大拓宽，法官需要审理的涉外案件的数量和难度都将大大增加。国际条约、国际协定，尤其是 WTO 文件的内容庞杂，结构严密，技术操作性很强，涉及范围广，掌握和运用难度很大。因此，必须加快培养和吸收一批熟悉审判业务，具有较高的外语水平和丰富的专业知识，精通 WTO 规则和国际经济法律的专家型、复合型人才，以满足新形势下审判工作的需求。

（二）中国特色马克思主义法学思想的重要意义

中国特色的马克思主义法学丰富和发展了马克思主义法学思想，是发展我国社会主义法学事业和建设社会主义法治国家的指导性理论，具有重要的意义。

1. 中国化马克思主义法学的理论意义

从马克思主义法学发展史的角度出发，中国化马克思主义法学以其独有的中国特色、中国风格和中国气派，丰富和发展了马克思主义法学理论宝库，也是中国的马克思主义者对马克思主义法学的卓越贡献。

第一，在内容上，中国化马克思主义法学运用马克思主义的立场、观点和方法，分析和解决中国革命、建设和改革过程中关于法制与法治建设的实际问题，揭示了中国法治建设的客观规律，并且把中国共产党人在长期的法制与法治实践中所积累起来的丰富经验加以科学总结和理性提升。

第二，在形式上，中国化马克思主义法学成功实现了马克思主义法学由欧洲的话语形式向中华民族的话语形式的转化，即根据中华民族的特点，运用中国人民群众喜闻乐见的民族形式和民族语言，深入浅出地阐释马克思主义法学的基本原理，阐明中国社会主义法治建设的基本问题和解决途径，从而成功地解决马克思主义法学民族化的问题。

2. 中国化马克思主义法学的实践意义

第一，中国化马克思主义法学坚定了不断发展马克思主义的法学信念。从世界社会主义运动的发展出发，中国化马克思主义法学的形成、发展及其成功实践坚定了坚持并不断发展马克思主义法学的信念。东欧剧变、苏联解体之后，国际共产主义运动处于低潮，马克思主义法学"过时论"甚嚣尘上。如何认识马克思主义法学的前途和命运成了法学界关注的焦点。中国化马克思主义法学的发展及其成功实践雄辩地证明了马克思主义法学的生机与活力。

第二，中国化马克思主义法学是我国实现社会主义法治现代化和建设社会主义法治国家的指导思想。从中华民族的历史发展出发，中国化马克思主义法学成功地解决了当代中国社会主义法制与法治建设各个历史阶段的任务。首先，毛泽东法律观解决了我国社会主义法律制度的创立问题，通过社会主义法律制度确立和保障人民民主专政的政权，确认和保障人民当家做主的地位，为建立社会主义法治国家奠定了制度基础。邓小平法制观解决了在社会主义建设时期如何发展社会主义民主和建设社会主义法制的问题，为社会主义法治国家的建设提供了理论基础和实践依据。江泽民法治观确立了依法治国、建设社会主义法治国家的治国方略。胡锦涛人本法治观进一步解决了如何建设社会主义法治国家问题。习近平法治观发展与完善了社会主义法治理论，形成了具备科学理论性质与形态的习近平新时代中国特色社会主义法治思想，成为习近平新时代中国特色社会主义思想的重要组成部分。中国化马克思主义法学是毛泽东思想和中国特色社会主义理论体系的重要内容，也是中华民族实现社会主义法治现代化和建设社会主义法治国家的指导思想。

第二节　中国特色的马克思主义历史学

一、中国特色马克思主义历史学的形成和发展

马克思主义中国化历史进程中产生的理论创新成果形成于我国革命、建设和改革的不同历史时期，面对不同的历史条件和社会任务，始终贯穿着辩证唯物主义、历史唯物主义的科学世界观和方法论，代表着中国社会发展的方向和最广大人民群众的根本利益，是依据我党和人民群众的长期实践而形成的一脉相承且与

时俱进的科学理论体系。这些理论创新成果既包含实践上的历史联系，又包含思想脉络上的内在逻辑联系，是体现近现代中国社会发展规律和历史前进趋势的统一的科学理论。在马克思主义中国化进程中，形成了中国特色马克思主义历史观。

（一）中国化马克思主义历史学的内涵

历史学是人们对社会历史的根本观点、总的看法。其基本问题是社会存在与社会意识的关系问题，这也是哲学基本问题在社会历史领域的延伸。由于对历史学基本问题的不同回答，形成了两种根本对立的历史观点，即唯物主义历史观和唯心主义历史观。

马克思主义唯物史观认为：第一，社会存在决定社会意识，社会意识能动地反作用于社会存在；第二，社会历史是客观的合乎规律的辩证发展过程，社会基本矛盾是社会发展的动力，生产力是社会发展的最初源泉；第三，在阶级社会，阶级斗争是社会发展的直接动力；第四，人民群众是推动历史发展的主要力量。总之，唯物史观的创立打破了唯心主义在社会历史领域中一统天下的局面，是历史观的一次伟大变革。马克思主义历史发展理论在中国传播与发展的过程，实质上就是马克思主义唯物史观中国化的过程。中国化马克思主义历史学指马克思主义中国化的成果，是经过本土化、时代化、民族化了的历史学，既是经过中国革命、建设及改革实践充分检验的具有蓬勃生机的科学化的历史学，也是与经典马克思主义一脉相承又因与时俱进而具有新质的历史学。

（二）中国化马克思主义历史学的形成

俄国十月革命的胜利给中国送来了马克思主义，使中国化马克思主义历史学具有了实践和价值基础。马克思主义唯物史观是人类科学思想的伟大成果，为人类开辟了一个新的、广阔的科学领域。它实现了整个社会历史观的变革，具有全面性、综合性、普适性、现实性等特点，可以说，是最先进的历史观。马克思主义唯物史观之所以能被中国化，不仅在于它与中国传统文化的相似性，更在于它与儒家文化精神的同构性。关注现实、关注民生、追求大同是两者共同的人文价值取向。马克思主义唯物史观又与中国社会现实相适应。19 世纪末 20 世纪初的中国正处于一个积贫积弱、内忧外患的时期，为了救亡图存、强国富民，一批先进知识分子认识到中国传统文化在体系性与现代转换性上的不足，而马克思主义所内蕴的世界观、历史观、价值观恰恰可以为中国社会变革和发展提供正确的方向。它解决了近代以来中国先进分子在黑暗和苦难中苦苦寻觅、彷徨迷茫而又无法解决的“中国往何处去”这一根本问题。马克思主义唯物史观以其鲜明的现实性、强烈的革命性以及准确的指向性而介入到中国现实社会变革中来，与中国社会生活的联系越来越紧密，从而使得马克思主义唯物史观中国化的势头越来越强烈。

伴随着马克思主义在中国革命中的运用和发展，毛泽东的群众史观和革命史观得以创立。毛泽东深刻总结了五四运动以来我国革命的历史经验，在继承和发展马克思主义唯物史观的基础上，充分论证了矛盾运动论、历史发展论、人民动力论、规律制约论、阶级斗争论等一系列唯物史观重大问题，对推进马克思主义唯物史观的发展有着划时代的意义。

（三）中国化马克思主义历史学的发展

十一届三中全会以来，随着社会主义经济建设的不断深入，邓小平、江泽民、胡锦涛与习近平立足于社会主义初级阶段的客观现实，回答了“什么是社会主义”以及“如何建设社会主义”的问题；根据新时代提出的新实践要求，探索和解决“建设一个什么样的党”和“如何建设党”的问题；根据经济和社会发展的新要求，提出了科学发展观等重大战略思想；诠释了社会主义之科学内涵，为之注入了新的内容，开启了新的战略视野，揭示了中国特色社会主义经济社会发展的客观规律，发展了中国化马克思主义历史学。

二、中国特色马克思主义历史学的发展趋势和重要意义

（一）中国特色马克思主义历史学的发展趋势

从20世纪马克思主义历史学在中国的发展以及马克思主义历史学自身的特点来看，马克思主义历史学肯定能够顺应时代的要求，在历史学理论基础上不断地推陈出新，推动中国历史学的发展。

在马克思主义历史学的发展过程中，马克思主义历史学的理论和方法也在不断地丰富和完善，从而为中国化马克思主义历史学的发展提供了坚实的理论基础。同时，越来越多的史学作者开始认识到，深化马克思主义历史学的研究，并不是要借用马克思主义的经典论述，而是要借鉴新的理论和方法，不断对马克思主义理论进行丰富和完善，这并不是要将马克思主义的理论和方法与其他历史学理论和方法完全区分开来或者对立起来，因为这样做根本无助于马克思主义历史学研究的创新和发展。新时期，还有人提出了“回到马克思”，也就是要重新解读马克思，真正地读懂马克思，纠正在历史学发展中误读马克思以及由此而形成的片面的、主观的马克思主义历史学观点。这是马克思主义理论的要求，也是马克思主义历史学中国化的要求。这个过程必将是一个漫长的过程，但是我们有理由相

信，经过一系列的挫折和曲折之后，人们就会理性地看待问题、反思问题，会对问题的认识更加客观和深入。

马克思主义历史学理论是与时俱进的理论，这就使马克思主义历史学的理论和方法处在不断更新和发展中。马克思主义理论不是僵化的教条，它是与时俱进的，具有普遍的理论指导作用，它将随着时代的进步而不断得到丰富，马克思主义理论指导下的历史学研究也将会在新的时代条件下更好地发展。宏观的理论视野使马克思主义历史学可以在不断变化的历史趋势下吸收新理论，包容新理论，进而实现自身的理论创新。中国的社会主义事业正在蓬勃发展，社会主义市场经济已经与全球接轨，现代化的工具已被人们广泛接受，这一切都将为历史学的发展提供新的研究内容和便利的信息来源。马克思主义历史学也将不断提出新理论来指导历史学研究。马克思主义理论所具有的兼容并包的理论内化性，更会不断地促进自身理论的丰富和完善。马克思主义历史学在新时代必能既具有中国特色，又面对开放的世界，既继承传统，又融合现代，为新时期的历史研究和中国历史学的发展提供动力，创造辉煌。

（二）中国特色马克思主义历史学的重要意义

中国化马克思主义历史学是马克思主义中国化的成果。这一成果进一步深化了对中国化马克思主义历史学的认识，对于更好地学习、掌握、运用和发展马克思主义中国化的最新理论成果，更加自觉地以中国特色社会主义理论为指导，坚定不移地走中国特色社会主义道路，继续推进中国特色社会主义建设的伟大事业，具有重大而深远的意义。

1. 中国化马克思主义历史学的理论意义

中国化马克思主义历史学在中国的形成与发展是马克思主义中国化的伟大成果，在马克思主义发展史中占有重要的地位。

（1）中国化马克思主义历史学丰富和发展了马克思主义唯物史观。中国化马克思主义历史学是对马克思主义唯物史观的继承和发展，是与马克思主义一脉相承而又与时俱进的科学体系。中国化马克思主义历史学既是马克思主义的东西，又是中国的东西。首先，从内容角度出发，它运用历史唯物主义的观点和方法，分析和解决了中国革命、建设和改革中的实际问题，揭示了中国革命、建设和改革发展的客观规律，并把中国共产党人在长期实践中所积累起来的丰富经验加以科学总结和理性提升，使之形成了独具特色的中国化马克思主义历史学，从而以中国特有的独创性内容丰富和发展了马克思主义理论宝库。其次，从形式角度出发，它成功地运用了中国人民喜闻乐见的民族形式和民族语言，深入浅出地阐释了马克思主义唯物史观的基本原理，阐明了中国革命、建设和改革的历史规律及其理论、政策，从而成功地解决了马克思主义民族化的问题。中国化马克思主义历史学本身就是中西文化交流的产物，新语境的开放性表明中国化马克思主义历史学是世界性和民族性的统一。中国化马克思主义历史学是中国的马克思主义者对马克思主义理论发展做出的卓越贡献。

（2）中国化马克思主义历史学是唯物史观与中国优秀传统文化融合的结晶。马克思在 19 世纪中叶曾专门研究过中国历史，并撰写了《中国革命和欧洲革命》《鸦片贸易史》《中国和英国的条约》等文章。可以说，马克思在关注中国历史命运的同时，也直接或间接地研究了中国的传统文化。中国传统文化包含丰富的唯物主义、辩证法思想与唯物史观的某些因素，从理论上来说，与马克思主义的唯物史观有不少相通或相似之处，马克思主义历史学形成中具有独特的历史地位。在社会历史观方面，中国传统哲学常把对社会历史变迁的考察和把握称为通古今之变。对于古今之变的动因和主体力量问题，还提出了重视经济因素和民众力量的观点。例如："仓廪实则知礼节，衣食足则知荣辱""民惟邦本，本固邦宁"等。这些思想无疑蕴含着唯物史观的一些因素。正是中国古代哲学中的这些唯物论、辩证法思想与马克思主义历史学的相融性，使其能够与中国传统文化发生联系进而顺利地实现中国化。而中国化马克思主义历史学的形成与发展，不仅是几代中国共产党人把马克思主义普遍原理与中国实际国情相结合的产物，还是几代中国共产党人把马克思主义唯物史观与中国优秀传统文化相融合的结果。

2. 中国化马克思主义历史学的实践意义

（1）中国化马克思主义历史学为历史经验的总结提供了科学的方法论。中国共产党在发展历程中始终坚持把马克思主义基本原理同中国革命、建设和改革实践相结合，并根据时代和实践要求，植根于中国历史和现实的土壤之中，构建并发展了中国化的马克思主义理论形态。可以说，中国化的马克思主义历史学既秉承了经典马克思主义的基本理论特质，又融入了中华民族的本土特色和时代要求，创造性地回答了中国社会的重大现实问题，体现出鲜明的实践性、民族性、时代性，显示出强大的创造力和生命力。第一，实践性是指中国化马克思主义历史学重视研究解决重大实践问题，善于对最鲜活的实践经验做出理论概括。中国共产党人自觉运用与发展马克思主义，形成了新的理论，解决了新的问题，推动了事业的新进展，这就是其实践魅力之所在。第二，民族性是指马克思主义基本原理同中国具体实际的有机结合，并表现出中国气派和中国特色。但中国化的马克思主义强调民族性，绝不是要置身于世界进步潮流之外；相反，中国共产党人密切关注世界文明的发展趋势，重视从世界与中国的双维度去观察、思考和解决问题，还善于吸收不同文明中科学、进步的成分。第三，时代性是指中国化马克思主义历史学对时代课题的回应和对时代精神的升华。与时俱进是马克思主义的理论品质。时代在变化，实践主题也在变化。对变化了的时代和实践主题做出科学准确的判断和分析，使理论符合实际情况，并指导新的实践，是时代赋予中国化马克思主义历史学的使命和重任。

（2）中国化马克思主义历史学是中华民族伟大复兴的光辉旗帜。中国化马克思主义历史学解决了近代以来中国革命、建设和改革各个阶段的历史任务，是中华民族实现现代化和伟大复兴的光辉旗帜。近代以来，中国革命和建设的历史充分证明：只有马克思主义基本原理与中国具体实际相结合的中国化马克思主义，才能使中国革命、建设和改革不断取得胜利。自成立之初，中国共产党就郑重地把马克思主义唯物史观写在自己的旗帜上，作为自己的价值信仰和精神支柱。以毛泽东为代表的第一代中国共产党人，把马克思主义唯物史观同中国革命实际紧密结合在一起，创立了马克思主义中国化的群众史观，解决了中国革命的道路和其他一系列问题，从而为中华民族的伟大复兴奠定了基础。从十一届三中全会开始，经过中共十二大、十三大，特别是中共十四大、十五大、十六大、十七大、十八大和十九大，我党又极大地发展了马克思主义唯物史观。在中国特色社会主义理论体系伟大旗帜的引领下，中国的改革开放和社会主义现代化建设事业取得了举世瞩目的成就，中华民族的伟大复兴也展现出光明灿烂的发展趋势。

第三节　中国特色的马克思主义文艺学

一、中国特色马克思主义文艺学的确立与发展

马克思主义文艺学具有苏联、西方及中国化马克思主义文艺学三种形态。各国的马克思主义文艺研究者从不同的社会现实需要出发，依托本民族的文化传统，对文学艺术做出具有民族文化特色的独特阐释，创造性地推进了马克思主义文艺学的发展。作为体现先进文化发展方向的中国化马克思主义文艺学是当代马克思主义和当代中国文艺实践相结合的产物，对于建设和发展中国特色社会主义文化具有重大意义。马克思主义文艺理论中国化是中国现当代文艺实践的必然选择，中国化的马克思主义文艺学是马克思主义文艺理论中国化的必然结果。

（一）中国化马克思主义文艺学的内涵

马克思主义文艺理论在中国传播与发展的过程，实质上就是马克思主义文艺理论中国化的过程。马克思主义文艺理论中国化是中国的马克思主义研究者在对马克思主义文艺理论进行阐释时，从中国社会不同历史阶段的现实需要出发，依托中华民族的文化传统，对文学艺术问题做出的具有中国民族文化特色的独特阐释，创造性地运用和推进了马克思主义文艺学。中国化的马克思主义文艺学是马克思主义文艺理论中国化的成果，是经过本土化、时代化、民族化了的，既与经典马克思主义一脉相承又具有新质的文艺学思想，是经过中国革命、建设和改革实践检验的具有蓬勃生机的文艺学思想。

（二）中国化马克思主义文艺学的形成

19 世纪末 20 世纪初，中国正处在一个积贫积弱、内忧外患的时期，为了救亡图存、强国富民，中国的一批先进知识分子认识到中国传统文艺理论在体系性与现代转换性上的不足，意图用新思想来改造国民性。与西方现代文艺理论过于专注文本而忽略了文艺与现实之间的联系相比，马克思主义文艺理论与中国社会生活的联系越来越紧密，从而使马克思主义文艺理论中国化的发展越来越深入。

中国化马克思主义文艺学的形成大致发生在 20 世纪 40 年代初到 70 年代末。1942 年 5 月，毛泽东在延安文艺座谈会上针对当时文艺界的实际状况发表讲话，阐明了一系列重要的文艺理论问题。而《在延安文艺座谈会上的讲话》也标志着毛泽东文艺思想的成熟和中国化马克思主义文艺学的正式形成。毛泽东将马克思主义普遍真理与中国革命文艺运动的具体实践相结合，系统而深刻地总结了五四运动以来我国文艺领域的历史经验，在继承和发展马克思主义文艺理论的基础上，充分论证了批判与继承、文艺与革命、文艺与生活、文艺与群众、内容与形式等一系列重大的文艺问题，实现了中国化马克思主义文艺理论建设的第一次飞跃，对推进马克思主义文艺学有着划时代的意义。之所以说毛泽东文艺观标志着中国化马克思主义文艺学的正式形成，主要原因在于：其一，指明了革命文艺为人民服务的方向；其二，制定了社会主义文艺发展的“双百”方针；其三，丰富了马克思主义文艺创作理论。毛泽东在创作原则、创作文体、创作方法上的独特创见，都对形成中国化马克思主义文艺学做出了贡献。

（三）中国化马克思主义文艺学的发展

中国化马克思主义文艺学的发展大致从 20 世纪 70 年代末开始。中共十一届三中全会后，随着社会主义经济建设的深入开展，邓小平、江泽民、胡锦涛与习近平结合各自不同阶段的社会现实与文艺实践各有侧重地提出了自己的文艺观。邓小平、江泽民、胡锦涛和习近平对中国化马克思主义文艺学的发展，主要表现为以下几点：首先，重新定位文艺的丰富内容，扭转文艺过度政治化的倾向。其次，基于对文艺审美特征和艺术规律的尊重，重视与保护文艺的审美特性和创作规律，以及艺术家的主体性和自律性。再次，弘扬主旋律，提倡多样化，为建设和谐社会做贡献。最后，从建设社会主义精神文明、建设社会主义核心文化体系的高度来发展文艺活动，把包括文艺在内的整个文化同国力、国策、国运联系起来。把这一切都放到中国和世界发展大势中审视，放到实现中华民族伟大复兴中国梦的语境中阐发，从理论和实践的结合上系统回答系列问题，使有关社会主义文艺的地位和作用、职责和使命、目标和任务、原则和要求，以及文艺创作该“做什么”与“如何做”的论述，有了新的内涵，这在马克思主义文艺理论史和文化思想史上都具有开创性意义。

二、建设当代中国特色马克思主义文艺学的新途径及其重要意义

（一）建设当代中国特色马克思主义文艺学的新途径

从某种程度而言，在理论上探讨建设中国特色马克思主义文艺学的内涵及其意义并不困难，难点在于如何具体地建设中国特色马克思主义文艺学。建设中国特色马克思主义文艺学没有现成的捷径，只能在现实文艺发展的具体实践中去逐步探索。在探索建设中国特色马克思主义文艺学的新途径时，应当从以下几个方面入手。

1. 加强对建设中国特色马克思主义文艺学的认识

邓小平在文艺问题上发表了建设中国特色马克思主义文艺学的言论，这是他所创立的中国特色社会主义理论的有机组成部分，标志着马克思主义文艺思想在中国的发展进入了一个新的历史时期。邓小平的许多文艺思想都是以新时期中国文艺发展的实际为出发点的，具有极强的现实针对性。例如，强调马克思主义、毛泽东思想应作为社会主义文艺的指导思想，文艺不从属于政治，但也不可能脱离政治；勉励文艺工作者要有历史使命感和社会责任感，文艺要为建设高度发展的社会主义精神文明做出积极贡献；提出文艺为人民服务、为社会主义服务的根本方向和百花齐放、百家争鸣的基本方针；提倡在文艺实践中要尊重艺术创作规律，文艺非常需要文艺家发挥个人的创造精神等。这些都是对马克思主义文艺思

想和毛泽东文艺思想的继承和发展，是建设中国特色马克思主义文艺学的理论指南。新形势下，我们更应该加强对建设中国特色马克思主义文艺学的认识，以应对目前复杂多变的社会现实问题。

2. 立足于中国当代社会主义文艺实践的具体现实

文艺学如果不立足于中国当代文艺的具体实践，就很难体现出中国特色，自然很难对中国文艺实践产生积极的影响。建设中国特色马克思主义文艺学，关键不在于引用马克思、恩格斯或是毛泽东、邓小平的多少关于文艺问题的论述，而在于是否能够灵活地运用马克思主义的文艺观点与方法去具体分析中国当代的文艺现象，具体总结中国当代的文艺实践经验，具体探讨中国当代的文艺发展特点和规律。换句话说，要善于运用马克思主义文艺学的基本原理，理论联系实际，立足实际，研究新情况，解决新问题。

3. 借鉴并继承中国传统和国外文艺理论的有益成果

第一，建设中国特色马克思主义文艺学，必须采取积极的态度去继承和吸收中国传统文艺理论中有价值的内容。中国古代产生了大量的文论专著，如刘勰的《文心雕龙》、陆机的《文赋》、钟嵘的《诗品》、李渔的《闲情偶寄》、王国维的《人间词话》等。以孔孟为代表的儒家、以老庄为代表的道家以及佛家禅宗等各家学派，都形成了自己独树一帜、各具特色的文艺思想和主张。这里面虽然不可避免地存在着某些缺陷、局限或是不合时宜的因素，但有很多是对文艺共同特点、普遍规律深切的感悟体验和精辟的理论阐述，值得我们去很好地发掘、整理、分析、总结和学习。第二，西方文艺理论具有与中国文艺理论截然不同的文化背景、学术传统，特别是自20世纪以来，西方现代派和后现代派的各种文艺理论可谓新说迭出、学派纷呈，他们多侧面、多视角地对文艺问题进行探讨研究，开阔了中国学者的学术视野和研究思路，为我们建设中国特色马克思主义文艺学提供了有益启示和补充。新时期以来，许多学者在引进西方现代文艺理论方面做了大量的工作，成绩不容忽视。但在借鉴西方文艺理论过程中也存在明显的问题。例如，不加分析、不加取舍地盲目吸收；更有甚者认为，凡是西方现代文艺理论就是先进的理论，就应该毫不犹豫地照搬过来运用；等等。这些现象如果不能尽快纠正，势必会造成文艺思想或观念上的混乱，对建设中国特色马克思主义文艺学产生消极影响。

4. 逐步建立和完善中国特色马克思主义文艺学的学科体系

中国特色马克思主义文艺学作为一门科学的理论，需要有一个完整的文艺学知识体系来体现。学科体系的不完善体现了这一学科建设的不成熟。因此，在重视结合当代文艺实际进行研究的同时，加强理论研究，更新概念范畴，在学科体系建设上努力。中国特色马克思主义文艺学应当有自己独特的概念、范畴和知识体系。例如，中国古代文艺理论体系中有气韵、意象、意境、风骨等概念范畴；西方文艺理论体系中有典型环境、典型人物、现实主义、浪漫主义等概念范畴。中国特色马克思主义文艺学虽然不必完全排斥这些概念范畴，但如果只是单纯地运用这些概念、范畴，就无法充分地概括总结当前中国文艺实践的经验、特点与独特规律。因此，也就难以充分体现文艺学体系的当代中国特色。鉴于此，中国文艺学要在总结当前中国文艺实践经验的基础上，在借鉴吸收古代和国外文艺学已有理论成果的基础上，进行理论概括，提出新概念、新范畴，通过完整、严密、科学的逻辑论证，建立起新的文艺学理论框架。

5. 探索建设中国特色马克思主义文艺学的新道路

建设中国特色马克思主义文艺学，就是将马克思主义文艺思想、毛泽东文艺思想的基本原理与当代中国文艺发展的实际紧密结合起来。但是，究竟如何相结合呢？回答这个问题并不存在现成的固定模式，需要我们从多个方面去探索。只有坚持马克思主义文艺学的基本原理，在具体探索上允许存在不同的观点、允许使用不同的方法、允许选择独立的视角、允许拥有自己特定的研究领域或内容、允许保持自己独特的研究个性和学术风格，尊重不同的理论学派，提倡自由平等地争鸣讨论，鼓励创新发展，才能在多元化背景下找到建设中国特色马克思主义文艺学的有效新途径。

文艺学理论需要不断被建构，这是由于文学与现实生活密切相关，生活的变化推动着人们对生活的思考，文学的变化推动着人们的理论思考。当前，电子媒介、生态环境、消费主义、艺术化生存、全球化潮流等对本土文化、传统经典文学、纯文学等都产生了巨大冲击，而如何面对这些新变化、如何解释这些新现象、如何扩大阐释力等就成了文艺理论需要思考的问题。当前文艺学的危机主要表现在知识结构、思维方式、应变策略等方面的滞后，现有的阐释视域还驻足于计划经济时代，浮留在文学内部研究与外部研究的循环中，而其所理解的外部研究又只是传统政治化的庸俗社会学研究。在新环境、新背景下，文学如果不能回应社会的新变化，就会失去其作为社会敏感器的角色。

总之，文化问题已成为当前中国和谐社会构建中的一个关键词，就马克思主义文艺学的研究来说，需要根据现实的思想文化语境调整话语系统，不断地拓展阐释维度，完成时代向我们提出的具有战略性意义的理论命题。

（二）当代中国特色马克思主义文艺学的重要意义

文艺理论的学科建构和学理发展，必须处理好传统和创新、民族性和世界性之间的关系。近年来，中国文艺理论界一直在对当前文艺学学科的问题和危机进行严肃而认真的反思，并就新世纪文艺学的建构提出了种种设想和方略。探究中国化马克思主义文艺学的当代发展是实现文艺学理论创新的根本途径，也是当代文艺学完成价值体系建构的必由之路。

1. 中国化马克思主义文艺学的理论意义

马克思主义文艺学具有博大的宏观性质与开放的多维视野，这就注定了它在中国当代文艺学建设中具有永不过时的理论价值。换言之，中国化的马克思主义文艺观是当代文艺学建设的主要理论资源和价值指南。

第一，马克思主义文艺学通过把对文本的美学研究、人学研究和史学研究融为一个有机整体，从而实现文艺学的美学精神、人文精神和历史精神的和谐统一。马克思主义文艺学重视和尊重文本存在，运用美学观点、人学观点、史学观点对作品进行审美的、人文的和社会历史的解读，形成了一个比较严谨的理论系统。马克思主义的文本理论是与文本所包含的审美因素、人文因素和社会历史因素紧密相连的，区别于西方封闭的文本主义文论。首先，用美学观点看文艺，认为美学因素作为文本的审美特性，负载着一定的人文因素和社会历史因素，有别于西方的纯粹的审美主义文艺论。其次，用人学观点看文艺，认为作品中的人文因素是通过具有审美特性的文本表现出来的，作为历史的人与人的历史发生着不可分割的联系，从而与西方的那些具有疏离社会历史倾向的人本主义文艺论大异其趣。最后，用史学观点看文艺，认为作品中的社会历史因素同样是通过具有审美特性的文本表现出来的，作为人的历史必然同历史的人构成一个有机的整体。

第二，与对文本的多种研究联系在一起，马克思主义文艺学还尽可能地把对文艺的外部规律研究和对文艺的内部规律研究结合在一起。20世纪的西方文艺论出现过两次重大的“转向”：一是深入内部研究的语言转向，二是开拓外部研究的文化转向。当然，尽管西方文艺论的不断突破和更新在某一领域和层面可能被片面地发展了，但毕竟深化了对一些问题的认识和体验，并发现了许多新质性的因素，为进一步整合、建构更加系统的文论体系提供了可供参照的丰富的、有益的思想资源。当代中国化的马克思主义文艺学应该努力把对文艺的这种内部研究和外部研究整合起来，建构一个更加有机统一的理论系统。

2. 中国化马克思主义文艺学的实践意义

把马克思主义文艺理论作为基本的思想资源，着力应用于中国现实思想文化语境中的文艺实践和理论发展的实际问题，并在应用中加以发展，这是毛泽东、邓小平、江泽民、胡锦涛和习近平在应对不同历史阶段的文艺实践时，都一致采用的文艺学的理论创新与理论建构。这种指向现实的根本意义上的理论创新与建构，既可以是全面的、系统的，也可以是局部的、个别的，但都必须以马克思主义两大根本人文精神——以人为本和人的全面发展——为指导，因为马克思主义人文立场是马克思主义文艺理论的灵魂与核心，从根本上保证着中国化马克思主义文艺学能成为解决当代文学问题与危机的良方。

第一，从我国文艺学发展的现状出发，由于我国当前正面临的文化语境是改革开放带来的全球化与本土化的话语冲突；市场经济发展所伴随的消费文化兴起、拜金主义盛行、工具理性至上与价值理性的失落、人性单面化的反差；以及现代性和后现代性精神喧嚣，正促使着文艺学从认识论向价值论的范式转换。因此，无论是文艺创作，还是文艺接受活动，都绝不仅仅是一种反映或认识。从人的生活活动的根本意义上来讲，它首先表现为一种人们追求自由的精神实践活动，还表现为一种人之为人的基本存在方式。正因为此，它必然而且必须具有自身的价值倾向和价值追求。因而，以文艺活动为研究对象的文艺学也必定要以关心人的生存和命运、以促进人的自由全面发展为己任。总之，文艺学从认识论向存在论、价值论的范式转换，实质上是文艺学确立以人的主体性、人的自由全面发展为人学基础的问题。

第二，从人文立场出发，马克思主义文艺理论恰恰能为中国文艺学的范式转换提供极为重要的思想理论资源。这主要取决于马克思主义的核心思想，即实现人的自由全面发展。建设包括文艺学在内的中国特色社会主义理论的科学发展观，就是要求以人为本和以人的全面发展为思想核心，这自然决定了当代文艺学的创新建构必须将马克思主义的以人为本和促进人的自由全面发展作为基础和出发点，中国化马克思主义文艺学自然也就成了思考如何建构具有鲜明现代性和深厚人文精神底蕴的文艺学创新体系这一问题的最佳切入点。总之，把马克思主义关于以人为本和人的自由全面发展思想应用于解决当代文学活动中出现的重大问题，既是马克思主义文艺理论继续中国化的题中之意，也是当代中国文艺学体系的创新建构之路。

第八章　坚持发展中的马克思主义中国化

第一节　马克思主义中国化探索的理论自信

一、马克思主义中国化早期探索呼唤着理论自信

“指导一个伟大的革命运动的政党，如果没有革命理论，没有历史知识，没有对于实际运动的深刻了解，要取得胜利是不可能的。”自 1841 年鸦片战争以来，中国的仁人志士就觉醒了，开始探索中国富强之路，但是，由于没有正确理论的指导，一直在黑暗中摸索与徘徊。十月革命的一声炮响，给中国送来了马克思列宁主义理论，中国人在精神追求上由被动转入主动，中国的发展也有了指路明灯。中国共产党的诞生更是源于中国的先进分子首先认识到马克思列宁主义理论的科学性和重要性，以及与中国国情相结合的适应性，在不断探索中逐渐确立了早期的对马克思主义信仰的理论自信。当然，中国共产党人最初虽然确立了马克思主义的信仰，相信在马克思主义理论的指导下一定能够找到中国救亡图存的道路，但在革命实践过程中，由于教条式地理解和运用马克思主义，经常性地照搬俄国革命的具体做法，结果往往犯“左”倾或右倾的错误。之后，中国共产党人逐步认识到马克思主义正确理论必须与具体的国情相结合，这是早期理论自信的开端。回顾近年来国内关于马克思主义中国化早期探索的研究成果可以发现，学者们对马克思主义中国化早期探索的研究主要是从马克思主义中国化的历史分期、马克思主义中国化的历史起点、马克思主义中国化的早期传播、毛泽东以及早期党的代表人物同马克思主义中国化的关系、马克思主义中国化早期探索的经验和教训等方面展开的。

党的早期领导人瞿秋白曾经提出：“应用马克思主义于中国国情的工作，断不

可一日或缓。”1930 年，毛泽东发表的《反对本本主义》中也提出：“没有调查就没有发言权。”这些论述都阐明了马克思主义基本原理与中国实际相结合的重要性，这也应该是“马克思主义中国化”命题的雏形。1938 年，毛泽东在《论新阶段》的报告中也曾指出：“没有抽象的马克思主义，只有具体的马克思主义。所谓具体的马克思主义，就是通过民族形式的马克思主义，就是把马克思主义应用到中国具体环境的具体斗争中去，而不是抽象地应用它。成为伟大中华民族之一部分而与这个民族血肉相连的共产党员，离开中国特点来谈马克思主义，只是抽象的空洞的马克思主义。因此，马克思主义的中国化，使之在其每一表现中带着中国的特性，即是说，按照中国的特点去应用它，成为全党亟待了解并亟须解决的问题。”这是“马克思主义中国化”命题的正式提出。这一命题的提出，表现了早期共产党人在坚持马克思主义方法方面的理论自信。

中国共产党成立以后，为了使马克思主义理论科学指导中国发展实践，掀起了翻译出版马克思主义著作的热潮，推动全党系统学习马克思主义，提升理论水平。从 1921 年至 1922 年，人民出版社完成了《共产党宣言》《劳农政府之成功与困难》《俄国共产党党纲》《第三国际议案与宣言》等 12 种书籍的翻译出版任务。此后又陆续完成了“马克思全书”“列宁全书”的翻译。1925 年，《新青年》改月刊后，第一期专辟“列宁号”，刊载了瞿秋白翻译的斯大林的《列宁主义概论》，系统介绍了列宁主义的历史根源、方法、理论、无产阶级革命论、无产阶级独裁制论、列宁主义与无产阶级的政党等问题，这些译著为中国共产党系统学习和掌握马克思列宁主义理论提供了科学原始的文本来源，为马克思主义中国化提供了坚实的理论基础。同时，为了更好地学习马克思列宁主义，中国共产党的领导人以各种方式对马克思主义理论的真理性、科学性进行阐释。比如，1922 年，陈独秀在吴淞中国公学演说时，就大量引用了《资本论》《经济学批评》《共产党宣言》《哲学的贫穷》《法兰西内战》《哥达纲领批判》等著作中的论断，对包括剩余价值、唯物史观、阶级斗争、劳工专政等马克思主义的基本观点进行了较为系统的解释。中共其他领导人也分别著书立说，阐述对马克思主义理论的系统认识。比如，1926 年，李达的《现代社会学》系统阐述了历史唯物主义基本原理，分析批判了历史唯心主义和历史机械论，科学阐述了社会结构及其相互关系、社会存在与发展的源泉和动力、社会制度的变革、社会形态的全貌等马克思主义基本观点，为迫切需要理论指导的中国共产党提供了认识及改造中国社会的理论武器。从马克思主义中国化命题的提出过程可以看出第一代中央领导集体的理论勇气和理论自信。这种自信就是认识到马克思主义理论必须与中国具体实践相结合。事实证明，理论自信是在面对各种质疑和反对中锤炼出来的，正是依靠这种自信，在毛泽东思想的指导下，中国共产党带领人民夺取了新民主主义革命的胜利，建立了新中国，确立了社会主义基本制度，成功实现了中国历史上最深刻、最伟大的社会变革，为当代中国的一切发展进步奠定了政治前提和制度基础。

二、马克思主义中国化理论的成熟与完善增强了理论自信

马克思主义中国化理论从命题的提出到成熟完善，经历了漫长的过程，其中不乏曲折与失误、教条式的理解与运用，最终真正能升华为理论自信，其关键在于建立了真正的中国化马克思主义。在这方面，中国共产党几代领导人坚信：中国的发展只有坚持马克思主义指导，坚持马克思主义与中国实践相结合，坚持马克思主义中国化的正确方法与路径，才能推动马克思主义中国化的深入发展。

中华人民共和国成立以后，以毛泽东为核心的第一代领导人不断强调马克思主义中国化的重要意义。毛泽东曾指出："任何国家的共产党人，任何国家的无产阶级思想界，都要创造新的理论，写出新的著作，产生自己的理论家，来为当前的政治服务。任何国家、任何时候，单靠老东西是不行的。现在我们已经进入了社会主义时代，出现了新的一系列的问题，如果不适应新的需要，写出新的著作，形成新的理论，也是不行的。"毛泽东还发表了大量文章佐证马克思主义中国化与中国实践相结合的重大意义，如在《关于无产阶级专政的历史经验》《论十大关系》《关于正确处理人民内部矛盾的问题》等重要文章中，不断强调"最重要的教训是独立自主，调查研究，摸清本国国情，把马克思列宁主义的基本原理同我国革命和建设的具体实际结合起来，制定我们的路线、方针、政策"。正是由于毛泽东深刻领会了马克思主义正确思想，并以之指导中国经济社会，才使中国的经济社会得到长足发展。当然，由于社会主义伟大事业没有现成的经验可借鉴，中华人民共和国成立初期的社会主义建设还缺乏规律性的总结和认识，在探索中也出现了失误甚至是错误。尽管如此，也丝毫没有动摇共产党人对马克思主义的理论自信。相反，中国共产党人从这些挫折中不断吸取教训、总结经验，为新的历史时期开创中国特色社会主义提供了理论准备，奠定了物质基础，最终取得了独创性的中国特色社会主义理论成果和巨大成就，更加坚定了对马克思主义理论的自信。

改革开放初期，中国共产党更加坚定了马克思主义中国化的理论自信。以邓小平为核心的党的第二代中央领导集体，面对僵化教条理解马克思主义、高度集中的计划经济体制影响中国进一步发展的现实，在理论上展开了真理标准大讨论，重新确立了实事求是的马克思主义思想路线，强调"我们坚信马克思主义，但马克思主义必须与中国实际相结合。只有结合中国实际的马克思主义，才是我们所需要的真正的马克思主义"，"把马克思主义的普遍真理同我国的具体实际结合起

来，走自己的道路，建设有中国特色的社会主义”，提出“革命是解放生产力，改革也是解放生产力。……社会主义基本制度确立以后，还要从根本上改变束缚生产力发展的经济体制，建立起充满生机和活力的社会主义经济体制，促进生产力的发展，这是改革，所以改革也是解放生产力”。邓小平坚持以马克思主义理论为指导，建设中国特色社会主义，开创了中国特色社会主义理论，科学地回答了“什么是社会主义”“怎样建设社会主义”，把对社会主义的认识提高到了新水平。在改革开放初期，邓小平在坚持四项基本原则的前提下提出要大胆试、大胆闯，“改革开放胆子要大一些，敢于试验”，通过试验发现最佳发展路径，并注意及时总结改革发展经验。为破除对社会主义的教条理解，邓小平指出：“不搞争论，是我的一个发明。不争论，是为了争取时间干。一争论就复杂了，把时间都争掉了，什么也干不成。”改革的探索过程也遇到了一些曲曲折折，如针对先后三次出现的姓“资”姓“社”的大争论，如何保证正确的政治路线、是否继续深化改革等问题，人们出现了不同程度的认识混乱和不同意见。鉴于此，邓小平坚定地相信改革是社会主义制度的内在要求，并提出了判断改革开放成功与否的“三个有利于”的标准，即是否有利于发展社会主义社会的生产力，是否有利于增强社会主义国家的综合国力，是否有利于提高人民的生活水平；还提出了“贫穷不是社会主义”和“社会主义也要搞市场经济”等一系列重大理论，这其中带着强大的理论自信，正是这种自信，才使马克思主义中国化有了新突破，从计划经济到社会主义市场经济、从“贫穷不是社会主义”到中国特色社会主义的制度自信，无不充分体现了邓小平理论在马克思主义中国化发展中的理论自信。

20世纪80年代末90年代初，以江泽民为核心的党的第三代中央领导集体明确指出：“马克思主义是科学，它始终严格地以客观事实为根据。而实际生活总是在不停地变动中，这种变动的剧烈和深刻，近100多年来达到了前人难以想象的程度。因此，马克思主义必定随着时代、实践和科学的发展而不断发展，不可能一成不变。”面对苏联解体、东欧剧变的复杂国际形势，在新的严峻考验下，中国共产党始终捍卫中国特色社会主义，创立了“三个代表”重要思想，丰富了中国特色社会主义理论体系，成功地把中国特色社会主义事业推向21世纪。这显然是理论自信越来越强的表现。党的十六大以来，以胡锦涛为总书记的党中央面对改革发展的新形势，在综合分析世情、国情、党情的基础上，进一步探索和推动中国特色社会主义理论体系的创新发展，强调“继续坚持解放思想、实事求是、与时俱进，继续在新的时代条件下把马克思主义基本原理同中国实际相结合，不断推进马克思主义的中国化”。以邓小平理论和“三个代表”重要思想为指导，顺应国内外形势发展变化，抓住重要战略机遇期，坚持实践创新、理论创新、制度创新，强调坚持以人为本、全面协调可持续发展。“对新形势下实现什么样的发展、怎样发展等重大问题做出了新的科学回答，把我们对中国特色社会主义规律的认识提高到新的水平”，成功地在新的历史起点上坚持和发展了中国特色社会主义，使中国人民对自己追求的目标、遵循的原则、坚持的思想、运用的方法，以及对中国未来的发展前景越来越明晰，越来越自信。马克思主义中国化的理论探索充分证明了中国共产党人对马克思主义的理论自信。这种理论自信正在逐渐内化为中国共产党人的一种必然的政治品格。

三、中国特色社会主义的伟大成果和成就积淀了理论自信

马克思说过：“理论在一个国家实现的程度，总是取决于理论满足这个国家的需要的程度。”斯大林也曾讲过，理论是用来指导实践的，“理论若不和革命实践联系起来，就会变成无对象的理论，同样，实践若不以革命理论为指南，就会变成盲目的实践”。衡量一种理论正确与否的标准是看它是否带来了实践的成效，正如毛泽东所说：“理论的基础是实践，又转过来为实践服务。判定认识或理论之是否真理，不是依主观上觉得如何而定，而是依客观上社会实践的结果如何而定。真理的标准只能是社会的实践。”中华人民共和国成立以来，尤其是改革开放至今，在中国特色社会主义理论体系指导下取得的伟大实践成就，有力地证明了与马克思列宁主义、毛泽东思想既一脉相承又与时俱进的中国特色社会主义理论体系，是适合当代中国国情和发展需要的唯一科学理论。这足以说明理论与实践的辩证关系，伟大理论指导成功实践，成功实践反过来证明伟大理论。中国特色社会主义实践所取得的成就已经为中国共产党人积淀了强有力的理论自信。

中华人民共和国成立至今，特别是改革开放以来，中国在经济、政治、文化、社会等方面都取得了举世瞩目的成就，综合国力和国际影响力实现了由弱到强的巨大转变。在经济上，据国家统计局数据显示：2014 年国内生产总值（GDP）为 636 463 亿元，首次突破 60 万亿元，同比增长 7.4%，以美元计，亦首次突破 10 万亿美元大关，中国成为继美国之后又一个“10 万亿美元俱乐部”成员，同时 GDP 总量稳居世界第二。在政治上，伴随着社会主义制度的自我调整和完善，尤其是党的十八大以来，政治体制改革更是呼之欲出，渐进式的改革已经到了紧要关头，全面推进依法治国也已有了新进展，民主政治建设为实现“中国梦”提供了有力保障，等等。在文化上，社会主义核心价值体系建设深入发展，文化领域深入推进改革，公共文化体系建设已初见成效，各项文化建设成就斐然。在社会上，社会建设也出现前所未有的快速发展局面，形成了一整套系统的社会主义建设的方针政策，建立了覆盖城乡的世界最大的社会保障体系，城镇化水平大大提

高，我国的社会结构发生了巨大变迁，人民的生活水平显著提高。正如十八大报告总结的：我国社会生产力、经济实力、科技实力迈上了一个新台阶；人民生活水平、居民收入水平、社会保障水平迈上了一个大台阶。这些实实在在的成就是在中国特色社会主义理论体系指导下取得的，既是中国特色社会主义实践的真实写照，也是中国特色社会主义理论的实践成果。正是这些伟大的实践成就坚定了我们党对中国特色社会主义的理论自信。

党的十八大以来，习近平总书记系列重要讲话精神和治国理政新思想新战略是马克思主义中国化理论成果的集中体现，是中国特色社会主义理论体系的最新成果，我们只有把握了这一最新成果，才能把握中国特色社会主义理论体系，把握马克思主义。因为这一成果与马克思主义、毛泽东思想、中国特色社会主义理论体系既一脉相承，又与时俱进。在建党95周年纪念大会上，习近平总书记在“三个自信”的基础上，将文化自信与理论自信并列呈现，这也充分说明文化自信乃理论自信之根，只有将理论与文化“接得上”“叫得响”“传得远”，才能更加促进理论自信。理论自信的根本要义在于价值自信，文化自信的根本自信在于精神自信，无论是理论自信还是文化自信，都是为了塑造和提升当代中国人的精神世界，只有增强文化自信和理论自信，才能清晰呈现自己的人文精神和本质力量，才能明确表达自己的价值取向和价值内涵。

综上所述，理论就是旗帜，旗帜指引方向，正确的思想理论是实践发展的灵魂。发展永无止境，理论创新就永无止境。理论创新不仅能提升实践活动的层次和质量，还能丰富人们的精神世界，激发理论活力。因此，在中国特色社会主义建设道路上，我们既要有“雄关漫道真如铁”的思想准备，更要有“乘风破浪会有时”的坚定信心。习近平总书记在参观《复兴之路》展览时自信地说：“我们比历史上任何时期都更接近中华民族伟大复兴的目标，比历史上任何时期都更有信心、有能力实现这个目标。”可以说，中国特色社会主义的理论自信意味着我们将以中国的话语体系、思维方式和理论主张向世界证明中国特色社会主义道路的先进性，推动中华民族伟大复兴的发展进程。

第二节　马克思主义中国化理论的不断探索

一、马克思主义中国化的基本经验及其启示

马克思主义的伟大力量就在于它与各国的具体实践相联系。作为一种外来文

化和意识形态，要在中国扎根并对中国社会实践发挥指导作用，马克思主义就必须融入中华民族的灵魂之中，彰显“中国气派”“中国风格”和“中国特色”。对于中国共产党来讲，就是把马克思主义理论与中国的具体实践相结合，立足中国国情，按照中国发展的特点运用马克思主义，使其融入中国实践发展的每一个环节。

（一）中国传统文化与马克思主义的相通性，凸显马克思主义中国化的“中国气派”

马克思曾指出：“理论在一个国家的实现程度，总是取决于理论满足这个国家的需要的程度。”十月革命一声炮响，给中国送来了马克思列宁主义，并使马克思主义在中国得以广泛传播和运用，形成具有“中国气派”的马克思主义，这是近代中国社会危机和民族危机的特殊国情的需求，更是中国革命与建设实践相结合的需求，也是马克思主义与中国传统文化相结合的必然结果。

马克思主义中国化之所以具有“中国气派”，就在于马克思主义与中国传统文化在内在精神上存在相通性。即一是马克思主义哲学与中国传统哲学，特别是在辩证法和唯物论方面的相通性。比如，中国传统哲学中的“气一元论”指出，气是物质世界的本源，是永恒运动变化发展的，虽不完善，但也为朴素唯物论奠定了坚实的基础。“祸兮福所倚，福兮祸所伏”“阴阳相感而变化生”等辩证思想对事物所包含的对立、转化和发展等辩证思想进行了生动的论述。二是中国传统文化中的“以民为本”与马克思主义重视人、突出人的主体价值和主体作用的相通性。比如，《尚书》记载的“民为邦本，本固邦宁”，《左传》中提出的“民之所欲，夫必从之”的论断，都是中国早期的民本思想，儒家和墨家提出的“仁者爱人”“民为贵社稷次之，君为轻”更是把民本思想发展到一个新的高度。三是马克思主义的“实践观”与中国传统文化中的“知行观”在认知上的相通性。比如，在中国传统文化中，儒家和墨家都十分崇实。墨子的“有本之者，有原之者，有用之者”就是强调判别是非要根据前人的经验，以及当代人的亲身经历和实践效果。四是中国传统文化中的“大同世界”与马克思主义追求的“共产主义社会”虽不能等同，但也具有高度的相似性。这些因素既是马克思主义与中国传统文化相融合的重要因素，也是马克思主义中国化形成的文化根基。当然，马克思主义中国化的形成还必须借助中国传统文化的形式才得以形成。一则由于马克思主义是西方文明的思想成果，它的思维模式、理论模式都具有十分显著的西方文化特点。这就意味着如果马克思主义在中国广泛传播与运用，必须先对其进行改造，使其理论具有中国文化特点和民族形式，才能与中国传统文化相融合。正如恩格斯所说，每个国家运用马克思主义，都必须穿起本民族的服装。二则马克思主义与中国传统文化存在时代性的差异，马克思科学体系产生于资本主义机器大工业时代，而中国传统文化形成于小农经济为基础的封建社会。因此，马克思主义中国化的形成是一个促进中国传统文化向现代转型的过程。换句话说，也就是中国传统文化的现代转型是伴随着马克思主义中国化而实现的。实践证明，只有马克思主义与中国传统文化的成功结合，中国革命、建设事业才能顺利进行。

（二）中华民族精神与马克思主义的契合性，凸显马克思主义中国化的“中国风格”

马克思主义中国化从根本上说是民族化。中华民族在长期的历史发展中形成了特有的民族文化和民族心理，形成了伟大的民族精神。马克思主义中国化自形成到发展，都非常重视中国传统文化和中国历史的融入和普及，特别是以五四运动为开端的新文化运动，其之所以能沿着正确的方向发展，就是因为在新民主主义革命过程中，产生了民族的、科学的、大众的新民主主义文化。李大钊、陈独秀、瞿秋白等都是马克思主义中国化事业的先行者，如李大钊在探索马克思主义中国化事业的进程中积累了大量的宝贵经验。可以说，李大钊是马克思主义中国化的伟大开拓者，是他最早把共产主义思想介绍给中国。1916 年，他在日本所作五四以前革命民主主义的宣言书《青春》中阐述了马克思主义的唯物主义思想；1918 年，他发表了《法俄革命之比较观》，阐述了俄国十月革命的实质意义；在第一次世界大战后，他发表著名文章《布尔什维主义的胜利》和《庶民的胜利》，揭露帝国主义战争的本质，指出马克思主义指导中国革命的重大意义；1919 年，他发表的系统介绍和宣传马克思主义基本原理的著作《我的马克思主义观》，对以后马克思主义思想在中国的传播起到非常重要的作用。李大钊强烈的爱国主义、鲜明的民本思想和坚定的社会进步思想奠定了中国共产党人马克思主义中国化的基本立场，也为马克思主义中国化积累了丰富的经验。

在社会主义革命和建设时期，以毛泽东为核心的第一代共产党人更加重视以马克思主义为指导批判继承中国历史文化遗产。一方面，他们借鉴中国传统文化资源，丰富中国化马克思主义的内容，实现中国历史文化的现代化，为中国的革命、建设服务；另一方面，为了探索和寻找中国化的马克思主义的新形式，他们把西方文化特征融入中国文化中，使中国的老百姓易于接受，并将其转化为自己的思想，凸显“中国风格”。毛泽东的马克思主义中国化思想之所以是具有中国特色的民族形式，其渊源就在于中国传统的优秀文化，一方面，将中国传统的优秀文化用于革命实践，探索适合中国情况的革命道路；另一方面，不断总结实践经验并做出理论概括，逐渐形成一个又一个具有马克思主义中国化特色的革命理论。比如，1930 年 5 月，毛泽东写下了著名的《反对本本主义》，并明确指出："马克思主义的'本本'是要学习的，但是必须同我国的实际情况相结合。我们需要'本本'，但是一定要纠正脱离实际情况的本本主义。"同时提出"必须努力做实际调查，才能洗刷唯心精神""没有调查，就没有发言权""中国革命斗争的胜利要靠中国同志了解中国情况"等重要思想，为中国共产党自主探索中国革命提供了理论依据，成为马克思主义中国化的奠基石。1938 年 9 月，毛泽东在《论新阶段》的政治报告中第一次向全党提出"马克思主义中国化"的任务。他明确提出："共产党员是国际主义的马克思主义者，但马克思主义必须和我国的具体特点相结合，并通过一定的民族形式才能实现。马克思列宁主义的伟大力量就在于它是和各个国家具体的革命实践相联系的。对于中国共产党来说，就是要学会把马克思列宁主义的理论应用于中国的具体环境，成为伟大中华民族的一部分，而和这个民族血肉相连的共产党员，离开中国特点来谈马克思主义，只是抽象的空洞的马克思主义。因此，使马克思主义在中国具体化，使之在其每一表现中带着必须有的中国的特性，即是说，按照中国的特点去应用它，成为全党亟待了解并亟须解决的问题。"1941 年 9 月，毛泽东在中共中央政治局扩大会议上的讲话中，特别强调要分清创造性的马克思主义和教条式的马克思主义，要求反对主观主义，"使中国革命丰富的实际马克思主义化"。他认为"只有用马克思主义观点来研究实际问题、能解决实际问题的，才算实际的理论家"。综观毛泽东的一系列论述，大致有四个方面的经验：一是体现了马克思主义在中国的具体化，形成适合中国革命和实践的正确的路线、方针和政策；二是体现了马克思主义在中国的实践化，与中国革命和建设实际相结合，并指导其向正确的方向发展；三是体现了马克思主义在中国的民族化，形成具有新鲜活泼、为中国老百姓喜闻乐见的"中国风格"；四是体现了马克思主义在中国的创新化，使马克思主义在中国得以丰富和发展，永远存在其生机和活力。总之，马克思主义在中国的传播过程就是对中华民族精神的唤醒与升华过程，只有在尊重中华民族的民族感情的前提下，才能体现马克思主义中国化的"中国风格"，从话语表达到理论阐释都具有十分明显的"中国风格"。

（三）中国特色社会主义理论体系的创新性，凸显马克思主义中国化的"中国特色"

纵观中国特色社会主义理论体系形成历程，前后共经历了四个阶段，每一个阶段的主题都是有差异的，其对中国特色社会主义理论体系的创新贡献也各具特色。

第一，毛泽东思想的形成是中国特色社会主义理论体系的萌芽和源泉。新中国成立后，以毛泽东为核心的中国共产党领导全国人民取得了新民主主义革命的胜利，建立了社会主义制度，使中国步入了发展的正确轨道。在社会主义建设道路上，我国一开始照搬苏联社会主义建设的模式，但随着苏联体制弊端的暴露，毛泽东提出了“以苏为鉴”，找出了一条符合中国国情的社会主义发展道路，并完成了对社会主义的政治、经济、社会的总体认识。此后，他在“建设一个什么样的社会主义、怎样建设社会主义”的问题上，初步提出一系列颇有价值的设想。毛泽东在《论十大关系》中提出“适当地调整重工业和农业、轻工业的投资比例”“平衡沿海、内地工业发展布局”“坚固国家、集体和个人三个方面”等观点，还提出共产党与其他民主党派“长期共存，互相监督”的方针，为中国共产党领导的多党合作制提供了思想基础；党的八大提出了社会主义的主要矛盾：我们国内的主要矛盾，已经是人民对于建立先进的工业国的要求同落后的农业国的现实之间的矛盾，已经是人民对于经济文化迅速发展的需要同当前经济文化不能满足人民需要的状况之间的矛盾。新中国实行的人民代表大会制度、共产党领导的多党合作与政治协商制度、以公有制和按劳分配为主体的经济制度、民族区域自治制度等，都是富有中国特色的创造。理论上的新发展、实践上的创新构成了中国特色社会主义理论体系的萌芽和源泉。当然，探索中国特色社会主义道路的进程也不是一帆风顺的，其受社会历史条件的局限。当时，中国共产党对“什么是社会主义、怎样建设社会主义”还没有完全搞清楚，甚至“左”倾错误思想的影响导致了“大跃进”“文化大革命”等急功近利的重大失误和错误。

第二，《邓小平理论》对中国特色社会主义理论体系做出了承上启下的独特贡献。邓小平明确提出：“把马克思主义的普遍真理同我国的具体实际结合起来，走自己的道路，建设有中国特色的社会主义，这就是我们总结长期历史经验得出的基本结论。”这标志着建设有中国特色社会主义理论的命题正式提出。之后，中国共产党继续对“什么是社会主义、怎样建设社会主义”这个基本问题进行了全方位的探索。邓小平提出的诸如“贫穷不是社会主义”“落后不是社会主义”“发展太慢不是社会主义”“没有民主就没有社会主义”等论断，大大丰富和发展了对社会主义的认识。党的十三大比较全面地论述了这些观点，包括“关于解放思想，实事求是，以实践作为检验真理的唯一标准的观点”“关于建设社会主义必须根据本国国情，走自己的路的观点”“关于在经济文化落后的条件下，建设社会主义必须有一个很长的初级阶段的观点”等 12 条内容，这些理论观点被概括为“建设有中国特色社会主义的理论”。1992 年召开的党的十四大对“建设有中国特色社会主义的理论”做了新的概括，从“社会主义的发展道路问题上”“社会主义的发展阶段问题上”“社会主义的根本任务问题上”“社会主义的发展动力问题上”“社会主义建设的外部条件问题上”“社会主义建设的政治保证问题上”“社会主义建设的战略步骤问题上”“社会主义的领导力量和依靠力量问题上”以及“祖国统一问题上”九个方面对理论的内容进行了具体的阐述，并将其定名为“邓小平同志建设有中国特色社会主义理论”，充分肯定了这个理论在马克思列宁主义与中国实际相结合的思想理论发展史上的重要地位，并且把这个理论和在这个理论指导下制定的党的“一个中心，两个基本点”的基本路线正式纳入党章。党的十五大把“邓小平同志建设有中国特色社会主义理论”改称为“邓小平理论”，将它确立为党的指导思想。在当代中国，只有把马克思主义同当代中国实践和时代特征结合起来的邓小平理论才能够解决社会主义的前途和命运问题，邓小平理论是当代中国的马克思主义，是马克思主义在中国发展的新阶段。

第三，“三个代表”重要思想是中国特色社会主义理论体系与时俱进的重要组成部分。十三届四中全会以来，以江泽民为核心的中央领导集体高举邓小平理论旗帜，在进一步回答“什么是社会主义、怎样建设社会主义”问题的同时，创造性地回答了“建设什么样的党、怎样建设党”的问题，创立了“三个代表”重要思想。2000 年初，江泽民在广东高州视察时第一次提出了“三个代表”重要思想：“我们党所以赢得人民的拥护，是因为我们党在革命、建设、改革的各个历史时期，总是代表着中国先进生产力的发展要求，代表着中国先进文化的前进方向，代表着中国最广大人民的根本利益，并通过制定正确的路线方针政策，为实现国家和人民的根本利益而不懈奋斗。”此后，江泽民先后到 10 多个省、市、自治区进行考察，包括苏浙沪、西北五省、海南省等地，主持召开了 20 多种形式的党建工作座谈会，听取各方面的意见和建议，多次从不同的侧面深刻地阐述了“三个代表”思想。2001 年 7 月 1 日，在纪念中国共产党成立 80 周年大会上，江泽民发表了著名的七一讲话，对“三个代表”重要思想的科学内涵进行了全面系统的阐述，使“三个代表”重要思想有了理论体系。2002 年 5 月 31 日，江泽民出席中央党校省部级干部进修班毕业典礼讲话中指出：“坚持与时俱进，就一定要看到《共产党宣言》发表一百五十多年来世界政治、经济、文化、科技等发生的重大变化，一定要看到我国社会主义建设发生的重大变化，一定要看到广大党员干部和人民群众工作、生活条件和社会环境发生的重大变化，一定要充分估计这些变化对我们党执政提出的严峻挑战和崭新课题。”党的十六大对“三个代表”重要思想做出了明确定位：“‘三个代表’重要思想是对马克思列宁主义、毛泽东思想、邓小平理论的继承和发展”“始终做到‘三个代表’，是我们党的立党之本、执政之基、力量之源。”大会通过的党章修正案把“三个代表”重要思想和马克思列宁主义、毛泽东思想、邓小平理论一道确立为党的指导思想。

第四，科学发展观是中国特色社会主义理论体系的提升与创新。从哲学意义上说，马克思主义是关于人类解放和发展的理论。科学发展观的提出是适应新的发展要求、立足于我国的基本国情、总结我国发展实践、借鉴国外发展经验的最新成果，它深入系统地回答了“为什么要发展”“为谁发展”“靠谁发展”“如何实现又快又好的发展”等事关中国长远发展的一系列重大问题，标志着我们党对社会主义现代化建设规律认识的进一步深化。十六届三中全会通过的《中共中央关于完善社会主义市场经济体制若干问题的决定》提出：“坚持以人为本，树立全面、协调、可持续的发展观，促进经济社会和人的全面发展。”在2004年3月中央人口资源环境工作座谈会上，胡锦涛对科学发展观的理论基础、深刻内涵、基本要求等做了深刻而全面的阐述，强调“科学发展观是我们党以邓小平理论和‘三个代表’重要思想为指导，从新世纪新阶段党和国家事业发展全局出发提出的重大战略思想”，它“揭示了经济社会发展的客观规律”，“反映了我们党对发展问题的新认识”。2005年2月，在省部级主要领导干部提高构建社会主义和谐社会能力专题研讨班上，胡锦涛向全党发出“树立和落实科学发展观”“坚持‘五个统筹’”，“促进“社会主义物质文明、政治文明、精神文明建设与和谐社会建设全面发展”的号召。2006年，在庆祝中国共产党成立85周年暨总结保持共产党员先进性教育活动大会上的讲话中，胡锦涛提出了“坚持用科学发展观武装全党，进一步把全党的思想统一到科学发展观上来，真正把科学发展观转化为全党的实际行动”。2007年6月25日，胡锦涛在中央党校发表重要讲话，强调“科学发展观，第一要义是发展，核心是以人为本，基本要求是全面协调可持续，根本方法是统筹兼顾”。在随后召开的党的十七大上，“科学发展观”作为“我国经济社会发展的重要指导方针”和“发展中国特色社会主义必须坚持和贯彻的重大战略思想”被写入了党章之中。从以上论述不难看出，科学发展观也是世界观、人生观、价值观的体现。大至党和政府审时度势的大局方针，如拉动内需、免费减税、缩小贫富差距、完善保障体系以及构建和谐社会，无一不是关注民生，以人为本；小到每一位干部群众的切身利益，皆蕴含着科学发展观。

第五，以习近平同志为核心的党中央的新思想、新观点、新论断是马克思主义中国化的新飞跃。党的十八大以来，以习近平同志为核心的党中央提出了一系列新思想、新观点和新论断，特别是习近平总书记的系列讲话精神，对系统完善中国特色社会主义理论体系和发展马克思主义中国化的实践应用具有十分重要的理论和现实指导意义，是马克思主义中国化的新飞跃。

新一届中央领导集体的新思想、新观点和新论断揭示了中华民族的历史命运和当代中国的发展战略，升华了我们党的执政理念和治国方略，进一步坚定了我们党举什么旗、走什么路的政治信心，也为坚持和发展中国特色社会主义注入了新的内涵，充分体现了中国特色社会主义重大思想理论成果的最新进展和新的飞跃。一是关于中国特色社会主义的历史进程和伟大实践的论述。党的十八大以来，习近平总书记多次就坚持和发展中国特色社会主义发表重要讲话，以全新的视野系统阐述了中国特色社会主义的历史进程和伟大实践，不断丰富其实践特色、理论特色、民族特色和时代特色。二是关于实现中华民族伟大复兴的“中国梦”的论述。习近平总书记在参观《复兴之路》展览时首次提出实现中华民族伟大复兴的“中国梦”后，又先后在多个场合发表重要讲话，对“中国梦”的内涵实质、实现道路、依靠力量、历史意义等做了系统阐释。“中国梦”的提出是马克思主义基本原理与中国实际和时代特征相结合的典范。三是关于反腐倡廉的论述。习近平同志多次强调，反腐倡廉关键在于“常”“长”二字，一个是要经常抓，一个是要长期抓。为政清廉才能取信于民，秉公用权才能赢得人心。坚决反对和克服特权思想、特权现象，让权力在阳光下运行，把权力关进制度的笼子里，形成不敢腐的惩戒机制、不能腐的防范机制、不易腐的保障机制，保证领导干部做到位高不擅权、权重不谋私。有案必查、有腐必惩，坚持“老虎”“苍蝇”一起打。不断夯实党员干部廉洁从政的思想道德基础，筑牢拒腐防变的思想道德防线。这些重要论述和要求体现了中央加大反腐败斗争力度，铲除腐败现象滋生蔓延的土壤，以实际成效取信于民的坚定决心。四是关于党的群众路线的论述。习近平总书记指出，一个政党、一个政权，其前途和命运最终取决于人心向背，如果我们脱离群众、失去人民拥护和支持，最终也会走向失败。检验我们一切工作的成效，最终都要看人民是否真正得到了实惠，人民生活是否真正得到了改善，这是坚持立党为公、执政为民的本质要求，是党和人民事业不断发展的重要保证。我们要坚持党的群众路线，坚持人民主体地位，时刻把群众安危冷暖放在心上，及时准确了解群众所思、所盼、所忧、所急，把群众工作做实、做深、做细、做透。这些论述和观点体现了全心全意为人民服务的宗旨和以人为本、执政为民的理念，体现了我们要坚持人民创造历史、人民是真正英雄的唯物史观。五是关于“四个方面”的论述。习近平总书记强调，要“协调推进全面建成小康社会、全面深化改革、全面推进依法治国、全面从严治党，推动改革开放和社会主义现代化建设迈上新台阶”。“四个全面”是引领中华民族伟大复兴、实现“中国梦”的重大战略布局，更是马克思主义中国化成果的新飞跃。“四个全面”彰显了马克思主义与时俱进的理论品质。习近平总书记要求我们：“要原原本本学习和研读经典著作，努力把马克思思主义哲学作为自己的看家本领。”“四个全面”自觉践行了我们党群众路线的生命线。一切为了群众，一切依靠群众，一切从群众中来，到群众中去。伟大的实践产生伟大的理论，伟大的理论指导伟大的实践。习近平总书记“四个全面”的伟大思想既是对中国发展深刻思考的理论成果，更是立足中国国情实现现代化的必然选择。“四个全面”是以习近平总书记为代表的全体共产党人的思想结局，是最新科学社会主义观一系列系统的基本理论观点的总概括，是我们实现“中国梦”的共同思想基础，是我们从胜利走向新胜利的理论指南。

纵观中国特色社会主义理论体系的形成与发展，并不是各理论之间的简单叠加，而是一个有着严密逻辑结构的有机整体。无论是思想基础还是实践基础，都是在坚持马克思主义、毛泽东思想为前提的基础上进行理论与实践的探索。中国特色社会主义理论体系在改革开放的实践中形成并发展，反过来它又指导中国特色社会主义建设实践，而且是对马克思主义中国化不断拓展和延伸、创新和发展的过程。它充分彰显着“中国气派”“中国风格”“中国特色”的理论风格。

二、马克思主义中国化“国际视野”与“中国特色”互补的研究格局初步形成

马克思主义各国化是国际共产主义运动的永恒课题，当然也是中国共产党的永恒课题。随着中国经济社会的国际影响日益增大，我国对马克思主义中国化历史进程的规律认识和探索已经初步形成了“国际视野”与“中国特色”互补的研究格局。比如，关于马克思主义中国化基本规律，国内学者从不同角度对马克思主义中国化进程中的两次历史性飞跃的共同规律、中国共产党及其指导思想发展的规律进行探索和研究。这从另一侧面也揭示了马克思主义中国化规律。

有学者认为，马克思主义中国化的基本规律就是“结合律”，即马克思主义普遍真理必须与中国具体实际相结合，必须是对称性、匹配性、持续性的结合。而“结合”主体对马克思主义基本原理、对中国具体实际、对两者有机结合的认识和把握是一个不断探索和深化的过程，其中对称性、匹配性应贯穿“结合”的全过程。有学者认为：建立和巩固社会主义，实现民族复兴，是马克思主义中国化的一贯主题；坚定信念，不丢“祖宗”，是马克思主义中国化的根本要求；解放思想，实事求是，是马克思主义中国化的基本原则；立足国情，理论联系实际，是马克思主义中国化的前提条件；与时俱进，开拓创新，是马克思主义中国化的鲜明特征；代表绝大多数群众利益，为人民服务，是马克思主义中国化的政治本色。这些就是从三次历史飞跃中获得的“规律性的经验启示”。也有学者系统阐述了马克思主义中国化的基本规律，如“继承坚持”与“发展创新”互为条件的规律、“基本原理”与“文化传统”交互作用的规律、“时代潮流”与“中国国情”

融为一体的规律、“本质统一性”与“形式多样性”有机统一的规律、“客观需求”与“主观创造”相互促进的规律、“思想解放”与“思想统一”有机结合的规律、反对“教条主义”与反对“经验主义”同时并举的规律、“党的领导”与“党的建设”相互支撑的规律。也有作者从马克思主义中国化的开端、中国化的方法、中国化的道路、中国化的主体、中国化的完善及中国化的延续等角度揭示了马克思主义中国化进程的基本规律，即摸索与飞跃相伴随、继承与超越相联系、挑战与应对相适应、伟人与集体相呼应、观点与体系相配套以及检验与调整相结合六大规律。

综观近年来的有关研究，国内对马克思主义中国化规律的研究多从毛泽东思想形成机理、结合毛泽东思想和邓小平理论两大理论成果的形成过程、通过对马克思主义中国化整个历史进程的研究、从中国传统文化等角度来分析探讨马克思主义中国化规律。这些角度本身可以加以整合，整合到马克思主义中国化的历史进程中来，在进程中归纳总结规律，并在进程中检验运用规律。

此外，随着中国经济社会的日益强大，国际社会在关注中国发展的同时，也越来越关注马克思主义中国化的研究。比如，以革命战争为切入点研究毛泽东和毛泽东思想；以改革实践为切入点研究邓小平理论；以中国领导人新老交替为关注点研究马克思主义在新的领导集体中的发展和运用；等等。影响较深的研究成果有：施拉姆的《毛泽东同人民的谈话》、哈佛大学出版社出版的《中国共产主义人物传记辞典（1921—1965）》、费正清的《伟大的中国革命（1800—1985）》、毕仰高的《中国革命的起源 1915—1949》与《农民运动》、陈志让的《毛泽东和中国革命》等。由此可见，坚持发展马克思主义，拓展马克思主义中国化研究的时代视野，运用马克思主义立场、观点和方法揭示全球化大趋势中社会主义发展的基本规律和基本道路，是马克思主义中国化面临的最重大课题，也是加强马克思主义理论研究和建设工程不可忽视的重大任务。从某种意义上看，这实现了马克思主义中国化研究的视野转化。当然，我们还要用严谨的治学态度对其进行去伪存真、去粗取精，始终坚持以马克思主义的立场、观点和方法对其谬误之处进行分析和评述。

第九章　马克思主义中国化的实现路径

第一节　马克思主义中国化的主体学习和掌握马克思主义

在马克思主义中国化的过程中，中国共产党和广大的人民群众很好地掌握马克思主义理论是马克思主义中国化的前提。党员应端正对马克思主义学习的态度，建设学习型政党，使党员始终坚持马克思主义的指导地位。人民群众在学习和掌握马克思主义的过程中，应树立人民群众的主体观，遵循人民群众的认知规律。同时充分发挥理论工作者的理论创新作用，使其很好地发挥马克思主义和人民群众之间的中介作用。

一、巩固和完善中国共产党对马克思主义中国化的领导作用

马克思主义中国化能够在中国实现其发展，原因就在于中国共产党人通过坚持不懈的努力，在领导中国革命、建设与改革的实践中，始终注重将马克思主义的基本原理和中国的具体国情相结合，并且在不断的实践过程中进行理论创新，推动马克思主义中国化的创新与发展。中国共产党曾经多次犯过“左”或“右”的错误，最直观的表现就是教条式地照搬马克思主义或者照搬苏联革命和建设的经验，不能对马克思主义进行全面的理解，这导致中国共产党人经历过血的教训，也使中国共产党人深刻地认识到，只有端正对马克思主义理论的学习态度，建设学习型政党，不断学习马克思主义的最新理论成果，进行理论创新，我们才能取得最后的胜利。

（一）端正对马克思主义理论的学习态度

新时期在马克思主义中国化的过程中，中国共产党的党员干部要端正马克思

主义的学习态度，只有大量的共产党员对马克思主义持有积极的态度，才能保证马克思主义成为我国的主流政治信仰。端正马克思主义的学习态度是学习马克思主义基础理论的首要环节，只有共产党员对马克思主义的精髓和灵魂有了正确的认识，才能积极地学习马克思主义理论，并将马克思主义理论应用于我国的具体实践。

共产党员应认识到马克思主义理论对我国社会主义现代化建设的重要性。马克思主义是科学的世界观，它从根本上揭示了自然和社会发展的基本规律，对我国的革命、建设和改革具有重要的指导意义。共产党员只有明确马克思主义的重要性，学习掌握了马克思主义的基本理论，掌握马克思主义的理论实质，坚定不移地以马克思主义理论作为我们的行动指南，才能对马克思主义拥有坚定的政治立场，才能把马克思主义的基本原理应用到我国社会主义现代化建设的实践中去，并在实践中运用理论解决中国的实际问题，从而保证我国现代化建设的蓬勃发展，推进中国特色社会主义事业的发展。

共产党员应正确认识马克思主义理论的精髓和灵魂。推进马克思主义中国化，搞清楚什么是马克思主义是十分重要的。马克思主义产生以来，实践波澜壮阔，理论博大精深。各种各样的“马克思主义者”对马克思主义有着各种各样的认识，因而，搞清楚什么是马克思主义不是一件非常容易的事情。中国共产党人对马克思主义的认识在某些时期出现过偏差，吃了不少苦头。因此，推进马克思主义中国化，应先明白什么是马克思主义。马克思主义作为先进的世界观，从根本上对自然和社会发展的基本规律进行了阐述。邓小平曾经引述列宁关于马克思主义作为“活的灵魂”的描述，他指出，主要是用马克思主义的立场、观点和方法分析问题与解决问题，马克思主义的活的灵魂就是具体问题具体分析。由此可见，马克思主义的精髓就在于将马克思主义的基本原理应用于具体的实际，这是马克思主义的灵魂，也是共产党员对马克思主义应持有的态度，共产党员应认识到马克思主义理论具有实践性，是用来服务于实践的，学习马克思主义理论的目的就在于指导中国的实践。

共产党员应赋予马克思主义理论中国特有的文化形式，彰显其理论的民族性。马克思主义创始人受到西方文化的熏陶和影响，导致马克思主义理论的思维方式及语言特点具有西方文化的印记，他们创立的科学理论依据是西方政治、经济和文化等素材，这说明马克思主义理论是一种根源于西方社会的理论。西方社会与东方社会的具体情况是大相径庭的，这就要求我们应更多地考虑到我国社会的具体情况，在中国的实际建设过程中应用马克思主义的基本原理，以彰显其理论的科学性，将马克思主义理论赋予中华民族的文化形式，彰显其理论的民族性。毛泽东认为马克思主义需要“和民族特点相结合，经过一定的民族形式才有用处”。

同时，共产党员应认识到马克思主义与时俱进的理论品质。马克思主义的基本原理具有相对的稳定性，但并不能说明马克思主义中国化的进程是一成不变的。由于中国的社会主义实践不断向前发展和不断地变化，解决了已经存在的矛盾，还会不断出现新的矛盾和问题，这就需要我们用新的理论对新矛盾和新问题进行解答。所以，对于中国共产党来说，应以不断创新的马克思主义理论作为指导，解决社会主义建设中产生的新问题，不断地推进马克思主义的中国化。马克思主义中国化的进程是伴随着中国革命和建设的进程而存在的，只要中国的革命和建设继续向前发展，马克思主义中国化的任务就不会终结。这是共产党员对待马克思主义的基本态度和正确原则，也是一个方法论问题。正如邓小平所说：“马克思列宁主义的普遍真理与本国的具体实际相结合，这句话本身就是普遍真理。”因此，共产党人对马克思主义中国化应持有的正确态度就在于，准确地认识到马克思主义的精神实质，并且随着中国社会主义实践的发展不断推进马克思主义中国化。

（二）坚持马克思主义理论的指导地位

马克思主义是源于实践并且在实践的推动下不断发展的科学理论。虽然马克思主义产生的时代背景与近代以来中国的实际情况大不相同，由于时间的发展和认识的局限性，马克思主义理论创立者的个别论断在当今已经不合时宜，但经过众多实践的检验，马克思主义基本原理仍然是正确的，对当今社会主义的发展仍然具有普遍的指导意义。我国在发展中国特色社会主义的过程中，应仍然毫不动摇地坚持马克思主义的指导地位。

首先，马克思主义是指导中国沿着正确方向发展的理论保障。鸦片战争以来，中国遭受着西方列强的侵略和压迫，中国人从未间断寻求救国救民的道路，但屡遭失败。十月革命的胜利给中国人民带来了新的希望，中国共产党把马克思主义作为自己的指导思想，用以指导中国的革命实践，从此中国的革命形势发生了新的变化。正如毛泽东所说的：“自从中国人学会了马克思列宁主义以后，中国人在精神上就由被动转入主动。”“马克思列宁主义的普遍真理一经和中国革命的具体实践相结合，就使中国革命的面目为之一新。”在毛泽东思想的指导下，中国取得了新民主主义革命的胜利，开始了社会主义现代化建设，毛泽东思想已经深深地融入中国人民的日常生活意识当中，已经成为中国人民认识、分析和解决问题的思想宝库。此后的历届中央领导集体始终坚持马克思主义的指导思想地位，将马克思主义的普遍原理同中国社会主义现代化建设的实践相结合，产生了中国特色社会主义理论体系，这一理论体系对中国人民进行现代化建设事业具有重大的精神指导作用。由于我国社会主义建设的目标尚未实现，国内还有相当多的问题未解决，所以我国正处在马克思主义中国化的第二个过程之中。由于社会主义现代化建设的实践始终向前发展，因而中国特色社会主义理论体系还存在完善的必要和空间。实践与理论创新将会相互影响、相互推动，以促进社会主义的发展。

其次，马克思主义是解决现代化建设过程中各种问题的重要工具。马克思主义作为我国的根本指导思想，是我们认识和改造世界的强大思想武器。我们应深入学习并熟练掌握马克思主义的基本原理，将马克思主义的指导思想内化为自己解决问题的立场、观点和方法。只有这样，我们才能不断提高解决实际问题的能力，坚持实事求是的思想路线，避免出现“左”的和“右”的错误，坚持正确的方向，把现代化建设事业推向前进。

再次，马克思主义是我们党和国家的强大精神支柱。精神支柱是一个国家、一个政党、一个民族团结向前的精神纽带，只有拥有共同的精神支柱，才会拥有统一的意志，拥有强大的凝聚力和战斗力。坚持马克思主义的指导地位，是保证全党全国各族人民沿着正确的方向胜利前进的根本思想基础。我们只有坚持以马克思主义理论为指导，才能发展先进的思想，克服落后的思想，才能将全国人民的思想统一于社会主义建设之中。在新的发展时期，中国特色社会主义理论体系为我国实现社会主义现代化指明了正确的发展方向，我们应坚定不移地坚持这一精神支柱，也只有这样，我们的国家才会有更加辉煌的前景。

（三）树立以人为本的执政理念

现阶段，我们强调坚持以人为本，就是要把实现人的全面发展作为各项工作的目标。人的自由全面发展的理论作为马克思主义理论中的重要内容，不仅是马克思主义的最高价值追求，还是中国特色社会主义的本质要求，不仅是一种将来必将实现的理想目标，还是一个现实的历史发展过程。我们应深刻理解这一理论的内涵，重视这一理论在现代化建设过程中的作用，将这一理论作为规划我国社会发展方向的理论依据。

从马克思对人的全面自由发展的论述中可以看出，人的全面发展是与人的本质紧密相连的。在马克思看来，人的本质有着多方面的规定性：作为类存在物，人的本质是自由自觉的活动，即实践活动，最集中的表现是劳动；作为社会存在物，人的本质在其现实性上是一切社会关系的总和；作为完整的个体的人，人是自然因素、社会因素和精神因素的统一体，人的本质就是人的个性。与人的本质规定性相联系，人的自由全面的发展在马克思那里表现出各方面的规定性：人的实践活动的全面发展，人的社会关系的全面丰富，人的各方面素质得到全面提升，人的个性得到自由的发展，等等。

马克思不但揭示了人的自由全面发展的内涵，而且思考了进入人的自由全面发展应走过的阶段，他提出实现人的自由全面发展需要经历三个阶段：第一阶段是人对人的依赖阶段；第二阶段是人对物的依赖阶段；第三阶段是人的自由全面发展的阶段。我们从“三阶段说”中可以看出，经济的发展程度与人的自由全面发展程度在本质上是一致的。我们进行市场经济体制改革，逐步发展并不断完善社会主义市场经济体制，把市场作为资源配置的基本手段，目的就在于促进生产力的迅速发展，为实现人的全面发展创造条件。可见，在生产力水平较低的情况下，实行市场经济是实现生产力发展不可逾越的历史阶段，这一阶段也是促进人的全面发展不可逾越的历史阶段，市场经济为人的自由全面发展创造了条件，开辟了道路。

然而，我国在实行市场经济的过程中，会不可避免地产生两极分化的问题，社会主义国家存在一定的收入差距是正常的，但若收入差距超出了一定的限度，会严重地影响社会的稳定，这与人的自由全面发展是不相符的，应当采取种种措施抑制收入差距逐渐扩大的趋势，以显示社会主义制度的优越性。党的十六届三中全会提出了科学发展观，即坚持以人为本，树立全面、协调、可持续的发展观，促进经济社会和人的全面发展。科学发展观的本质与核心就在于坚持以人为本，即发展的目的在于满足人民群众不断增长的物质文化需求，以保障人民群众的经济、政治及文化权益。同时，在经济发展过程中，我们应当注重发展的全面性、协调性与可持续性，从而促进社会各方面得到均衡的发展，最终促进人的自由全面发展。这是坚持以人为本的具体体现，也是马克思主义中国化的过程中应当注意的问题。

（四）建设学习型政党，提高党员的理论素养

通过学习，人类文明得到不断的发展和传承，学习也是党和国家繁荣昌盛的动力所在。一直以来，中国共产党就是一个注重和善于学习的政党，通过马克思主义理论的学习加强自身的建设，提升自己的理论素养，迎接种种考验。建设学习型政党，其本质就是建设马克思主义学习型政党，这需要坚持高举中国特色社会主义的伟大旗帜，坚持推进马克思主义中国化并自觉用以指导实践。

首先，马克思主义学习型政党应是一个具有世界眼光的政党。在经济全球化不断发展的今天，中国的前途和命运同世界紧密地联系在一起，中国的发展离不开世界，世界的发展也离不开中国。当今世界，任何国家闭门造车式的搞建设是

不会成功的，我国应当坚持独立自主，坚持中国的事情应当按照中国的情况来办，主要依靠中国人民自己的力量来办，同时应当扩大对外开放，积极地参与国际竞争，学习借鉴人类创造的一切优秀文明成果，扩大自己的发展空间，使自己得到充分的发展。建设马克思主义学习型政党，就是要引导共产党员树立世界眼光，思考中国的发展对国际产生的作用和其他国家对中国发展产生的影响。这需要共产党员站在宏观的层面审视中国和世界的发展，全面分析中国发展的外部环境，判断经济全球化和世界多极化的利弊，为中国的发展制定适当的发展策略，使中国能够顺应当今世界的发展变化，积极地利用机遇，勇敢地面对挑战，利用有利的国际环境发展自己，同时通过自己的发展促进世界和平。

其次，中国共产党应当加强与世界上其他政党的交流，借鉴其成功经验，以实现自身的发展。如今，政党政治已经成为国家政治的主要形式，无论是我国的马克思主义政党，还是资本主义国家的非马克思主义政党，都面临着全球化的考验，各个国家的政党不得不共同面对一些全球化的问题，如贫困人口增加等发展问题、气候变化等环境问题、跨国犯罪等国际安全问题。这些在全球化过程中产生的问题并不局限于某个国家，其影响甚至扩展到某一地区或全世界，因此需要各个国家的政党加强交流与对话，扩大彼此之间的合作。资本主义国家的政党从马克思主义理论中学习到不少知识，在政党建设方面积累了比较丰富的经验，如选举制度的完善、公民政治参与的扩大、有效的权力制约等。这些虽然是非马克思主义政党的做法，但是表现了政党运作的一般规律，因而具有一定的共性，对世界政治文明的进步做出了很大的贡献，我们应当借鉴吸收这些成功的经验。

再次，采取具体措施，转变党的学风，建设学习型党组织，这是建设马克思主义学习型政党的重要环节。党的学风问题作为重大的政治问题，一直以来与党事业的兴衰成败关系密切。中国共产党历来重视党的学风建设。在延安整风期间，毛泽东在《整顿党的作风》一文中强调，学风问题就是一个非常重要的问题，就是第一个重要的问题。树立马克思主义的学风就是用马克思主义的立场、观点和方法解决中国的实际问题，将马克思主义的基本原理同中国的具体实际相结合，摒弃教条主义、经验主义等错误的倾向，使理论与实践相统一，最终实现广大人民群众的根本利益。然而，党的优良学风的养成需要采取各种各样的具体措施，建立学习制度，营造良好的学习环境，提高党员的理论水平。同时，在推进马克思主义政党建设过程中，应当注意采用科学的方法，针对党员和党员干部的不同情况，制定适合教育对象的不同学习方法。

最后，发挥好共产党员的社会引导作用，使党始终走在时代的前列。发挥学习型政党的社会引领作用主要体现在以下几个方面：第一，要通过不断的学习解决工作中遇到的各种问题，提高党组织的创造力，用现实中的良好表现赢得广大人民群众的支持；第二，促进党组织的开放性，增强党组织内部事务的透明度，及时反馈群众的意见和建议，提升党组织在人民群众中的公信力；第三，共产党员要保持清正廉洁的良好作风，时代在不断地发展，但共产党员的优良作风不能丢掉，以此赢得人民群众的拥护和爱戴。通过以上的种种做法，确保党始终走在时代的前列，不会因为世界形势的变化而变化，能够经受住国内外各种各样的考验，始终成为全国人民的领路人，始终成为坚强的领导核心。

二、增强人民群众的主体地位

中国化的马克思主义并不是党的领袖的个人创造，而是中国共产党以及中国人民集体智慧的结晶。马克思主义理论的产生和发展就是为了全体人民的根本利益，因此在马克思主义中国化的过程中，应当时刻尊重人民群众的根本利益，努力实现最广大人民群众的根本利益，并且充分发挥人民群众的首创精神，促进马克思主义的理论创新，同时应当遵循人民群众对马克思主义的认知规律。

（一）树立人民群众的主体观

历史唯物主义认为，人民群众是历史的创造者，是推动历史发展的根本动力。因此，在推进马克思主义中国化的过程中，必须要尊重人民群众的主体地位，树立人民群众的主体观。这突出地表现在尊重和保护人民群众的根本利益，尊重人民群众的首创精神等方面。

尊重人民群众的根本利益，首先要做到尊重知识、尊重人才、尊重创造、尊重劳动。我们应当认识到工人阶级以及广大农民是建设中国特色社会主义的根本力量。然而，在全球化的浪潮中，我国实行社会主义市场经济，产生了私营企业主、个体户、自由职业者等社会阶层，虽然某些阶层可能具有剥削性质，但是他们是为社会主义经济服务的，是中国特色社会主义事业的建设者，同样应当受到尊重。新时期最显著的成就是发展，中国的发展是为了人民，发展依靠人民，发展的成果应当由人民所享有，人民群众的主体地位在当今得到充分的发挥。同时，我们应当认识到，各阶层群众的利益可能存在不均衡的情况，这就需要正确反映并且兼顾各阶层群众的利益，反映好、协调好、处理好各阶层群众的不同利益。

树立人民群众的主体观的另一表现就是尊重人民群众的首创精神。尊重人民群众的创造性是坚持以人为本的基本要求，是人民群众历史主体地位的客观表现，只有尊重人民群众的创造性，才能使国家制定的各项方针政策始终体现人民群众的根本利益。人类社会的发展历史就是人民群众不断地学习和运用社会发展规律推动社会向前发展的历史。在马克思主义中国化的过程中，必须要树立人民群众的主体观，尊重人民群众的创造性。“在党内和人民群众中，肯动脑筋、肯想问题的人愈多，对我们的事业就愈有利。”“离开实事求是，脱离实际，脱离亿万群众创造性的实践，不是真正的思想解放。”十一届三中全会以来，我国一系列方针政策的制定实都是尊重人民群众创造性的结果。改革开放前，我国农村的某些地区就产生了农民要求实施农业生产责任制的呼声，但这些呼声被视为资本主义的萌芽而被压制下去。十一届三中全会后，家庭联产承包责任制又一次在农村悄悄地付诸实施，国家这次没有采取打压的办法，而是充分尊重了人民群众的实践探索，将家庭联产承包责任制推广至全国，这极大地提高了农民生产积极性，解放了农村生产力。改革开放以来，党不断总结人民群众在实践过程中产生的经验，使之上升为理论，用以指导改革开放的新的实践。在全球化深入发展的今天，人民群众的视野并不是仅局限在国内，而是放眼全球，积极关注有利于社会主义发展的各项要素，这无疑会极大地激发人民群众的创造性。人民群众不断地推进新的实践的过程就是马克思主义中国化不断向前发展的过程。

可见，尊重人民群众的主体地位和尊重人民群众的首创精神是推进马克思主义中国化的根基。离开人民群众的实践和创新，马克思主义中国化就会成为无源之水、无本之木，就会失去进一步向前发展的动力，人民群众在马克思主义中国化的过程中起着至关重要的作用。

（二）遵循人民群众对马克思主义的认知规律

首先，马克思主义理论的表现形式需要富有中国的文化特点。在马克思主义理论的形成过程中，马克思主义经典作家采用的是西方的思维习惯、表达方式，而东方的思维习惯和表达方式与西方存在着巨大的差异。中国人必须用自己所特有的方式接受马克思主义基本原理，因此应当使马克思主义在中国的传播过程中具有中国的文化特色，使之“具有新鲜活泼的、为中国老百姓所喜闻乐见的中国作风和中国气派”。只有这样，人民群众才能更容易地理解、接受和运用马克思主义。

其次，马克思主义理论的宣传应当贴近群众，采用便于群众接受的方式，注重解决群众关心的问题。理论的宣传应当通俗化，要用群众所熟悉的语言和形式，这样才能让马克思主义为广大人民群众所认知和接受，才能使马克思主义成为人民群众的强大思想武器。同时，理论的宣传必须紧紧围绕群众所关心的问题，想群众之所想，急群众之所急，使人民群众认识到马克思主义理论并不是存在于书本中、口号里的理论体系，而是与自身利益紧密相关的理论，认识到学习马克思主义理论有助于自身问题的解决。只有这样，人民群众才会主动地接近马克思主义，主动地学习马克思主义，主动地用马克思主义理论指导自己的社会实践，自觉地发展和创新马克思主义。只有这样的宣传，才能逐渐扩大马克思主义理论在人民群众中的影响力，改变当今人民群众被动地接受马克思主义理论教育的现状，提高人民群众学习马克思主义理论的积极性。理论的宣传要贴近群众，注重解答群众所关心的问题，这就涉及马克思主义的理论研究方向和理论创新等问题，要求其立足点放在人民群众的根本利益上。马克思主义理论不是一成不变的，而是关注社会现实，注重社会中产生的各种问题和矛盾，并提出解决问题的对策，不断地进行理论创新，指导着新的社会实践，其最终目的就在于更好地保护和实现人民群众的利益。

三、充分发挥理论工作者在马克思主义中国化中的作用

理论工作者的历史使命在于积极参与并不断推进马克思主义的理论创新，现阶段这一点显得尤为重要。全球化使各国的联系变得更加紧密，中国深受各种思潮的影响，面临着西方国家思维理念的冲击，马克思主义理论在中国的传播面临着严峻的挑战。中国的马克思主义理论工作者应当承担起伟大的历史使命，推动马克思主义中国化的发展和创新，以保证马克思主义在中国处于主导思想地位。

马克思主义理论工作者是一支非常重要的马克思主义理论创新的推动力量。广大的马克思主义理论工作者探索、研究马克思主义，不但关系到马克思主义理论的成败，而且关系到中国特色社会主义实践的发展命运。马克思主义理论工作者的重要作用就在于分析、研究社会主义建设过程中产生的诸多问题，寻找解决问题的方法，不断总结新的经验，将其上升为新的理论，指导具体实践。改革开放 40 多年来，马克思主义理论工作者研究了许多困扰人们的问题，如东欧剧变的原因和教训与中国社会主义的命运、北欧民主社会主义的本质、中国特色社会主义与中国特色资本主义的争论、普世价值的问题、关于改革开放是非成败的三次争论等。马克思主义理论工作者的种种研究成果为我党制定正确的路线、方针和政策提供了坚实的理论基础，坚定了人民群众走中国特色社会主义道路的精神信仰。当今，资本主义国家对中国产生越来越大的影响，自由主义思潮、民主社会主义思潮等严重冲击着中国社会，使个别人由于马克思主义信仰不坚定，对中国特色社会主义缺乏信心，这就需要马克思主义理论工作者加强宣传引导，帮助共产党员构筑牢固的思想防线，提高政治上的敏锐度和鉴别力，自觉地划清马克思主义和非马克思主义的界限，以坚定共产主义信仰。

与此同时，马克思主义理论工作者连接着马克思主义和人民群众，是两者之

间由此及彼的中介角色。胡锦涛强调了马克思主义理论工作者不可替代的重要作用，他在“三个代表”重要思想理论研讨会上提出：“希望广大理论工作者认真学习和宣传‘三个代表’重要思想，认真研究改革开放和现代化建设提出的重大理论和实际问题，在认识世界、传承文明、创新理论、咨政育人、服务社会方面不断做出新的建树。”广大的马克思主义理论工作者正是在进行深入理论研究的基础上，将马克思主义理论及其最新理论成果传播给人民群众，转化为人民群众的精神动力。马克思主义理论工作者在对人民群众进行马克思主义理论传播时，应当系统学习马克思主义和马克思主义中国化的理论成果，时刻关注马克思主义理论研究的最新动态，关注国际社会主义运动的新动向，能够用最新的理论回答人民群众所困惑的问题。同时，马克思主义理论工作者应当充分发挥主体的能动性，依据人民群众的文化素质和实际需要，对不同的群体采用不同的理论深度进行教育，帮助他们学习和掌握马克思主义，利用马克思主义解决遇到的实际问题，以坚定对马克思主义的信心，对中国特色社会主义的信心。

第二节　马克思主义与中国的国情相结合

概括地来讲，马克思主义中国化就是将马克思主义与中国的具体国情相结合，但怎样使马克思主义与中国具体实际相结合，是马克思主义中国化的关键。我们应当进行细致的调查研究，认清中国的具体国情，利用马克思主义的立场、观点与方法对时代课题进行解答。同时，我们应当认识到，全球化视域下的马克思主义中国化应当充分考虑当今我国所处的国际环境，坚持我国社会主义核心价值体系，抵制错误思潮的影响。

一、推进马克思主义中国化，解决中国产生的新问题

（一）调查研究，认清中国国情

所谓调查研究，就是运用马克思主义的基本立场、观点和方法，根据一定的目标要求，深入实际，了解情况，掌握第一手资料，进行分析与综合等逻辑加工，找出事物内部固有的本质及其运动规律的过程。推进马克思主义中国化，仅仅掌握马克思主义的基本原理是远远不够的，还需要通过调查研究，认清中国的基本国情。马克思主义的立场、观点和方法作为普遍真理，只有体现在特殊性中，才能发挥作用，这要求认真调查研究中国的实际情况，对中国国情有着清醒的认识。

正如毛泽东所言："马克思列宁主义的伟大力量，就在于它是和各个国家具体的革命实践相联系的。对于中国共产党来说，就是要学会把马克思列宁主义的理论应用于中国的具体的环境。……离开中国特点来谈马克思主义，只是抽象的空洞的马克思主义。"可见，只有通过细致的调查研究，才能了解中国的基本国情，了解中国社会的基本状况。

调查研究是一种科学的工作方法。毛泽东的调查研究能够取得非常好的成效，原因就在于依照着马克思主义基本原理的指导。首先，利用辩证唯物主义认识论对调查研究进行指导。实践是认识的来源、目的和根本动力，人们正确的思想认识只能从实践中得到，要想了解事物的具体情况，唯一可行的办法就是进行社会调查研究，没有调查就没有发言权。实践向前发展，认识也将随着实践的发展而发展，这就要求我们持续不断地进行调查研究，以认识新事物，获取新知识。其次，运用唯物辩证法对调查研究进行指导。在调查研究过程中，可以运用主次矛盾的辩证关系原理，调查研究需要搜集广泛的资料，对材料进行详尽的分析整理。但是，应当重视材料的质量，只有反映事物本质的材料才应当作为调查的重点。最后，运用唯物史观指导调查研究。只有坚持群众观点和群众路线，深入人民群众中进行调查研究，真正了解人民群众的生活状况，才能正确认识中国的国情，制定出符合中国实际的路线、方针和政策。

在全球化迅速发展的今天，对各种新事物和新情况进行细致的调查研究显得尤为重要。西方资本主义国家的生产力发展水平总体上高于我国，各种各样先进的经营方式和管理方式在西方国家得到应用。这些经营管理方式是否具有资本主义制度的属性，是否能够应用于我国，是否能够促进社会主义的发展，这些疑问的解决需要我们进行调查研究，不仅对国内的情况进行调查研究，还需要对国外的情况进行细致的调查研究。我国实行社会主义市场经济的过程就体现了调查研究在马克思主义中国化中的重要作用。社会主义与市场经济的关系一直以来是现代经济理论的一个难题，世界上的共产党和其他政党都对此问题进行了研究，社会主义国家对这一问题进行了艰辛的探索，但一直没有找到解决的途径。邓小平一直在关注这个问题，他注意到经济学界关于社会主义能否实行市场经济的讨论，部分经济学家认为"社会主义的市场经济是在国家指导下的市场经济"。邓小平无论是同中央领导同志还是在接见外宾时都谈论到这一问题，这样的谈话实际上就是进行调查研究。1992 年，邓小平到南方视察，考察了一些企业，对合资经济、特区经济的发展状况进行了了解，即毛泽东讲的"情况明，决心大"，将 10 多年的认识做了更加明确的表述，强调计划和市场都是经济手段，不是社会主义与资本主义的本质区别；要求社会主义应大胆吸收和借鉴当今世界各国包括资本主义发达国家的一切反映现代社会化生产规律的先进经营方式和管理方法。可见，资本主义国家采用的先进的经营管理方式不是资本主义本质属性的反映，这时需要进行调查研究，分析清楚其中的利弊，以更好地为中国特色社会主义所用。

（二）与时俱进，解答时代课题

马克思主义中国化的过程要求马克思主义理论既要与中国实际在动态中结合，又要与时代主题及其特征相结合。只有对时代主题和时代特征进行正确的把握，马克思主义政党才能制定正确的路线、方针和政策，这是马克思主义在中国不断发展创新的理论基础。十一届三中全会以来，邓小平以宽广的眼界对时代主题进行了分析，准确地对时代脉搏进行把握，做出了科学的判断，指出和平与发展是时代的主题。这一准确的判断把我国的社会主义建设事业推向了新的发展阶段。当今，时代主题没有发生根本性的变化，但中国面临的国际、国内形势却发生了许多新的变化。在国际上，经济全球化迅速发展，政治多极化的趋势日趋明显，中国不得不融入世界的发展潮流中；在国内，随着社会主义市场经济的建立，人们的价值观念发生了巨大的变化，经济体制和政治体制发生了巨大的变革，社会利益格局发生了巨大的调整，社会中各种矛盾突显。这时，就应当客观研究中国的具体情况和中国所处的世界局势，全面了解人民群众的新期待，积极应对时代提出的迫切要求，制定出符合时代发展要求的发展战略，制定出符合人民愿望的国家政策，以应对时代特征的新变化，反映出当代世界和中国发展的新要求。

我国现在处于发展的关键时期，经济社会发展处在一个新的起点上，人民群众产生了许多新的期待、新的要求，新的时代课题正在产生，我们应当迎接挑战、认真应对。总体看来，笔者认为，“什么是社会主义民主，怎样建设社会主义民主”已经成为新的时代课题，这一课题的重要内容就是全面推进政治体制改革，发展社会主义民主政治。为此，应当不失时机地推进政治体制改革，发展社会主义民主政治。我们应当站在绝大多数人的立场上，为了实现国家的长治久安循序渐进地推进政治体制改革，发展社会主义民主，不能因为政治改革的风险大而回避政治体制改革，减缓政治体制改革的步伐。同时，应当在实践中大胆地去闯，大胆地去试，只有经过长期的实践探索，这个课题才能找到正确答案。始终以人民利益为最高利益的中国共产党将会在解答时代课题的伟大实践中谱写马克思主义中国化的新篇章。

二、加强文明间的交流与对话，发展中国特色社会主义

马克思主义不仅要在中国显示其理论的科学性，指导中国的社会主义实践，

还应当积极地走出去，加强与世界文明的对话与交流，增强与资本主义和其他社会主义流派的交往，以扩大马克思主义在世界文明体系中的影响力。

长期以来，中国共产党在推进马克思主义中国化的过程中，既面临着马克思主义与中国传统文化的关系问题，又面临着社会主义与资本主义的关系问题。面对第二个问题，我党的认识经历了长期曲折的发展，由于对资产阶级不能有正确的认识，曾产生了“左”的和“右”的错误，这当中都涉及对待资产阶级态度的问题，实际上也就是社会主义与资本主义的关系问题。直到党的十一届三中全会以后，重新确立了实事求是的思想路线，才比较正确地解决了这个问题。在全球化的今天，资本主义国家虽然时常发生经济危机，但是经过长期的发展，其生产力水平普遍高于我国，我们应当正确地处理社会主义与资本主义的关系。

我们应当吸收借鉴资本主义国家中有利于生产力发展的因素。资本主义和社会主义是对抗和继承、对立和统一的关系，过去我们过于注重两者之间对抗和对立的关系，而对继承的关系讲得很少。其实，马克思主义理论家在论证两者之间的关系时，就指出了社会主义对资本主义的继承关系。列宁曾经说过：“如果你们不能利用资产阶级世界留给我们的材料来建设大厦，你们就根本建不成它。你们也就不是共产党人，而是空谈家。要进行社会主义建设，必须充分利用科学、技术和资本主义俄国给我们留下来的一切东西。”可见，在马克思主义经典作家看来，社会主义是在资本主义高度发展的阶段产生的，是建立在高度发展的社会生产力的基础之上的。在社会生产力水平比较低的情况下建设社会主义，就需要在坚持社会主义制度的前提下，积极地继承和学习资本主义国家积累的科学技术，积累各种有益的知识经验。不能将资本主义的一切都简单地说成是资本主义的，而应当具体问题具体分析，那些人类社会创造的优秀文明成果和反映社会化生产规律的生产管理方法等都可以被社会主义所吸收和利用。邓小平所创立的社会主义市场经济理论就是其中的典型代表。今后，我们应当继续深化改革，扩大开放，对资本主义文明加以分析，充分利用其中积极的因素为社会主义服务。社会主义既然是以资本主义为母体而诞生的，那么它就必须充分吸取母体的营养才能茁壮成长。只有这样，才能充分利用资本主义，发展社会主义，最终战胜资本主义。

我国应当加强与世界其他社会主义流派之间的交往。马克思主义理论在发展的过程中，形成了许多的流派，它们从各种不同的角度研究了当今马克思主义面临的问题，拓宽了马克思主义的研究视野，促进了马克思主义在世界的传播和发展。在同其他理论流派进行交流的过程中，我们应当拥有理论上的自信和气度，显示出马克思主义中国化的理论成果所具有的理论价值，尤其是对一些发展中国家的社会进步所具有的借鉴意义。在马克思主义中国化的过程中，我们积累了许多社会主义建设的经验，这些经验是世界社会主义运动很好的借鉴，而世界社会主义运动的经验教训可以为中国特色社会主义的发展提供有益的启示。因此，我们应当以发展的眼光看待不同的理论碰撞，拓展马克思主义理论的发展空间，不断丰富马克思主义的理论体系，增强中国化马克思主义理论的说服力和国际上的影响力。

三、坚持社会主义核心价值体系，抵制错误思潮的影响

在新世纪新阶段，我国意识形态领域出现了各种严重的问题，各种各样的社会思潮风起云涌，影响着马克思主义在我国的主体地位。这些与主旋律不一致的社会思潮主要包括愚昧迷信和伪科学思潮、历史虚无主义思潮、拜金主义思潮、享乐主义思潮以及极端个人主义思潮等。虽然社会思潮众多，但是应当肯定的是，当代中国社会思潮的主旋律是科学发展与社会和谐；当代中国社会思潮的主流是爱国主义、集体主义和社会主义思想；当代中国社会思潮呈现出差异性和多样性；当代中国社会思潮中确实存在着一些错误的、腐朽的思想倾向。这些社会思潮是特定时期内特定利益群体的思想倾向，这些社会群体希望在社会中弱化主流意识形态，得到大众的认可和支持，以实现自己特定的利益要求。因此，虽然各种各样非主旋律的思潮处于支流的地位，但是其对马克思主义的传播产生了诸多不良的影响，我们必须高度重视，认真对待。如果任其自由发展，将不利于马克思主义中国化和中国特色社会主义的发展。

首先，坚持马克思主义的价值诉求。马克思主义的全部理论都立足于实现和维护最广大人民的根本利益，把全人类解放和人的全面发展作为最高价值追求。正因为这样，马克思主义理论才成为对人民群众最有吸引力的强大思想武器。因此，马克思主义理论不仅应当在理论中，还应当在实践中始终代表最广大人民群众的根本利益，着眼于维护占人口绝大多数的中下层大众的合法权益。“凡是符合最大多数人的根本利益，受到广大人民拥护的事情，不论前进的道路上还有多少困难，一定会得到成功。”当代中国的马克思主义只有集中反映并体现最广大人民群众的根本利益，才能说服大众学习、掌握和运用马克思主义。而各种社会思潮从本质上来说是特定群体利益诉求的表达，是为了实现少数人的利益而非广大人民群众的利益，因此注定会被人民群众所抛弃。

其次，应当正确对待各种社会思潮。各种社会思潮的产生和蔓延有其一定的社会现实基础。对于各种各样的社会思潮，我们不能一味地打压，因为这些思潮的产生有一定的基础，也不能放任其发展，让一些错误的思想将我国的社会主义事业引向歧途。我们必须用社会主义核心价值体系对社会思潮进行引导，以科学的批判精神对待社会思潮，运用马克思主义的立场、观点和方法对其做出准确的

分析和说明，以便有力地抵制各种错误思想的影响。这就需要引导大众具体地对待各种社会思潮：对于主流社会思潮，我们必须要加强宣传，使其广泛传播；对于各种非主流社会思潮，由于其体现了社会生活的多样性，我们应当尊重和包容其发展，对其加以正确的引导；对于反主流社会思潮，由于其体现了各种消极落后的方面，我们必须对它加以抵制和批判，最大限度地减小其负面影响。

最后，加强主流意识形态的各项建设。社会的主流意识形态具有强大的凝聚力，具有凝聚和引导社会全部价值观念的作用，成为社会意识形态的核心，因此我们应当不断强化社会主流意识形态的建设，注重理论成果的转化，将马克思主义理论和广大人民群众的实际生活紧密地联系起来，增强马克思主义对现实生活的解释能力，回答人民群众所关心的现实问题，始终保持同人民群众密切的联系。同时，应当关注民生问题，让广大人民群众享受到改革开放的发展成果，使马克思主义能够以铁的事实征服民众，获得广大人民群众的支持和拥护。

第三节　马克思主义与中国的传统文化相结合

马克思主义中国化的过程就是马克思主义与中国国情相结合的过程，由于中国传统文化始终在中国经济社会发展中具有至关重要的作用，因此必须充分地认识到马克思主义与中国传统文化的结合，认识到两者之间的价值契合性，对传统文化中的消极因素进行批判，对其中的积极因素进行吸收，以促进马克思主义中国化在中国更好的发展。

一、马克思主义与中国传统文化的价值契合性

中国传统文化是世界上唯一延续数千年未曾中断、持续至今的文化，马克思主义中国化的过程就是马克思主义与中国传统文化彼此吸收与融合的过程。任何外来文化要想实现成功的移植，必须在本土传统文化中找到生长点，与本土文化具有价值上的契合性。马克思主义虽然产生在西方，但是与中国传统文化有许多共通之处，正是这些共通之处构成了两者之间的结合点。在马克思主义中国化的过程中，应当注意探究两者的共通之处，只有这样，才能为马克思主义与中国传统文化的结合打下很好的基础。

第一，中国传统文化“大同社会”的理想与共产主义的奋斗目标具有契合之处。“大同”的社会理想是几千年来中国人所追求的最高目标，《礼记·礼运》将“大同社会”描述为“老有所终，壮有所用，幼有所长，鳏寡孤独废疾者皆有所

养”。康有为在《大同书》中也描绘了一个没有剥削、没有压迫的理想社会。孙中山更是追求“天下为公”，希望建立没有贵贱之差、贫富之别、轻重厚薄的社会。这些描述看起来非常朴素，但与马克思主义理论中的共产主义社会的设想有许多相似之处，都是为了建立一个没有剥削、没有压迫的理想社会。虽然两者具有共通性，但是不能将两者等同起来，“大同社会”与共产主义理想有着本质上的差异，“大同社会”不是建立在对人类社会历史发展规律科学认识的基础上的。而共产主义理想是建立在对人类社会发展规律进行深刻认识基础之上的，具有实现的可能性，并且在当代的中国正在转变为现实。

第二，中国古代的民本思想与历史唯物主义中的群众观具有契合之处。民本思想是我国优秀传统文化中的重要思想，“民惟邦本，本固邦宁”可以概括民本思想的主要内涵。民本思想认为民众是国家的根本，认识到人民群众的重要力量。由于民众是国家的根本，统治者就要实行仁政，关心民众的具体需求。马克思主义的群众观同样重视人民群众在历史发展中的重要作用，强调人民群众是历史的创造者，是推动历史发展的主要力量。因此，中国古代民本思想与马克思主义的群众观是十分相似的，这为中国共产党在马克思主义中国化的过程中实行群众路线提供了契机。

正是这些相通之处促进了马克思主义与中国传统文化的结合。通过发掘两者之间的相通之处，在一定程度上削弱了中华民族在接受马克思主义中的认知障碍，奠定了中华民族接受马克思主义的心理基础。

二、对传统文化消极影响的批判

中国传统文化主要是在几千年的封建社会中形成的，因此必然包含了一些腐朽的消极因素。这些传统文化中的消极因素潜伏在人们的内心中，成为人们深层次的心理积淀，对马克思主义中国化产生了不良的影响。因此，我们应当清醒地认识到中国传统文化中的糟粕，对其加以批判，以最大限度地缩小其负面影响。

强大的封建专制主义思想在一定程度上影响了马克思主义民主思想在中国的传播和发展。从夏、商、周到唐、宋、元、明、清，中央集权制度逐渐形成。近代，虽然推翻了封建君主专制制度，但是反映专制主义的传统文化在中国一直产生着重要的影响。由于中国共产党由夺取政权迅速地转向掌握政权，缺乏必要的理论准备，封建专制思想难免对中国的领导者产生影响。例如，我们坚持马克思主义的国家学说，认为国家的一切权力属于人民，人民是国家的主人，国家的公务人员都是人民的勤务员，可是在现实生活中却存在着“官本位”的现象。官本位的思想，追根溯源，是封建官僚制度的产物，官僚主义就是在封建专制思想的影响下衍生出来的。如今，我国仍然存在着官僚主义作风，这是封建残余思想在现阶段的反映。邓小平指出了“官本位”的具体表现：“高高在上，滥用权力，脱离实际，脱离群众，好摆门面，好说空话……”官僚主义的种种表现与马克思主义的群众观是相背离的，我们需要用马克思主义的立场、观点和方法对其进行分析、批判和彻底清除，强化人民群众在国家中的主体地位。封建专制思想除了官僚主义的表现外，还体现在众多方面，民主是社会主义的重要特征，应当切实地发展人民民主、党内民主，可是部分领导干部经常独断专行，完全忽视党的集体领导原则，一个人说了算，使民主制度名存实亡；我国坚持依法治国，坚持社会主义法治原则，保障社会公平正义，但有些领导干部以权扰法，以情扰法，损害了法律的权威，损害了群众的利益。这些不良的现象阻碍了马克思主义民主思想在中国的传播，阻碍了马克思主义中国化的进程。

中国传统文化中的绝对平均主义和社会主义公平观影响了我们对共同富裕的理解。在中国传统社会中，经济基础是自给自足的自然经济，人们不患寡而患不均，希望建立均天下的理想社会。中华人民共和国成立后，我们追求绝对的平均主义，消灭阶级，消灭剥削，社会主义被蒙上了强烈的平均主义色彩。在相当长的时期内，全国范围内实行高度集中的计划经济体制，割资本主义的尾巴，市场经济受到批判，人们开始吃大锅饭，结果是严重挫伤了劳动人民的积极性，阻碍了生产力的发展。可见，我国传统文化中的绝对平均主义与社会主义的公平观是不同的，社会主义的公平观强调人们之间的机会平等，强调具有一定差距的公平，而不是结果上的平等，更不是无处不在的平均。真正的公平只有在共产主义社会才能实现，具有一点差距的社会公平是我国社会主义初级阶段的体现。而传统文化中的平均主义是一种没有理论基础的理想，历代先贤们并没有提出具体的途径以实现这样的理想社会。

此外，中国传统文化中还存在其他腐朽没落的思想意识，如法律虚无主义、个人崇拜、家长制作风等，这些思想意识对马克思主义中国化的进程产生了消极影响，制约着我国社会主义现代化建设事业的发展。我们对中国传统文化决不能一概兼收并蓄，对其中的消极因素应当采取批判的态度，以警惕消极因素的渗入。

三、对传统文化优秀遗产的继承

中国的传统文化中不仅包含着起到消极作用的封建糟粕，还包含着大量的优秀遗产，这些优秀遗产对马克思主义中国化起到了积极的促进作用。我们需要立足现实，加强对中国传统文化的研究，将传统文化与马克思主义中国化紧密地结合起来。

首先，应当充分认识到中国传统文化对马克思主义中国化产生的重大影响。中国传统文化历经几千年的发展，已经融入每一个中国人的内心深处，成为民族的遗传基因，以各种方式影响着人们的思想和行为。中国进入近代社会以来，受到西方文化及马克思主义的影响，但这并未影响到中国传统文化对中国社会影响的发挥，可以说，中国传统文化现在以及将来都将会以各种各样的形式顽强地表现自己。这就要求我们高度重视中国传统文化对社会生活产生的作用，尤其是优秀的传统文化对马克思主义中国化所起到的巨大推动作用。中国共产党应当依据中国的实际情况将马克思主义与中国的国情相结合，与中国的传统文化相结合，从中国的传统文化中吸收有益因素，促进马克思主义在中国的新发展，以促进我国社会主义的发展。

其次，将传统文化的现代化与马克思主义中国化紧密地联系起来。中国传统文化现代化的过程是在马克思主义指导下发掘自身的优秀遗产、吸收世界各国文化的优秀成果、结合中国现代化的实践进行综合创新的过程。在传统文化现代化的过程中，我们必须用马克思主义的立场对传统文化进行分析，应当摒弃传统文化中的糟粕；对于糟粕与精华并存的部分，我们要辩证地扬弃，根据时代发展的要求进行有选择的继承；对于中国传统文化中的优秀遗产，我们需要继承并大力弘扬。中国传统文化只有进行了现代化的过程，才能使其积极作用得到充分的发挥，才能与马克思主义更好地结合，以推进马克思主义在中国的发展。

再次，根据时代的发展不断充实中国传统文化的内涵，使其更加符合时代精神。当今，世界各国之间的各种联系日益紧密，中国的传统文化需要加强与外来文化的交流，对外来文化尤其是西方文化进行吸收借鉴。在借鉴西方文明的过程中，我们应当辩证地看待西方文明中的意识形态部分。我们应当认识到，资本主义文化作为人类文明的重要组成部分，既存在着与社会主义文化的差异性，又具有人类文明的共同性因素。西方文化强调个性解放，强调在经验和事实面前人人平等，强调真理是独立思考、大胆创新的产物。这都是我们的传统文化所应当吸收和借鉴的东西，所以应当加强中西方文化之间的对话与交流，借鉴西方社会形成的科学理性精神，以推进中国传统文化的创新，使马克思主义能够更好地与中国传统文化相结合，实现马克思主义中国化。

总之，在全球化的背景下推进马克思主义中国化，需要有针对性地采取多方面的措施。中国共产党在马克思主义中国化的过程中处于领导地位，应当端正党员干部对马克思主义的学习态度，使马克思主义始终对共产党员具有指导作用，坚持以人为本的执政理念，促进人的全面发展，建立学习型政党，提高党员的综合素质。在马克思主义中国化的过程中，应当增强人民群众的主体地位，尊重人民群众的根本利益和首创精神，遵循人民群众对马克思主义的认知规律。同时，应当充分发挥马克思主义理论工作者在马克思主义中国化过程中的推动和中介作用。马克思主义中国化要求马克思主义与中国的实际相结合，而搞清楚中国的实际，就需要进行细致的调查研究。同时，应当加强文明之间的交流和对话，坚持社会主义核心价值体系，抵制错误思潮的影响；应当注意到马克思主义与中国传统文化的契合性，对中国传统文化中的消极因素进行批判，对其中的优秀思想进行继承与创新。只有这样，才能在全球化的背景下更好地实现马克思主义中国化。

参考文献

[1] 吕贵，袁秉达. 新中国发展与马克思主义中国化 [M]. 上海：上海人民出版社，2009.
[2] 郑永廷. 中国化马克思主义发展概论 [M]. 北京：中国人民大学出版社，2007.
[3] 成龙. 海外马克思主义中国化理论研究 [M]. 广州：广东人民出版社，2009.
[4] 汪青松，罗本琦. 马克思主义中国化与和谐社会建设 [M]. 武汉：湖北人民出版社，2003.
[5] 侯树栋，辛国安. 马克思主义中国化的基本经验 [M]. 北京：人民出版社，2009.
[6] 邓剑秋. 马克思主义中国化思想 [M]. 北京：人民出版社，2009.
[7] 宋世昌，衣芳. 马克思主义中国化通论（上、下）[M]. 济南：山东人民出版社，2009.
[8] 张国宏. 马克思主义中国化十论 [M]. 杭州：浙江大学出版社，2010.
[9] 李慎明. 马克思主义中国化与全面建设小康社会 [M]. 北京：社会科学文献出版社，2005.
[10] 汪青松，焦少林. 马克思主义中国化的理论丰碑 [M]. 合肥：合肥工业大学出版社，2008.
[11] 林志友. 马克思主义中国化的进程及其规律研究 [M]. 北京：中国社会科学出版社，2009.
[12] 曾长秋. 马克思主义中国化的基本理论 [M]. 长沙：湖南大学出版社，2003.
[13] 何一成. 马克思主义中国化专题研究 [M]. 长沙：湖南人民出版社，2005.
[14] 刘建武. 中国特色与中国模式 [M]. 北京：人民出版社，2006.
[15] 雍涛. 马克思主义哲学中国化的历史进程 [M]. 武汉：武汉大学出版社，2006.
[16] 田克勤. 马克思主义中国化的理论轨迹 [M]. 北京：中共党史出版社，2006.

[17] 张森年 . 中国马克思主义理论创新之道 [M]. 上海：上海人民出版社，2007.
[18] 衣俊卿，等 .20 世纪新马克思主义（修订版）[M]. 北京：中央编译出版社，2012.
[19] 丁俊萍，熊启珍 . 中国化的马克思主义概论 [M]. 武汉：武汉大学出版社，2004.
[20] 杨春贵 . 马克思主义中国化与时俱进 50 例 [M]. 北京：中共中央党校出版社，2002.
[21] 何萍，李维武 . 马克思主义中国化探论 [M]. 北京：人民出版社，2002.
[22] 李保民 . 从构建社会主义和谐社会的视角看马克思主义经济学的发展方向 [J]. 马克思主义研究，2007（12）.
[23] 荣长海 . 马克思主义中国化 90 年——概念、进程和规律 [J]. 理论学刊，2011（11）.
[24] 丁勇 . 马克思主义中国化的发展进程与基本经验 [J]. 理论月刊，2011（3）.
[25] 田克勤 . 马克思主义中国化的历史进程与中国化的马克思主义 [J]. 思想理论教育导刊，2007（1）.
[26] 王浩斌 . 社会主义和谐社会的马克思主义经济学视野——马克思恩格斯对和谐社会经济制度基础的理论阐释 [J]. 徐州工程学院学报（社会科学版），2010（1）.
[27] 郭豫欣 . 试述马克思主义政治学的基本原理 [J]. 百家论坛，2011（1）.
[28] 陈红艳 . 对“马克思主义中国化”概念的理解和思考 [J]. 铜仁学院学报，2009（9）.
[29] 谭建陵 . 对马克思主义及其中国化的思考 [J]. 今日论坛，2009（3）.
[30] 谭建陵 . 论马克思主义中国化与中国化马克思主义的区别 [J]. 时代人物，2007（11）.
[31] 梁树发 . 马克思主义中国化进程中的理论提升 [J]. 毛泽东邓小平理论研究，2007（8）.